Doce pasos para convertirte en un orador exitoso

/ Patricia Guadalupe Nuno Brito; fotografías de José Abdala del Valle Nuno; ilustrado por Sofía Candela Nuno Brito. - 2ª ed. - Yerba Buena: Patricia Gudalupe Nuno Brito (2019)

ISBN 978-987-86-0810-5

1. Oratoria. 2. Lenguaje Corporal.
I. Nuno, José Abdala del Valle, fot. II. Nuno, Sofía Candela, ilus. III. Título.
CDD 808.51

EXPRESARcapacitaciones

@expresarcapacitaciones

expresar.capacitaciones@hotmail.com

12 PASOS

Para convertirte en un Orador Exitoso

Patricia Guadalupe Nuno Brito

A mis padres,

sin quieres este libro no existiría

(ni yo tampoco)

A mis padres,

sin quieres este libro no existiría

(ni yo tampoco)

Agradecimientos

Admito que esta es la parte de los libros que nunca leo. Por eso, si tu lector te has tomado el tiempo de hacerlo, te agradezco antes que a nadie. Este libro no existiría sin las personas que buscan mejorar cada día, que tienen palabras que deben ser dichas, que se apasionan por el conocimiento. Es mi deseo que encuentres aquí la fuerza para expresarte y las herramientas para convertirte en un gran orador.

En segundo lugar, quiero agradecer a mis alumnos. Fueron ellos los que me incentivaron a escribir, quienes me inspiraron e inspiran constante. Mi razón para seguir mejorando y quienes me convirtieron en la oradora que soy. Sus historias impregnan estas páginas y su recuerdo está siempre conmigo, más allá del tiempo.

También agradezco a mis colegas, y amigos de EXPRESAR, Foghlam, Ant, a los emprendedores tucumanos con los que me he encontrado a cada paso del camino, al equipo y los participantes de Alumbra, sin los cuales este sueño no se hubiera concretado, a mis compañeros del Instituto de Estudios Antropológicos y Filosofía de la Religión, de Extended Cognition y de la Facultad de Filosofía y Letras de la UNT y a todos los docentes que me enseñaron tanto, dentro y fuera de las aulas.

A mi amiga y socia de aventuras, la licenciada Belén Bequi, sin quien nunca me hubiera internado por los laberintos de la oratoria y quien fue fundamental para desarrollar los contenidos y teorías que se presentan en este libro. A las personas que fueron parte del proceso de escritura y se ofrecieron a leer los primeros borradores, Mariana, Fede, Paula, Juan Pablo, Milagros, Constanza, Sonia, Luisina, Roxana, Olga y en ellos a todos mis amigos (a quienes no alcanzo nombrar, porque tendría que escribir un libro completo sólo de ellos) que me han apoyado en estos años de locura y crecimiento.

A mi familia que me enseñó el valor y la perseverancia, que me demostró que el trabajo duro tiene su recompensa y que las adversidades se superan juntos. Mis padres y hermanos, Fabricio, Mariana y Candela, mis tíos, primos y sobre todo a mis abuelos y abuelas, las mujeres más fuertes y resilientes que he conocido. A todos los llevo en mi corazón, sin importar el tiempo y la distancia.

Por último, quiero agradecer a dos de las personas que más me han enseñado y más se han involucrado en la creación de este texto. A mi pareja, Lucas, que me ayudó a poner el corazón en cada página, que me inspira día a día y me entiende aún en los pocos momentos en que me faltan las palabras, y a mi hermana Candela, responsable de todas las ilustraciones que acompañan el libro, junto a quien aprendí lo que es la tolerancia y el respeto y quien me demostró que el valor para defender lo que uno cree no tiene edad.

momentos en que me faltan las palabras, y a mi hermana Candela, responsable de todas las ilustraciones que acompañan el libro, junto a quien aprendí lo que es la tolerancia y el respeto y quien me demostró que el valor para defender lo que uno cree no tiene edad.

Introducción

Cuando entra a un aula, el orador tiene ante sí dos tareas: una es enseñar, y la otra es reclutar a todos los presentes para que se unan a la búsqueda de la verdad.

Robert Ballard

La profesora avanzó hacia el centro del salón con una madeja de hilo en la mano. Miró uno a uno a los asistentes, mientras explicaba la dinámica inicial. Al atrapar el ovillo, debían presentarse, decir su edad y profesión, y contar los aspectos de su vida que formaban parte de su identidad, que los caracterizaban y que querían que los otros supieran para comenzar a conocerlos. Luego, sin soltar su tramo de hilo, lo pasarían aleatoriamente a un compañero, que haría lo mismo, hasta que todos hubieran hablado. Repitió la explicación y dio una pequeña demostración para asegurarse de que entendieran. Comenzaron. Entre risas y susurros se fue revelando la personalidad de cada uno. Los nombres y las edades se mezclaron con profesiones, vocaciones, pasatiempos, comidas favoritas, nombres de mascotas, hijos, sobrinos, padres, abuelos, tíos. Y las confesiones más inesperadas. Cuando finalmente todos terminaron, los invitó a mirar con cuidado lo que se había formado entre ellos: una Red.

Muy raramente nos damos cuenta de la importancia de las conexiones que se forman entre nosotros. Somos una especie gregaria, no podemos sobrevivir fuera de la comunidad y la evolución de las sociedades humanas ha acentuado esta característica. Muy pocos de nosotros seríamos capaces de subsistir en la intemperie, de cazar nuestra propia comida, construir un refugio o siquiera proveernos de abrigo. La mayoría sabemos cómo utilizar una computadora. Construirla, producirla, ensamblarla es otro asunto. A fines del siglo XX apenas sabíamos lo que era un celular. Hoy no podemos vivir sin él. Nuestros conocimientos, nuestras experiencias nos determinan. Somos incapaces de vivir sin los demás. Vivimos en red, en relación permanente con otras personas desde el momento mismo en que nacemos. Necesitamos de los otros y somos necesitados. Los lazos que establecemos nos determinan. Somos una red. Nosotros, y todo lo que nos rodea, somos un TEXTO en constante despliegue.

Etimológicamente texto viene de la palabra *textus*, que significa tejido o enlace. Cada uno de nosotros es una fibra del tejido social. Parte de una trama más grande. Somos hilos ligados a quienes nos rodean. Los grupos sociales, grandes o pequeños, tienen esta misma constitución. Nos enlazamos con los otros. Y si una de las fibras se corta o pierde la tensión necesaria, toda la trama puede destruirse. Todo lo que existe en nosotros y a nuestro alrededor son textos. El universo mismo es una serie de conexiones. Cada superficie de la naturaleza es un entramado de átomos, moléculas, células, fibras. Hablamos del tejido neuronal, como hablamos de leer las estrellas. Y escribimos nuestro destino.

Saber que somos entretejidos nos permite tomar en cuenta algunos aspectos importantes sobre cómo nos conectamos con los demás. Si somos textos, otros pueden leernos e, incluso, interpretarnos. Estamos comunicando permanentemente, aun cuando no es nuestra intención. No podemos dejar de hacerlo, y no podemos controlar lo que los demás aprehenden de nosotros. Mientras camino por la calle, las personas a mi alrededor reciben información sobre mi carácter, mi estado de ánimo, mi estilo, hasta mi profesión. Mi historia se desnuda cada vez que me paro delante de un auditorio.

A su vez, todos y cada uno de nosotros interpretamos a los demás según nuestras experiencias individuales. Por eso somos incapaces de controlar lo que descifra nuestro público cuando nos contempla.

En una ocasión estaba realizando las inscripciones para uno de los primeros talleres que dicté. No habían acudido demasiadas personas y me sentía un poco ansiosa. Al cabo de media hora de espera, llegó una joven impactante. Una de esas mujeres que hacen tambalear la autoestima de las demás. Pero sus ojos estaban escondidos detrás de unos lentes oscuros impenetrables. Y eso me causó una muy mala impresión. El pasillo donde estábamos tenía una luz tenue y agradable. Afuera, el otoño. No era un día especialmente brillante. Aparentemente no había razones para que usara esos lentes. Pensé que debía ser una persona de carácter difícil y esperé que no viniera hacia mí. Por suerte, estaba equivocada. La mujer que se me acercó esa tarde no sólo era hermosa exteriormente. Tenía una personalidad muy dulce, era amable y empática. La suya fue una de las historias de vida más conmovedoras que he encontrado entre mis alumnos. Al finalizar esa entrevista inicial, justo antes de irse, me miró y, con cierta timidez, susurró "disculpa que esté usando estos lentes, es que tengo conjuntivitis".

El año 2015 fue definitorio para mi vida. A pesar de llevar casi ocho años rondando por la universidad, todavía no me había graduado. Miraba a mi futuro con miedo y expectativa, sin saber cómo afrontarlo. Atrás quedaban complejos e indecisiones, historias tristes y etapas concluidas. Había ganado un poco de experiencia en congresos o dando charlas, pero no tenía idea de cómo manejar un aula ni hablar con mis alumnos. Los exámenes orales y las entrevistas de trabajo eran una experiencia traumática. Miraba a mis compañeros y los veía en las mismas circunstancias. Fue en ese momento que descubrí que nunca nos enseñaron a pararnos ante el público. Ninguno de nosotros había recibido formación para hablar profesionalmente. Una de mis amigas, Belén, tenía las mismas inquietudes. Como dicen, la necesidad es la madre de la invención, así que nos pusimos a investigar. En marzo de ese año lanzamos nuestro primer taller de Oratoria y Escritura Creativa. Nos habían prestado un aula en una biblioteca donde entraban menos veinte personas. Era más alta que ancha y no tenía muchos muebles. Los alumnos se apretaban alrededor de dos mesas grandes y tenían que girar la cabeza para seguir nuestras explicaciones en los pequeños pizarrones, uno de tiza y otro para fibra, colocados las paredes perpendiculares. No esperábamos que se presentaran ni diez personas. Cuando al tercer día de abiertas las inscripciones habíamos superado las quince, nos miramos atónitas. Y decidimos investigar aún más.

Hay dos razones por las cuales las personas asisten a capacitaciones de Oratoria: para aprender a hablar, para aprender a callar. Más específicamente, el 75% de nuestros alumnos son personas que experimentan, o han experimentado, miedo o pánico escénico. Cerca del 40% se sienten absolutamente incapaces de hablar delante de una audiencia, y evitan a toda costa las situaciones de exposición. El 35% restante son personas que se sienten cómodas delante del público, se consideran extrovertidas y aseguran, de sí mismas, que hablan demasiado. Buscan pulirse, mejorar su lenguaje corporal, su expresión y adquirir nuevas herramientas para ser oradores eficientes. Dos grupos muy heterogéneos en un mismo espacio. Y el desafío de ayudarlos a todos.

Los DOCE PASOS nacieron de todos estos años de trabajo, de investigaciones y prácticas. La observación atenta del proceso de empoderamiento de los cientos de alumnos que pasaron por los diferentes cursos y talleres me permitieron elaborar este conjunto de herramientas. En cada una encontrarás claves, ejercicios y pautas que te permitirán convertirte en el mejor orador que puedas ser. Y, sobre todo, muchas historias. El conocimiento, las teorías y las explicaciones pueden llegar a ser muy convincentes. Pero los testimonios, arrasan.

Más de una vez me ha sucedido encontrarme con alumnos que asisten a una o dos clases, que parecen sumamente interesados en aprender a hablar profesionalmente, que tienen serios problemas de empatía y una necesidad real de desarrollar las verdaderas virtudes de un orador eficiente, pero rápidamente pierden el interés, y se alejan alegando "no es lo que esperaba", "no es lo que estoy buscando", "no me sirve", "me habían dicho que era otra cosa". Esta última es, al menos para mí, la peor excusa de todas. Porque implica que en alguna instancia se han sentido engañados. Por lo que me adelanto a desengañar a cualquiera que tome este libro. Estos DOCE PASOS, este método gestado con la delicadeza de una mamá pollito que arropa el cascarón de porcelana blanca, no es un método tradicional. No esperen encontrar aquí reglas, ni un texto académico, ni un estilo tradicional. Detrás de estas palabras no hay una militante del acartonamiento, con la tabla lista para castigar las infracciones. Estos pasos no pretenden dar origen a un ejército de oradores clones que avancen en pos de la conquista del universo. Este no es un espacio para el *debe...* "el orador debe pararse recto... debe impostar a voz... debe tener una imagen impecable... debe usar traje, preferentemente oscuro para no distraer la atención del público de su parlamento... debe sujetarse al atril para erradicar el movimiento de sus manos... debe usar términos técnicos... debe pulir su expresión". El mundo cotidiano no quiere, ni necesita, oradores deudores, cortados con la misma tijera, extraídos del mismo molde de silicona y yeso. El siglo XXI exige oradores dinámicos, comprometidos, empáticos, capaces de conectarse profundamente con su audiencia y con-moverla. Lo repetiré las veces que hagan falta: estamos hechos de conexiones. Y necesitamos conectarnos.

El objetivo principal de un orador es y debe ser conectarse con el público. Sólo cuando lo logra, puede considerarse exitoso.

- 1 -

Conócete a ti mismo

Cualquiera sea el lenguaje que empleemos, nunca lograremos decir sino lo que somos. Lo más importante en un discurso no son las palabras, sino el espíritu del hombre que hay detrás de esas palabras.

Dale Carnegie

"¿Qué es un orador?" La pregunta estaba escrita en la pizarra con letras rojas y en mayúscula, para asegurar que captara la atención de todos los presentes.

"Alguien que convence...",

"que tiene autoridad para hablar...",

"alguien que sabe manejar las palabras...",

"que habla delante de un público..."

Aunque estaban bien, no eran esas las respuestas buscadas. La pregunta pedía una solución más básica, más esencial, que fuera hasta su origen mismo. "¿Una persona?" preguntó una de las chicas con un hilo de voz.

SÍ, UNA PERSONA.

Una computadora no puede ser un orador, tampoco un celular ni ninguna pieza de tecnología. Un animal no puede ser un orador, al menos no en el mundo en que vivimos. Tiene que ser, necesariamente, una persona.

¿Una persona que hace qué? Esta vez fue más fácil contestar: "Una persona que habla" dijeron varios, envalentonados.

¿Para quién? Para un público, para una audiencia. ¿Quiénes conforman una audiencia? Personas. ¿Delante de cuántas personas tengo que hablar para que sea un "público"? "Una", contestaron ya con plena seguridad.

Antes que nada, el orador es una persona que se involucra de manera responsable en el proceso de la comunicación con otros, en los que reconoce a otros sujetos como él, con virtudes, como él, con defectos, como él. El orador es tan humano como cualquier humano. Sin esta certeza es imposible que cumpla con su principal función: crear vínculos significativos con y entre las palabras. Si no podemos reconocernos en el otro, ninguna comunicación será eficaz. Y aún antes de intentar conocer al otro, hay un paso previo: descubrir nuestra propia identidad.

En el pórtico del oráculo del dios Apolo en Delfos se podía leer la siguiente frase "Conócete a ti mismo". Los antiguos griegos creían que estas palabras eran un precepto dictado por el mismísimo Olimpo. Apolo era el representante de la luz, la sabiduría y la clarividencia. Él, que conducía el carro del Sol y lo veía todo sobre la tierra, era además el padre de las artes. Filósofos como Sócrates ubicaron la necesidad de autoconocimiento como el mandato que daba origen a toda la sabiduría. Incluso para los pensadores modernos *¿quién soy?* continúa siendo la pregunta clave. No tenemos que ser científicos, psicólogos o filósofos para sentirnos invadidos por esa duda, tan antigua como nuestra especie, que nos hace cuestionarnos el pasado, el presente y el futuro, el origen de nuestra humanidad y nuestro lugar en el orden del universo.

El autoconocimiento es la primera actitud de la inteligencia emocional, lo que nos permite interactuar de manera eficiente con el resto y optimizar nuestra existencia. Profundizar en mi propia identidad, o tu propia identidad para ser más exactos, es el paso inicial de la construcción de un orador exitoso, porque lo primero que este presenta ante su audiencia es a sí mismo. Necesito conocerme para crecer y explotar todas mis habilidades. Tener una clara noción de cuál es mi imagen actual y mi yo ideal. Los grandes comunicadores de la historia de la humanidad llegaron a serlo no por su manera de pararse delante del público o lo que tenía para decir, sino por quienes eran y cómo ponían todo su ser en juego en cada palabra. Mostraban un compromiso real y total con su mensaje. Ellos mismos eran el mensaje y lo respaldaban con lo más arraigado de su ser.

Consciente o inconscientemente, sabemos que somos el centro de la atención de nuestro público. Nuestra autoimagen se manifiesta en nuestra conducta comunicativa. Esa es la razón por la cual el proceso de escenificación, es decir el acto de pararnos sobre un escenario delante de un público, es tan intimidante. Nos observan. Estamos en una vidriera, ofreciéndonos a la mirada de los otros. ¿Cómo podemos estar seguros de mostrar lo que realmente queremos mostrar? ¿Cómo demostrar quiénes somos? ¿Cómo darles valor a nuestras palabras? No podemos responder a estos interrogantes si no profundizamos en la pregunta que se han hecho todos los hombres desde el principio de los tiempos: *¿Quién soy?* Pero, si los miles de millones de pensadores que te precedieron no pudieron resolver esta duda ¿tu podrás? Tal vez no. Y hay una razón para eso. Nuestra esencia no es inmóvil. Nuestro ser es complejo y con múltiples capas. Es imposible conocer hasta el último detalle de nosotros mismos, así como no podemos aprehender perfectamente lo que está fuera de nosotros. Hacernos la pregunta de quiénes somos parece ridículo sabiendo que no podremos resolverla. Pese a todo, te invito a que hagas el experimento de juntar las piezas y seguramente encontrarás suficiente de ti para quedar satisfecho.

Como con muchas de las cuestiones fundamentales de la vida, lo que importa aquí no es el resultado, sino el cómo llegas a ese resultado. La identidad es una construcción constante, sobre la que comienzas a tener influencia en el momento en que asumes tu capacidad de convertirte en la persona que quieres ser. Es decir que los límites de tu identidad están determinados únicamente por tu deseo. Necesitas aprender a relacionarte contigo mismo para relacionarte de la manera óptima con tu entorno.

La teoría de las inteligencias múltiples establece un tipo específico de inteligencia que responde a esta necesidad: la interpersonal, o sea, la habilidad de llevarnos bien con ese que nos mira desde el espejo, de entendernos, gestionar nuestras emociones y preservar nuestra salud psíquica. De hecho, escuchar a tus emociones es un buen comienzo para descubrir cuál es el camino a tu propia felicidad y cuáles las herramientas mentales con las que cuentas para construir tu éxito. Y sí, te estoy hablando directamente a ti, porque sólo tú puedes hacerte cargo de este proceso.

Principiemos por el principio. Un buen método para comenzar a orientar tus acciones al éxito es definir en qué consiste para ti ese éxito. PARA TI. No vamos a hacer todavía una definición general. Esta es una pregunta muy personal, incluso más íntima y personal que la contraseña de tus redes sociales. Cada uno aspira a cosas diferentes: dinero, fama, felicidad, amor, estabilidad. Palabras que en lo abstracto tienen poco significado, pero que, al asignarles valor y contenido, resumen todas nuestras aspiraciones. ¿Hacia dónde apunta tu deseo? No todos lo tienen en claro.

Mirar al pasado es más fácil que interrogar a mi yo presente, que está aconteciendo y construyéndose a cada minuto. Por eso, si la respuesta no viene a ti, puedes intentar conectarte con lo que amabas de pequeño y medir tus reacciones emocionales a las experiencias positivas y negativas de tu yo anterior. No eres el mismo que en esa época, ni el mismo que hace cinco minutos, ni serás el mismo cuando acabes de leer esta línea. Pero el 95% del cerebro humano se desarrolla entre el 0 y los 5 años y el último 5% durante la adolescencia. Así que una parte importante de tu identidad se define en estas etapas. Además, es en esos períodos donde generalmente desarrollaremos una de nuestras más valiosas virtudes a la hora de enfrentar los desafíos que nos aguardan como grandes oradores: la resiliencia.

Aprender a sobrevivir, antes de aprender a vivir

El término resiliencia se usó originalmente en el ámbito de la ingeniería, para nombrar la propiedad de algunos metales de volver a su forma anterior luego de haber sido sometidos a grandes fuerzas de tensión. Aplicada al ser humano, es la capacidad para superar los problemas, las situaciones angustiantes o críticas, sobreponernos a los grandes cambios y no romperse con las presiones. No es ser rígido, sino conservar el yo interno intacto, utilizando las situaciones críticas para crecer, mejorar y avanzar. Según Facundo Manes, es la capacidad de una persona para adaptarse al estrés, los traumas y las adversidades y se construye a partir de factores tanto psicosociales como neurológicos (2014: 312).

Las personas resilientes conocen y usan estratégicamente sus fortalezas y debilidades, son optimistas, sin perder la objetividad, ven las adversidades como oportunidades, confían en sus capacidades, atraen energías positivas, son flexibles y perseverantes, saben pedir ayuda ven el pasado como espacio de aprendizaje, pero no como un lugar para vivir. Parece la descripción de todo lo que quisiéramos ser, de una imagen imposible e ideal. Sin embargo, estamos rodeados de personas resilientes. Tal vez tu mismo lo eres, sin saberlo.

El desarrollo de la resiliencia inicia en la infancia y se asocia a los mismos elementos que, mal gestionados y sin el acompañamiento necesario, pueden causar traumas emocionales que explotan durante la vida adulta. Para aprender a ser resilientes tenemos que atravesar experiencias de estrés dosificada, como si fuera un remedio. Aburrimiento, frustración y estrés en cantidades no abrumadoras durante la niñez nos ayudan a generar las herramientas mentales para que, llegados a la adultez, cuando los problemas son varias cabezas más altos que nosotros, estemos listos para afrontarlos con el menor coste emocional posible. La persona resiliente no ignora las situaciones críticas ni es inmune al dolor. Se conecta con sus emociones, afronta sus circunstancias y se fortalece en la lucha.

Si no desarrollaste esta capacidad mientras crecías, ya sea porque tus padres o tutores eran demasiado protectores, o porque creciste en el mundo alterno de la caja de cristal, puedes aprender a ser resiliente en cualquier otro momento de tu vida. El cerebro humano es maravilloso y no deja de generar nuevas conexiones hasta el segundo en que se apaga. Para desarrollar esta habilidad la clave es medir objetivamente el tamaño de los problemas, proyectar el mejor y el peor escenario posible y actuar en consecuencia, tomando decisiones que equilibren la razón y la emoción. Respirar profundo y darte un par de minutos para pensar pueden hacer un mundo de diferencia. Y, sobre todo, aprende a pedir ayuda. Pide ayuda, pide ayuda, pide ayuda. Y brinda ayuda. A diferencia de los personajes de los cómics, carecemos de inmunidad y no podemos sobrevivir sin colaboración. Superman y la Mujer Maravilla son seres súper humanos, venidos de otros mundos, e incluso ellos tuvieron que formar la Liga de la Justicia para Salvar al Plantea.

Pensar positivo, comenzar a ejercitar la objetividad optimista, despersonalizar los problemas, soltar la culpa y el pasado nos prepara para evaluar de manera diferente las crisis. "Reinterpretar el significado de los estímulos negativos, con la consecuente reducción en las respuestas emocionales, se denomina "reevaluación" (*cambiar la manera en que sentimos al cambiar la manera en que pensamos*). Los individuos resilientes son mejores en esta reevaluación y la utilizan más." (Manes, 2014: 313). Como sostiene Michelle Obama, no hay que ver nuestros problemas como desventajas. La experiencia de enfrentar y superar la adversidad es en realidad una de nuestras mayores oportunidades de éxito. Tal parece que la canción tenía razón: "Aunque los vientos de la vida soplen fuerte, soy como el junco que se dobla, pero siempre sigue en pie"

Si no atravesaste experiencias adversas o, por el contrario, enfrentaste momentos demasiado críticos durante tus años de formación, es probable que tengas algunas dificultades para manejar el estrés, la frustración y el miedo. Corremos el riesgo de olvidar que tenemos el poder de transformar nuestra identidad y desesperamos, cayendo en la resignación. Debemos tener presente que somos dueños de nosotros mismos. La ciencia ha demostrado (el siglo XXI es el siglo de las demostraciones) que en cualquier momento de nuestra existencia podemos reeducar a nuestro cerebro y crear nuevas conexiones neuronales, transformando nuestras habilidades, conocimientos y hasta nuestra vida.

Una de mis técnicas favoritas para reconfigurar la forma de nuestros pensamientos proviene de las investigaciones de la psicóloga social Amy Cuddy. Para resumirlo de la manera más simple posible, su método consiste en fingir hasta transformarnos. Esto no significa ser deshonestos, falsos o tratar de ser alguien más, sino construir nuestra propia identidad, interpretando a ese yo en quien nos queremos convertir, contrarrestando con nuestra conducta los defectos que buscamos eliminar y magnificando las virtudes. Seguimos siento nosotros mismos, en camino a nuestra mejor versión. Se trata de un muy efectivo truco de reprogramación neurológica. De alguna manera, la ciencia ha encontrado un extraordinario giro al efecto Pigmalión. Este fenómeno psicológico refiere a la potencial influencia que la creencia que tiene una persona acerca de otra ejerce en el rendimiento de esta última. En pedagogía se manifiesta cuando las expectativas y previsiones de los profesores sobre sus alumnos causan precisamente las conductas que los docentes esperaban. Una forma de profecía autocumplida. Toma su nombre del mito griego de un antiguo rey, muy diestro en el arte de la escultura, que llegó a crear una mujer tan hermosa que, desesperado de amor por ella, logró que Afrodita le otorgará vida. Por decirlo con simpleza, es un autor que se enamora de su obra, una obra que por acción de ese amor se vuelve perfecta. Tal vez enamorarnos de nosotros mismos sea una manera fenomenal de explorar nuestras virtudes, defectos y alcanzar nuestros objetivos.

Una mañana, hace seis años, recibí la llamada de un amigo. Era tutor en un colegio que atravesaba una situación horrible. Estaba a punto de cerrar. El dueño había desaparecido, los docentes trataban por todos los medios de que la institución siguiera funcionando, muchos padres habían dejado de pagar las cuotas y era demasiado tarde para ubicar a los alumnos en otras escuelas. Necesitaban terminar el año escolar. Y no conseguían docente de Lengua. Al día siguiente me reuní con la directora y esa misma semana comencé a dar clases. El primer día llegué temprano y aproveché para presentarme con la mayoría. Antes de que sonara el timbre, les pregunté dónde estaba el aula de cuarto año. Amablemente me indicaron el lugar y me advirtieron que era el peor grupo de todos. Indisciplinados, irrespetuosos, irresponsables y otras expresiones que iniciaban con "i". Con toda mi inexperiencia a cuestas, entré tratando de imponerme sobre el tumulto. Jugué a ser la profesora mala. Y los alumnos me dieron vuelta. Salí de clases ese día con ganas de llorar y una impotencia infinita. Me rearmé como pude y decidí cambiar de estrategia. La semana siguiente llevé un cuaderno para cada uno y, desde ese día en adelante, les pedí que escribieran todos los días una página. No importaba lo que pusieran. Podían hacer un diario, anotar cosas que les interesaran, escribir sobre lo que querían para su futuro, hacer dibujos, redactar historias. Eran libres de plasmar sus personalidades. Al final de cada semana me llevaba los cuadernos. Corregía la ortografía, la gramática, marcaba con rojo los acentos. Y al final, con una lapicera violeta, les dejaba un mensaje o una devolución. Me aseguraba siempre de darles ánimos, de demostrarles que creía en ellos y de resaltar sus aciertos. En poco tiempo la actitud de ese grupo cambió drásticamente. Prestaban atención en clase, hacían preguntas, rendían mejor. Cada semana escribían más. A veces pedían consejo. A veces agradecían que hubiera una persona dispuesta a escucharlos, alguien que se preocupaba por ellos. A veces me contaban secretos que nunca revelaré. Los mismos profesores que me habían hecho tantas advertencias comenzaron a notar el cambio. En una ocasión, mientras preparábamos un acto escolar, me preguntaron qué había pasado con ese curso, como había logrado que mejoraran tanto su conducta. Les hablé del efecto Pigmalión. Les dije que yo creía en ellos, que eran chicos buenos, inteligentes, en una mala situación. Pero nuestras situaciones no son las que nos definen, sino lo que hacemos con ellas.

Hablando de los estudiantes, hay una parte del autoconocimiento que les genera muchas contrariedades. Un objeto de duda que pocas veces se plantea fuera de las aulas, pese a que es fundamental en la conformación de la identidad del individuo. Si me acompañas, vamos a bucear en los intrincados mares de la vocación.

¿Y ahora qué hago con mi vida?

Hace una década se consideraba que la adolescencia terminaba a los 18 años y se sabía, o al menos lo sabían los psicólogos, que a los 22 años se terminaba de definir el carácter. Hoy en día los casos de hombres y mujeres de entre 25 y 30 años que no saben qué hacer con su vida se multiplican por miles. Al extenderse la expectativa de vida, también se han extendido los períodos de maduración. Los cambios sociales han llevado a que los jóvenes tarden más en estar en condiciones emocionales y materiales para independizarse, lo cual llega a causar que sus figuras paternas sigan poniéndolos en un lugar de menoridad. Incluso a los cuarenta, a los cincuenta o después de jubilarse, muchas personas no han alcanzado a descubrir su misión en esta vida. Lo que llamamos, simple y sencillamente, vocación.

Mihály Csíkszentmihályi, un profesor de psicología de la universidad de Claremont, California, analizó la trayectoria de doscientos artistas dieciocho años después de que salieron de la escuela de arte y descubrió que los que se habían convertido en pintores serios eran aquellos que en su época de estudiantes disfrutaban verdaderamente el hecho de pintar. Los que en la escuela de arte se habían sentido motivados por sueños de fama y riquezas, en su mayor parte abandonaban el arte después de graduarse. Es decir que sólo aquellos que perseguían una vocación auténtica se convertían en artistas exitosos.

La vocación y el trabajo no siempre coinciden. Tampoco la vocación y la carrera, la vocación y los hobbies o la vocación y las decisiones de vida. Aunque uno pensaría que deberían coincidir. Es más, creemos que es forzoso que lo hagan. Tiene sentido que coincidan. Pero, en más casos de lo que quisiéramos admitir, no es así.

La vocación va más allá de ese algo que nos ayudará a ganar dinero y a alcanzar la calidad de vida que deseamos. La verdadera vocación es constitutiva de la identidad de la persona. No es algo que se hace, es algo que se es. Uno puede tener vocación de docente, de médico, de arquitecto, de ingeniero, de artista, pero también de padre o madre, de servidor, de cuidador, o hasta vocación de millonario. La vocación, incluso, puede verse definida y alterada por experiencias fundamentales y hasta traumáticas. Un extraordinario estudiante de ingeniería civil, que obtenía 9 y 10 en todos sus exámenes, tras ser testigo del accidente automovilístico de uno de sus amigos y acompañar al herido en la ambulancia, decidió dejar la ingeniería para estudiar medicina y dedicarse a salvar vidas.

La vocación no siempre se manifiesta en la niñez o la adolescencia, aunque durante estas etapas podemos observar claros indicios de las características del adulto al que nos encaminamos.

Así como nuestra mente constantemente está en crecimiento y podemos ampliar nuestras capacidades neuronales y habilidades físicas en cualquier momento de nuestra existencia, nunca es tarde para conocer (o confirmar) nuestra vocación. Una buena manera de hacerlo es con tres "simples" preguntas:

¿Qué hago?

¿Qué amo?

¿Qué hace latir mi corazón?

El primer interrogante se refiere a mis actividades en el momento presente. El estudio, el trabajo, los pasatiempos. Siempre tenemos al menos una ocupación, incluso si no es remunerada. A los quince años el "¿qué hago?" suele estar directamente relacionado con el colegio, actividades extraescolares, como tocar un instrumento o aprender otro idioma, los amigos, algún tipo de actividad física, y los hobbies personales. Al avanzar en la vida, esos quehaceres cotidianos varían. Sin embargo, hay continuidades que permiten ir debelando cierta línea conductora de la personalidad. La universidad reemplaza al colegio, el trabajo a la universidad, los amigos cambian, los hobbies cambian. Pero algo en nosotros permanece.

¿Qué amo? Esta pregunta es un poco más profunda. Mientras que para saber a qué se dedica una persona basta con observar su rutina diaria, sólo el individuo en su intimidad puede saber cabalmente qué y a quién ama. Alguien que mirara la vida como un Gran Hermano, podría saber en qué invierte su tiempo, quienes son las personas con las que más se comunica o con las que pasa más tiempo, cuáles son las actividades que más disfruta o las cosas que más estima. Su conocimiento no avanzaría más allá de lo que dicen las apariencias. La profundidad y el matiz de mis sentimientos únicamente están disponibles para mí. Comenzar a preguntarme qué amo es ordenar mis prioridades y orientar mi vida hacia mi verdadero ser. Amo mis libros, amo a mi familia, amo enseñar, amo bailar y cantar, escribir, ver series por internet (y las amo más cuando las consigo gratis), amo los peluches, los helados y mis amigos. No de la misma manera ni con la misma intensidad. Amo aprender. ¿Se ven los hilos de mi identidad más profunda? La próxima pregunta nos llevará directamente al corazón del asunto. Porque debemos cuestionarnos qué lo hace latir.

Hay una diferencia entre lo que amo y lo que hace latir mi corazón. A pesar de que nunca podríamos separar lo que amamos de nuestra existencia, a pesar de que tiene un peso fundamental en nuestra identidad, sigue siendo externo. Amo a un otro, algo fuera de mí, algo esencial para mi vida, pero ajeno. Lo que hace latir mi corazón es tan profundamente constitutivo y definitorio que el más mínimo cambio en ese elemento daría como resultado alguien diferente de mí mismo. Lo que mantiene en movimiento mi corazón tiene que ver con mis decisiones, con mi construcción como individualidad. Amo bailar y leer. Pero difícilmente me despertaría un sábado a la madrugada por ninguna de esas dos cosas. Sin embargo, desde hace cuatro años, sin importar qué tanto o tan poco haya dormido la noche anterior, me levanto, me maquillo y voy a dar clases con una sonrisa (y unas ojeras mal disimuladas). Amo dormir. Pero enseñar hace latir mi corazón. Si no fuera docente, no sería yo. Camino, hablo, me visto, siento y pienso como una profesora. Como mi versión de lo que es ser una profesora, para ser más exactos. Hasta cuando discuto con mi pareja, discuto como docente. Y no importa qué tan enojada esté, nunca pondría una "y" antes de una palabra comenzada por "i". Lo que hace latir nuestro corazón nos sostiene, nos alimenta, nos define. La vocación se construye a partir de esto. Descubrir una vocación, es descubrir un destino. No es una carrera y no es toda nuestra identidad. Pero es una parte demasiado importante como para no tenerla en cuenta.

El poder de la palabra

Por un momento cambiemos el casete y saltemos a otro tema, tan importante para el buen orador como la vocación. ¿Alguna vez oíste hablar (si, tú de nuevo) de la PNL?

¿No? No pasa nada. Todo conocimiento comienza con la consciencia del desconocimiento. "Sólo sé que no se nada" dicen que decía Sócrates. "Y cuanto más sé, me doy cuenta de todo lo que aún no sé", es la otra mitad de la frase, que la historia tiende a olvidar.

La Programación Neuro Lingüística es una disciplina que tiene su origen alrededor de 1970 en Estados Unidos, cuando el mundo giraba más lento y la revolución tecnológica iniciaba su auge. Pese a que neurólogos y psicólogos la han cuestionado, principalmente por el uso indiscriminado que se hizo de ella para intentar curar trastornos mentales, sigue teniendo vigencia porque se basa en algo que los poetas han sabido desde el origen mismo de la humanidad: la palabra tiene poder.

Sin tecnicismos, sin lenguajes esotéricos. Tan simple como que las cosas que nos dicen a lo largo de nuestra vida, los mensajes que recibimos, aquellos que van calando en nuestro interior, aquellos se repiten con cierta constancia, incluso el que escuchamos una sola vez, incluso los que nos decimos a nosotros mismos son claves fundamentales en la conformación de nuestra identidad. Las expresiones verbales que se han depositado en nosotros a lo largo de nuestra vida configuran la programación de nuestro cerebro.

El tejido neuronal es como un ovalo de cables enredados. Cada neurona establece múltiples conexiones con las demás para dar forma a nuestra personalidad, nuestros recuerdos, nuestras habilidades y conocimientos. Y todo lo que somos, fuimos y seremos se determina por nuestras experiencias. Somos quienes somos por la vida que hemos vivido.

De niña solían decirme que era torpe. Las cosas se me resbalaban de las manos. Tendía a tropezarme cada vez que me lanzaba a correr. Vivía con raspones en las rodillas. Me caía y resbalaba con frecuencia. Mi madre, con una mezcla de resignación y preocupación, se lamentaba "Ay hija, ¿por qué eres tan torpe?". Y yo me enojaba profundamente cada vez que la oía. Porque no me consideraba una persona torpe. Ni lo era. Para probarlo, sólo diré que en esa época los colegios tenían Actividades Prácticas como materia (aquella asignatura que espantaría a cualquier mujer moderna del siglo XXI donde nos enseñaban a tejer, bordar y abrir la puerta para ir a jugar) y que aprendí sin problemas a pintar sobre tela, tejer a dos agujas y a crochet, bordar con punto cruz, realizar pequeñas esculturas de arcilla y hasta lijar y clavar las patas de una mesa de juguete. ¿Por qué entonces no podía acercarle a mi madre una taza de café a su consultorio sin derramarme la mitad encima? Porque era una niña muy inquieta. No toleraba tener que ir despacio, dando pequeños pasos, hasta la habitación donde ella atendía a los pacientes, cuando había tantos juegos interesantes esperándome, tanto mundo que recorrer. Hasta el día de hoy, el único momento en que no me estoy moviendo, es cuando duermo. Al menos eso creo. Sin embargo, crecí con un cerebro estructurado con la idea de que era una persona torpe. Mi conducta se configuró en base a ese mensaje y comencé a portarme, sin saber cómo ni cuándo, como una persona torpe. Tardé años en revertir esa programación.

Hay que ser extremadamente cuidadosos con las cosas que se les dice a los niños, porque tiene un impacto inimaginable en su futuro. Hay personas que viven permanentemente frustradas, o sumidas en estados de carencia, porque desde la infancia les manifestaron que era el único destino posible que los estaría esperando. Que el mundo siempre sería así, que no podían cambiarlo. Que debían resignarse. Una persona a la que nunca le dijeron que tenía opciones, vivirá, crecerá y morirá sin saber que las tiene.

El subconsciente interpreta todo literalmente, no analiza ni tiene sentido del humor. Una amiga muy cercana a mi corazón escuchaba con frecuencia decir en su familia que ellos eran "pobres, pero honrados". Inconscientemente creció creyendo que las personas adineradas necesariamente eran deshonestas. Hoy es un imán invertido para el dinero: lo repele.

En su charla "La oportunidad en la adversidad", Aime Mullins habla sobre la definición de "Discapacitado" y lo que significó para ella, que perdió muy joven ambas piernas, no haber sido estigmatizada por este concepto durante su crecimiento. Tras mostrar esta conferencia en uno de nuestros talleres, tuvimos que mediar un improvisado debate. Los alumnos se preguntaban cuál era el término adecuado: "discapacitado" o "con capacidades especiales". Siempre es difícil nombrar una realidad que nos interpela tan duramente, y cada uno de esos nombres tenía sus pros y sus contras. El problema con el término "discapacitado" es que tiene una carga negativa que está lejos de representar las habilidades reales que tienen las personas que sufren algún tipo de incapacidad. Por otro lado "capacidades especiales" desdibuja el problema real que representa una estructura social, cultural y educativa que no está preparada para incluir ni cuidar de las personas que tienen alguna minusvalía. Y este es otro término conflictivo. ¿Qué significa minusválido? Literalmente es una palabra compuesta de dos expresiones: "menos" y "valioso". ¿Puedes ver la trampa mental en nos arriesgamos a caer cuando la usamos? Así como pueden sanar, las palabras pueden herir.

Hechos de historias

Pese a todos los beneficios de la PNL, tiene también sus debilidades Las escuelas más tradicionales de esta disciplina caen en la trampa de restringir la programación de nuestra mente sólo a los mensajes que recibimos. En realidad, es más complicado. Estamos hechos de historias, o, lo que es lo mismo, de experiencias. Todos los sucesos de nuestra vida, nuestro entorno económico, histórico, social, político y cultural, nuestra historia de vida, la de nuestros padres, abuelos, bisabuelos y tatarabuelos, todo eso va definiendo quiénes somos. Pero no limita quienes podemos ser. Uno de los mejores aportes de la PNL y la razón por la que sobrevive hasta hoy, es que da cuenta de un hecho maravilloso: en cualquier momento de nuestra vida podemos reprogramarnos. Somos arquitectos de nuestra propia identidad.

Saberlo nos ayuda a responder una pregunta fundamental: ¿Los grandes oradores nacen o se hacen? Para ser exactos, los seres humanos nacemos con algunas características atribuibles a nuestra herencia genética. Podemos nacer con un buen oído, una estructura ósea firme, ojos penetrantes, y hasta ciertas facilidades relacionadas con la estimulación pre natal. Pero antes del proceso de socialización, no sabemos nada. El habla se desarrolla en las interacciones con los adultos. La forma en la que nos comunicamos dependerá de nuestro círculo familiar, del contexto social, cultural y económico en medio del cual se inserte nuestra educación. Si bien perviven ciertos factores heredados que pueden condicionar nuestras experiencias, como el color de piel en una sociedad con resabios racistas o nuestra mayor o menor familiaridad con los médicos y hospitales si tenemos una salud delicada, conservamos la habilidad de gestionar nuestra identidad. No importa tanto el cómo, el cuándo, no importa dónde, la estructura de nuestros pensamientos está en nuestras manos.

La constitución mental del sujeto no sólo determina su identidad y es determinada por esta, sino también la manera en que ve el mundo y elige insertarse en él. Puedes comprobarlo de una manera muy simple. Observa durante treinta segundos a tu alrededor buscando todos los objetos de color blanco. Cierra los ojos. Trata de recordar los objetos que viste. Abre los ojos y confirma cuántos fuiste capaz de recordar. Sin dejar de concentrarte en los objetos blancos, vuelve a cerrar los ojos. Ahora trata de acordarte de cuantos objetos rojos había en la habitación. Abre los ojos y busca las cosas rojas. Encontrarás muchas más de las que recordabas. Esta es una manera muy fácil de demostrar que nuestro cerebro encuentra lo que busca. Si tu programación te lleva a centrarte en lo positivo, verás cosas positivas. Si te lleva a fijarte sólo en lo negativo, es necesario reprogramarte.

Todo proceso de reprogramación comienza con una mirada sincera en el espejo de nuestra consciencia. Esto significa analizar quiénes somos, nuestras virtudes, defectos, nuestra imagen física y emocional en profundidad. Para esto podemos utilizar el FODA (herramienta que exploraremos más adelante), contestar las tres preguntas sobre la vocación, o simplemente hacer una larga lista de cualidades personales, no limitadas sólo a lo que percibimos por nosotros mismos, sino incluyendo también lo que ven los demás. Las respuestas de los otros pueden ser sorprendentes, develando pistas maravillosas sobre nuestra autoimagen. Si lo que dicen se aleja demasiado de lo que sentimos o lo que queremos ser, es buen momento para replantearnos nuestra conducta y hábitos, orientándolos a la construcción del yo ideal.

Mirarte en el espejo de tu consciencia es una tarea delicada, porque muchas veces lo que recibes al hacerlo es una imagen deformada, programada por las palabras y actitudes de los demás y de ti hacia ti. Si tu autoestima es baja, tenderás a reforzar los defectos y alimentar las emociones negativas. Porque el cerebro encuentra lo que busca. Mirarte sinceramente te permitirá hacer los cambios necesarios para convertirte en la mejor versión de ti mismo. O, tal vez, descubrir que ya estás en camino a serlo.

Los neurólogos saben desde hace un tiempo que el cerebro humano es radicalmente plástico. Puede cambiar y desarrollarse a lo largo de toda la vida. Las conexiones entre las neuronas, a través de las cuales procesamos la memoria, las respuestas emocionales y racionales, el lenguaje, el pensamiento y la motricidad, no dejan de expandirse. Aunque la regeneración neuronal se negaba hasta prácticamente fines del siglo XX, nuestra mente siempre ha tenido la capacidad de parcharse y seguir funcionando a pesar de los pinchazos. Hay miles de casos documentados de personas que perdieron parte del tejido neuronal, siendo afectado en su funcionalidad, y cuyos cerebros desarrollaron mecanismos para cubrir los déficits con otras áreas, permitiéndoles recuperarse. En la gran mayoría de estos casos fue el trabajo duro, la fe en sí mismos y la incapacidad para rendirse lo que determinó que se produjeran estos milagros médicos.

No es necesario recurrir a ejemplos extremos. Aunque dicen que no se puede enseñar trucos nuevos a un perro viejo, nuestro cerebro está en condiciones de adquirir nuevo conocimiento constantemente. Nuestro cerebro y nuestro cuerpo. Con la ejercitación adecuada, no hay límite a lo que podemos conseguir.

Actualmente mi madre tiene 56 años. Para algunos es una mujer mayor, para otros, todavía joven. Hasta hace cuatro años jamás había pisado un gimnasio. Menos aún había hecho una abdominal. Ni una sola, en toda su vida. Hace poco más de tres años atravesábamos un período en que todos los miembros de la familia teníamos problemas con nuestro peso, así que las mujeres de la casa decidimos ir juntas a entrenar. En cada sesión el instructor nos asignaba una rutina completa de abdominales, con sus correspondientes repeticiones. Hasta el día de hoy no puedo explicarme cómo lograba mi mamá desplazarse sobre su espalda de una punta a la otra del salón. Todos los días iba al gimnasio y todos los días hacía su rutina de abdominales con desplazamiento. De a poco comenzó a mejorar. Practicó, practicó,

practicó, practicó. Hoy, es capaz de hacer más abdominales que chicas veinte años menores. Con una técnica casi perfecta.

¿Qué tiene que ver todo esto con ser un orador eficiente? Un poco de paciencia, nos falta una última pieza.

"Lo imposible está en la mente de los cómodos"

¿Notaste que a lo largo de este capítulo se usaron las palabras mente y cerebro como sinónimos? En cierta forma, lo son y no lo son.

Con mucha mejor acogida por parte de la comunidad científica que la PNL, el siglo XXI vio nacer una asignatura con muchas hijas y nietas, bautizada como Neurociencias. Así, en plural. Las Neurociencias son un conjunto de ciencias multidisciplinarias que analizan el sistema nervioso para entender las bases de la conducta. Se dedican a estudiar estructura, función, bases moleculares y patologías de nuestro órgano pensante. Trajeron aportes fascinantes y novedosos a la educación, la medicina y la psicología. Novedosos dependiendo de a quién le preguntes. De cierta manera, algunos de estos eran ya conocidos hace miles de años. Hasta que vinieron los griegos y nos hicieron probar las aguas del leteo[1].

Tal vez reconozcas estas frases:

"El cuerpo es la cárcel del alma."

"El espíritu está dispuesto, pero la carne es débil."

"Está de cuerpo presente."

"Tengo la cabeza en otro lado."

"Fuga de cerebros."

"Mano de obra."

Estas expresiones tienen dos cosas en común: primero, se sostienen sobre la idea de que el cuerpo y el pensamiento son "cosas" separadas, una dentro o junto a la otra, pero básicamente distintas; segundo, ¡SON MENTIRA! Una de las mayores mentiras de toda la tradición occidental.

---

[1] En la mitología griega, Lete o Leteo era uno de los ríos del Hades (mundo de los muertos). Beber de sus aguas provocaba el olvido absoluto.

No es real, ni podemos seguir sosteniendo, que somos un algo conformado por partes. Una especie de Frankenstein de generación espontánea, animado por quién sabe qué, en un cuerpo que no se corresponde con nuestra identidad fundamental, con el deseo constante de volver a elevarnos sobre el mundo terrenal para contemplar el paraíso de su elección. Platón fue uno de los culpables de la difusión de esta teoría de la separación entre la mente, divina, inmortal, capaz de conocer la verdadera esencia de las cosas y llamada a elevarse hacia el mundo de las ideas; y el cuerpo carcelario y limitado, cargado de necesidades, que no permite a nuestra inteligencia remontar el vuelo. Pero los pueblos más antiguos sabían que no se podía hacer una distinción entre los elementos constitutivos de una persona. Por eso cuando alguien moría, lo enterraban con parte de las posesiones que tuvo en vida. Porque trascendía no sólo con su espíritu, sino con toda su corporalidad.

En Argentina los pioneros de esta concepción de la integridad humana son los miembros de la Asociación Educar, quienes postulan que podemos delimitar dos unidades constitutivas y complementarias en la conformación de nuestra identidad. Una Unidad Menor, la UCCM y una Unidad Mayor UCCMA (Ambiente). Y, aunque estos conceptos se utilizan principalmente con motivos didácticos, sus aplicaciones prácticas son tan útiles, que al incorporarlos podemos tener una mucho mejor consciencia de nosotros mismos.

Sin saberlo, todos los días nos enfrentamos con una cantidad impresionante de UCCMs con las que establecemos relaciones diversas. La más cercana nos contempla desde el espejo. Unidad Cuerpo, Cerebro, Mente. En otras palabras, la integridad del ser humano con sus componentes fundamentales. El cuerpo, la parte tangible, en contacto inmediato con el universo exterior, que define los límites de la unidad, así como su imagen externa y la posibilidad de acceder a estímulos sensoriales y experiencias. El cerebro, el órgano principal del sistema nervioso, donde tienen lugar los procesos químicos que dan forma a nuestros pensamientos, permiten la recopilación de información y las demás funciones orgánicas. La mente, constituida por el resultado de esos procesos, los pensamientos, las emociones, la autopercepción, la voluntad. La psiquis o el alma, según queramos llamarla.

Cada uno de los elementos de la UCCM está en íntima conexión con el resto y se retroalimentan constantemente. La mente es un motor de transformación de nuestra parte física. Así mismo, podemos influir en ella a través del cuerpo. Es un camino de ida y vuelta. Puedo, por ejemplo, elegir mover un brazo para tomar mi libro favorito y efectivamente hacerlo, pues se activa una zona del cerebro (corteza motora) que envía una señal a los músculos para que actúen. Puedo disfrutar de mi comida favorita y eso me provoca una intensa sensación de bienestar emocional gracias a la estimulación que experimentan mis papilas gustativas. Tratemos de recordar la última vez que tuvimos una pesadilla. No hace falta traer a la memoria el mal sueño en sí, ni vamos a intentar revivirlo. Concentrémonos en el estado emocional que teníamos al despertar. Es probable que nuestro pulso y respiración estuvieran acelerados y tardaran en serenarse. Durante unos segundos experimentamos reacciones físicas de temor. Pero la pesadilla no fue real. Ocurrió en nuestra mente. ¿Por qué entonces despertaría respuestas fisiológicas? ¿Qué sucede cuando, ante un hecho que nos hace sumamente felices, olvidamos algún mal o dolor físico o cuando la tristeza nos hace perder el apetito o experimentar malestar? ¿Recuerdas esa sensación de placer al comer chocolate? El chocolate es un alimento que provoca que el cerebro libere una serie de neurotransmisores, como la dopamina, que nos hacen sentir bien mental y físicamente. "Panza llena, corazón contento", o más bien, panza llena, cerebro químicamente estimulado de manera placentera. La falta de sueño sostenida a lo largo del tiempo puede causar depresión, agresividad e incluso locura, como en el caso de Don Quijote. Mente, Cerebro, Cuerpo trabajando unidos, influyéndose constantemente, construyendo nuestra identidad a partir de su interacción entre sí y con todo lo que los rodea. Esto último es lo que representa la Unidad Mayor o UCCM-Ambiente. Porque, tal como dijimos, estamos hechos de experiencias.

Biológicamente los seres humanos no estamos preparados para hablar en público. No hay ningún área de nuestro cerebro encargada de dar discursos. No es una actividad natural como comer o dormir. Sin embargo, es extremadamente gratificante y puede llevarnos a obtener una cantidad inestimable de beneficios. Cada vez que lo hacemos, ponemos en juego todos los elementos de la UCCM y, cuanto más eficientemente funcionen estos, más exitosa es la presentación.

¿Qué pasa, sin embargo, cuando uno de los miembros de la UCCM falla?

Pablo Fernández era un joven con una vida bastante buena. Sus días transcurrían entre los amigos, la familia, su carrera de Arquitectura y el rugby. Realmente sentía pasión por este deporte. Hasta el año 2004 cuando, en medio de un partido, y sin saber muy bien cómo, sufrió una lesión postraumática que lo dejó cuadripléjico. Del cuello para abajo era incapaz de sentir, incapaz de actuar. Creo que es casi imposible imaginar lo que este cambio debió significar para él. De ser un joven sano, activo, al que le gustaba divertirse y hacer deporte, a estar en una silla de ruedas, dependiendo de los demás. Su carrera y su vida entraron en crisis. Claramente una de las C del UCCM no respondía como debía. Al salir del hospital los médicos le dijeron que no iba a poder vivir sin respirador, por lo que no iba a tener volumen de voz. Sin embargo, en el año 2015, se plantó delante de un auditorio repleto para contar como sus limitaciones no le habían impedido convertirse en Licenciado en Diseño Gráfico y Comunicación Audio-visual, conseguir un trabajo, continuar con su vida, encontrar una nueva manera de superar sus obstáculos. Su deseo de autosuficiencia llegó hasta el punto en que, con ayuda de su papá y su hermano, diseñó un mouse totalmente funcional controlado por el movimiento de su cabeza, lo cual le permitió volver a acercarse a una computadora y conquistar un primer paso hacia una nueva independencia.

Mi capacidad no cambió. Cuando alguien tiene un accidente, al principio para todos es un caos. Yo tuve que adaptar algunas cosas, pero otras no cambiaron. Sin embargo, fue bastante arduo, pero no imposible. Es una elección ponerse en este lugar o en otro (...) Es verdad que existieron y existen muchos obstáculos con los que lidiar, pero desde mi experiencia sólo puedo decirles. Que nadie los condicione con imposibles... LO IMPOSIBLE ESTÁ EN LA MENTE DE LOS CÓMODOS. (Fernández, 2015)

La oratoria es un proceso complejo donde nos conectamos con otras personas en muchos niveles diferentes. La manera en que nuestro público recibe e interpreta los mensajes que transmitimos dependen de sus propias experiencias personales, pero también del equilibrio que demostremos entre quiénes somos y lo que intentamos comunicar. Un buen orador es una UCCM equilibrada, programado de manera positiva, consciente de las experiencias constitutivas que lo han llevado hasta ese lugar, y comprometido con el mensaje que desea transmitir. Conocernos a nosotros mismos es una herramienta fundamental para saber quién es el individuo que presentaremos a nuestra audiencia y por qué. Para poder expresarnos libremente, sintiéndonos adecuados y fortaleciendo nuestra autoestima en cada situación de exposición. Tomar consciencia de mi yo ideal plantea un objetivo alcanzable, hacia el que puedo comenzar a avanzar una vez descubierto quién soy, las cualidades con que cuento para lograrlo, mis dificultades y motivaciones. Y puedes creerme, tienes la capacidad para lograr lo que deseas. Sólo hace falta compromiso, y algunas marcas que te ayuden a encontrar el camino.

Antes de cerrar este capítulo, me gustaría que te hagas una pregunta. Sí pudieras viajar en el tiempo... ¿qué le dirías a tu yo del pasado?

- 2 -

Conoce a tu público

¿Delante de cuántas personas tengo que hablar para considerar que estoy oficiando como orador? ¿Diez? ¿Cincuenta? ¿Doscientos? Una. Una única persona, una conversación cara a cara, ya es una circunstancia en la que tengo que comportarme como un orador consciente. Y, sobre todo, responsable.

Hay distintos tipos de Oratoria, con sus reglas y cualidades particulares. Hay una oratoria académica o científica, política, teatral, hay neuro oratoria, oratoria motivacional y una especie de oratoria cotidiana, de la cual pocas veces somos conscientes y solemos supeditarla a los procesos usuales de comunicación. A cada tipo de Oratoria le corresponde un tipo de orador. Sin embargo, todos buscan el mismo objetivo. Un cómico que hace stand up y un catedrático de biología parecen no tener mucho en común. Pero ambos intentan crear una experiencia para su público y obtener de ellos una reacción determinada a través del uso de las palabras y la puesta en escena. Emplean recursos similares, construyen estructuras discursivas con las mismas o casi las mismas partes. Se diferencian en sus objetivos, hacer reír en un caso, educar en el otro, y en la expectativa que el público deposita en ellos. Aun si fueran la misma persona, no se comportarían de la misma manera ante sus dos audiencias. Incluso el profesor más gracioso del mundo tiene que corregir exámenes.

Así como hay distintos tipos de oradores, hay distintos tipos de audiencias y diferentes maneras de llegar a ellas. La composición, la cantidad, las expectativas, las experiencias compartidas o no, la edad, el género, el nivel educativo, las motivaciones personales y grupales y hasta la distribución en el espacio son puntos estratégicos a tener en cuenta a la hora de estructurar nuestros discursos para que sean impactantes y pertinentes para quienes nos escuchan.

¿Qué ves en esta imagen? ¿Una copa? ¿Dos rostros acercándose? ¿O algo más?

La copa de Rubín, como se conoce este gráfico, es un buen ejemplo de cómo un mismo elemento puede ser interpretado de manera distinta por diferentes personas, o incluso por la misma persona en diferentes momentos. El pensamiento humano es diverso y se construye a partir de la interacción con otros y el aprendizaje de la lengua.

La teoría Interaccional de la comunicación afirma que **todo el tiempo estamos comunicando** y que **es imposible no comunicar**. Estos dos axiomas refieren un hecho fundamental. En cada circunstancia, incluso si no es nuestra intención, estamos proveyendo de información a las personas que nos rodean. Incluso si viviéramos en una cabaña en medio del bosque a cientos de kilómetros de cualquier asomo de civilización, estaríamos transmitiendo un mensaje a quienes pudieran llegar a enterarse de nuestra existencia. Y ese mensaje dependería tanto de nuestras acciones, como de los prejuicios y experiencias previas de los probables curiosos. El significado de esa información está en la mente de nuestros espectadores.

Además de conocernos a nosotros mismos, prestar atención a nuestra audiencia es uno de los puntos más importantes cuando nos preparamos para ser grandes oradores. Estos dos primeros pasos, por sí mismos, ya serían suficientes para permitirnos enfrentar al público y conquistar entusiastas aplausos. Así de importantes son.

Es muy importante educar a los futuros oradores y líderes desde la infancia y, sobre todo, en la adolescencia, cuando tienen que atravesar los momentos más críticos a nivel emocional y neuronal y definir su personalidad. Enseñar a los adolescentes a leer (a leer de verdad, no sólo a entender y reproducir un texto) es una de las más valiosas e importantes tareas que puede emprender un profesor. Y una de las más difíciles. Además de las trabas institucionales, de la currícula rígida y poco realista que a veces deja de lado las necesidades de los jóvenes y de todas las barreras impuestas al aprendizaje, hay un obstáculo tan profundamente insalvable que hace casi imposible brindarles lo que necesitan: los estudiantes NO quieren estar ahí. Preferirían cualquier otro sito, literalmente cualquiera que no fuera un aula a las siete y media de la mañana. Pensemos en un lugar, el que sea, el adolescente promedio admitirá que lo prefiere al colegio. ¿El consultorio del médico? Sí, sin problemas. ¿Su casa? Por supuesto, es el primero en la lista de preferencias. ¿Un acto público? Lo que más les gustaba a los abanderados de mi promoción era que los sacaran de clases para ir a un acto. ¿La fila de un banco? También. Aunque un poco menos, porque no los dejan usar el celular. Seamos honestos, a todos nos molesta que no nos dejen usar el celular en el banco. La idea de que los jóvenes actuales son adictos a la tecnología es un preconcepto errado. La verdad es que en nuestros tiempos (como diría la abuela de alguien), no contábamos con celulares, o al menos no celulares como los actuales. No es una experiencia que haya pertenecido a nuestra temprana juventud. Somos inmigrantes digitales. Por eso nos cuesta entender que para los nacidos a principios del siglo XXI es una necesidad, que ellos se comunican inevitablemente de una forma mediada por la tecnología y las redes sociales. Su mundo no es ni mejor, ni peor. Es diferente.

¿Cómo educar, ayudar, enseñar, ilustrar y otros sinónimos de la primera conjugación del infinitivo, a alguien que no quiere estar ahí (y que se empeña en que lo sepas) y que además pertenece a un universo distinto, con reglas y patrones de conducta totalmente nuevos? Curiosamente la brecha generacional ha existido casi desde siempre. Los nacidos a fines de los ochenta y principios de los noventa fuimos testigos de la aparición del celular, YouTube, Facebook, WhatsApp. Nuestros padres de la computadora personal. Nuestros abuelos de la televisión. Nuestros bisabuelos del teléfono. Quién sabe lo que verán los niños que están naciendo en este momento. Debemos tener en cuenta lo profunda y rica que es la distancia que nos separa de las generaciones más jóvenes a la hora de determina nuestra manera de dirigirnos a la audiencia. No podemos tratar a un grupo de alumnos del secundario, ni siquiera a los del último año o de un secundario para adultos, como trataríamos a los alumnos de una universidad. Los mismos estudiantes que se tiran tizas y papeles durante las clases y revisan sus teléfonos por debajo de la mesa, creyendo que el docente no los ve, cuando se les da la oportunidad de aprender sobre un tema que les interesa (orientación vocacional, técnicas de estudio, cine, videojuegos, educación sexual, incluso literatura, filosofía, biología y matemáticas) están pendientes de cada palabra. Un docente que ignore el rechazo que las escuelas provocan a las jóvenes multitudes, está condenado al fracaso. El filósofo chino Sun Tzu sabía esto siglos antes de Cristo: "Conoce a tu enemigo y a ti mismo; así, en cien batallas, jamás correrás el menor peligro"

Conocer a nuestro público es conocer el camino a una comunicación exitosa.

Aprendiendo a escuchar

El hombre tiene una necesidad sustancial, que es el anhelo de ser aceptado.

William James

No hay un yo que exista, sin un tu que lo complemente y confirme. Comunicarnos no es sólo transmitir mecánicamente información de un cerebro al otro. Todas las audiencias están conformadas por personas de lo más diversas, cada una con su historia de vida y su forma de ver el mundo. A pesar de esto, muchos públicos se comportan dentro de la misma línea de pensamiento, lo cual facilita al orador la tarea de conectar con ellos. Debes tratar de conocer lo más posible a tu audiencia. Sólo así elegirás el lenguaje correcto para expresarte delante de ellos, los recursos más eficientes y podrás responder a sus expectativas. Cuanto más se conoce al público, más posibilidades hay de lograr el efecto deseado.

Lo ideal sería tener la posibilidad de charlar con los miembros del auditorio antes de hablarles en conjunto, o comenzar la presentación haciéndoles preguntas sobre sí mismos y lo que los motivó a asistir. Si no tenemos esta posibilidad, podemos usar como guía lo que sabemos del tipo de público que enfrentaremos, nuestras nociones previas, las reglas tácitas del espacio en que estamos y concentrarnos en la razón que nos llevó hasta allí. Si vamos a presentarnos en un congreso de medicina ante un grupo de colegas, sabemos las normas comunicativas de ese espacio y cuales son más o menos las expectativas. Si vamos a hablar delante de niños, debemos apoyarnos en material visual y procurar que la experiencia sea lo más interactiva posible. Un congreso de estudiantes de literatura no nos propondrá el mismo escenario que uno de profesores de literatura, a pesar de todas sus similitudes.

Pero puede sucedernos estar delante de una audiencia totalmente heterogénea, sobre la que es muy difícil formarnos una idea previa. ¿Qué hacer entonces? Aprender a escuchar.

Alrededor de 1958, Roman Jakobson, uno de los lingüistas más importantes en la historia, confeccionó su teoría de la comunicación. Según esta, en toda conversación intervienen al menos dos participantes, identificados como emisor y receptor. Los roles de cada uno son intercambiables y hasta pueden ser ejecutados por la misma persona, en el caso del diálogo interno. Lo que se transmite entre uno y otro es un mensaje, que tiene un código, el idioma en que está configurado; circula por un canal, el medio físico a través del cual se produce la comunicación; y sucede en un contexto. Cuando el receptor asimila el mensaje y responde, se produce el proceso de feedback o retroalimentación, donde se convierte en el nuevo emisor.

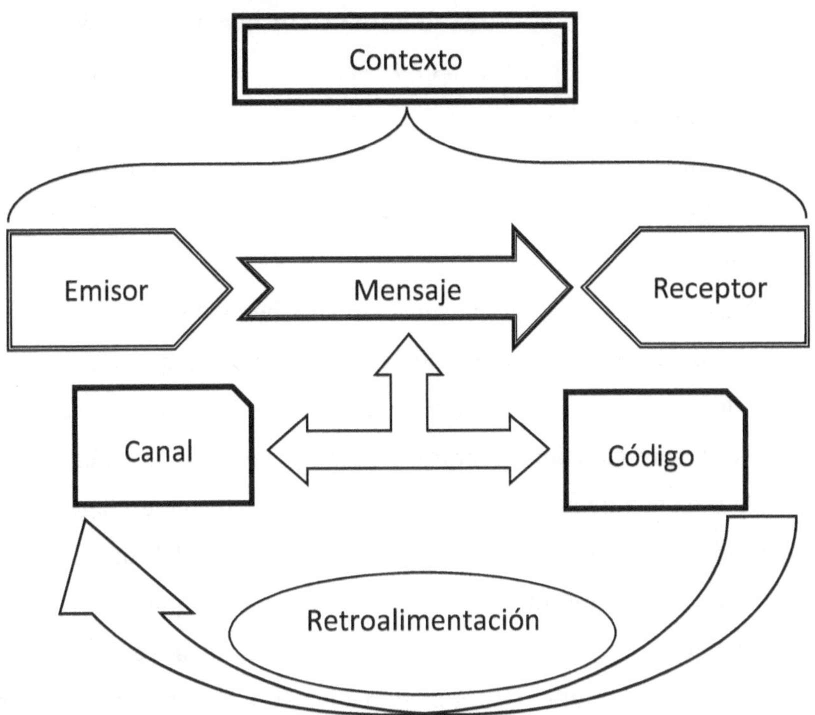

Desde los sesenta hasta la actualidad han surgido muchas propuestas que complementan y superan los aportes de Jacobson, pero su esquema sigue siendo útil. Gracias a él distinguimos claramente cuáles son los elementos necesarios para que la comunicación tenga lugar.

Observemos a dos personas mientras hablan: prestando suficiente atención, podremos distinguir en las expresiones del receptor como se va formando la respuesta que espera dar a su turno. Si el emisor se extiende, aparecen gestos de impaciencia, ansiedad y la atención se desvía ligeramente. Puede que incluso decida interrumpirlo. Este tipo de situaciones, llamadas Escuchas Reactivas, son comunes en la cultura occidental y tienen que ver con una manera particular en la que se relacionan el emisor y el receptor según como el contexto los ha determinado.

En realidad, oímos, pero no escuchamos. Nos limitamos a recaudar suficiente información para poder brindar una respuesta rápida. Y nos sentimos ansiosos cuando no se nos da la oportunidad de hacerlo. Sentimos que las palabras se nos escapan y que no vamos a poder retenerlas mucho tiempo. Estudios científicos comprueban que la mayor parte de la población mundial tiene dificultades para escuchar por más de tres minutos. Culturalmente hemos sido educados para responder inmediatamente y tener siempre las palabras en la punta de la lengua. Vivimos en un contexto de inmediatez, donde se valora la velocidad. Imaginamos la comunicación como un pingpong de preguntas y respuestas. Más que conversar, monologamos. Reaccionamos al otro, en lugar de prestarle realmente atención. Algo que un Orador nunca debe hacer.

A principios del XXI surgió un concepto complementario y superador de la Escucha Reactiva que lleva el nombre de **Escucha Activa**. En general se considera que la Escucha Activa refiere a una serie de comportamientos y actitudes que fomentan la concentración del receptor en los mensajes del emisor. Este concepto representa la idea de una verdadera escucha, donde no ocupo un lugar pasivo de mero espectador, sino que juego el rol principal a través del foco consciente y voluntario que hago en mi interlocutor. Propone quitar el piloto automático de nuestras comunicaciones cotidianas y enfocarnos sinceramente en la persona que nos está hablando, evitando el surgimiento de pensamientos espontáneos que pudieran distraernos o alejarnos del otro. Cuando escuchamos activamente sentimos a la otra persona en nosotros, sin distracciones. Estamos enfocados emocional, psicológica y físicamente en nuestro interlocutor. Pero la cantidad de estímulos que nos rodean dificultan extraordinariamente esta tarea. Si nos sentamos en un bar a charlar con un amigo, nos distrae el celular, el movimiento de los mozos y los clientes, el televisor justo detrás de la cabeza de mi acompañante, la música ambiental, las conversaciones en las mesas vecinas. A lo que se suma el ruido mental que nos acompaña en cada momento. ¿Cómo comunicarme activamente en semejantes circunstancias? Hay que tomar la decisión de estar ahí con y para el otro. Desprendernos de la vorágine cotidiana y elegir detenernos a escuchar. Dejar de lado el celular o guardarlo fuera de la vista[2]. Respirar profundo y prestar atención. Y, sobre todo, ejercitar la empatía.

Sin embargo, la escucha reactiva y la escucha activa tienen una misma desventaja para un orador. Se sigue oyendo para responder. Por eso Sergio Sinay, siguiendo las enseñanzas del sacerdote holandés Henri Nouwen, propone el

---

[2] hay investigaciones que demuestran que tener cerca el celular al realizar cualquier tarea disminuye la concentración y eficacia cognitiva.

concepto de **Escucha Hospitalaria**. Consiste en prestar plena atención a los otros y darles la bienvenida a nuestro propio ser. Cuando escucho hospitalariamente puedo leer al otro hasta en sus respiraciones. Una respiración notoria, sonora, puede indicar el deseo de tomar la palabra o solicitar una pausa al interlocutor. Para captar todos esos matices es necesario no sólo hacer silencio, sino perderle el miedo al silencio. Y oír comprometiéndonos profundamente con el otro. No buscando una respuesta, ni dejando que el rumbo de nuestros pensamientos nos aleje de nuestro interlocutor. La escucha tiene que servir para crear vínculos de mutuo entendimiento. Así, nos acerca a la idea de resonancia de Helmut Rosa. Todos los seres humanos vibramos en nuestra propia sintonía. Permitirnos resonar con otros, sin encerrarnos en nosotros mismos, es practicar la escucha hospitalaria. La sintonía es muy diferente a la imitación. Si uno imita a su interlocutor, sea en sus palabras o en su lenguaje verbal, demuestra que reconoce sus acciones, que lo está observando, pero no que se implica que entiende sus sentimientos. Para hacer saber a la persona delante mío que realmente lo estoy percibiendo, es necesario representar sus sentimientos con mis propios gestos. Entonces él percibe que está siendo comprendido. La resonancia nos acerca y enriquece las experiencias que se construyen en comunidad al reconocer en el otro una vibración similar.

Existe otra desventaja en las escuchas reactiva y activa. Su fuente principal de información son las palabras. Y a veces el orador no puede obtener una retroalimentación verbal de su audiencia. En la escucha hospitalaria se escucha con todo el cuerpo. La información sobre nuestro público llega a nosotros por más de un sentido. Se observa con atención a la audiencia, buscando las pistas en su conducta que revelen su mundo interior, incluso si están en silencio. Para eso es clave prestarle atención a nuestras emociones e intuición.

Aprender a escuchar cuando somos nosotros los que hacemos uso de la palabra no es fácil. Pero trae enormes beneficios. Y podemos ejercitarlo mucho antes de subir al escenario. De nuevo, es cuestión de dejar las distracciones de lado, posicionarnos frente a frente con nuestro interlocutor, respirar profundo y hacer silencio, sin pensar en lo que le vamos a responder o en el partido que está transmitiendo detrás de su cabeza. Mirar sus manos, su rostro, sus pies de ser posible. Prestar atención a las inflexiones de su voz. Poner en funcionamiento la empatía. Y practicar.

El principio de la empatía

Nos imaginemos en la piel de nuestros antepasados, allá lejos y hace tiempo, en la hostil sabana africana. Recién bajados de los árboles, observando el mundo que nos rodea sobre nuestros dos pies. Erguidos, espiando el horizonte, demasiado consciente de todos los peligros que nos rodean. Mucho más de lo que estaría cualquier animal que nos haya precedido. Hemos sacrificado la capacidad de vivir en los árboles para poder evolucionar y el terreno que aparece ante nosotros nos presenta posibilidades infinitas. Sabemos que no contamos con garras, alas, pico, veneno, cuernos, escamas, caparazones, ni cualquier otro elemento físico que nos permita defendernos o atacar. Pero tenemos algo, algo que nos llena de esperanzas y nos garantiza la supervivencia como especie. No, la inteligencia tal como la concebimos actualmente no era nuestro principal escudo. Lo que realmente tenemos, lo que nos hace más humanos que cualquier otra cosa, es los unos a los otros.

La interacción entre seres humanos resulta crucial para la supervivencia: diversos estudios han demostrado que las personas que viven aisladas tienen menos expectativa de vida, se enferman más, tienen una peor performance en pruebas cognitivas y reportan niveles bajos de felicidad. Investigaciones en poblaciones, incluyendo prisioneros en confinamientos solitario, muestran que la falta de interacción con otros genera atrofia cerebral (Rosler, s.d.). Ninguna virtud humana puede desarrollarse fuera del contexto social. El lenguaje, y por tanto la manera en que pensamos, es siempre un aprendizaje donde es imprescindible que alguien me enseñe. En toda circunstancia, tenemos necesidad de la comunidad para sobrevivir. Por eso, es más probable que nuestros interlocutores tengan una mirada positiva de nosotros, porque estamos programados para desear la cooperación y facilitar la supervivencia de la especie y no sólo de los individuos. Somos naturalmente sociales y cooperativos. Y, por lo tanto, también naturalmente solidarios.

La empatía es la intención de comprender las emociones de alguien que no soy yo, intentando experimentar verdaderamente lo que siente otro individuo. Va más allá de los juicios morales y la racionalidad. Es una forma de comunicación emocional que está incluso presente, de forma rudimentaria, en nuestros primos evolutivos. La empatía es nuestra habilidad de proyectarnos a nosotros mismos en la vida de otra persona, sintiendo lo que ella siente, pensando lo que ella piensa. Es un nivel superior de comprensión, mucho más allá de lo que nos permitirían alcanzar los datos o las cifras. Esta virtud está tan profundamente arraigada en nuestra biología, que los niños son capaces de contagiarse de las emociones de quienes se encuentran a su alrededor prácticamente desde que nacen, y se sienten perturbados cuando oyen llorar a otro bebé.

Al año de edad el niño siente aflicción cuando ve que otro cae y empieza a llorar; su compenetración es tan fuerte e inmediata que se lleva el pulgar a la boca y hunde la cabeza en el regazo de su madre, como si fuera él el que se ha hecho daño. Después del primer año, cuando los niños tienen más conciencia de que son distintos de los demás, intentan activamente consolar a otro niño que llora, por ejemplo, ofreciéndoles su osito de peluche. Ya a los dos años los niños empiezan a darse cuenta de que los sentimientos de otra persona son distintos de los de ellos, y así se vuelven más sensibles a los indicios que revelan lo que en realidad siente otra persona. (Goldman, 2018: 133)

Cuando comienza a darse el paso entre la infancia y la adolescencia, aparece el nivel más avanzado de empatía, asociado a la capacidad que desarrolla la persona de comprender la aflicción más allá de la situación inmediata, y de ver que las condiciones de vida de una persona pueden ser una fuente de angustia crónica. En la adolescencia, esa comprensión puede reforzar convicciones morales centradas en el deseo de aliviar los infortunios y la injusticia. Una de esas facetas que suele ser muy frecuente en esta etapa es la «ira empática», que John Stuart Mill describió como "el sentimiento natural de la represalia... reflejado por el intelecto y la simpatía aplicable a... aquellas heridas que nos lastiman al lastimar a otros. (Goldman, 2018: 133)

Cuando cooperamos no necesariamente estamos considerando los pros y contras de nuestra acción. Eso se debe, en parte, a que nuestro cerebro activa regiones emocionales que guían nuestras decisiones de manera intuitiva y automática. Incluso la persona más egoísta queda inmersa en una cadena cooperativa que forma parte de las interacciones imprescindibles de cualquier sociedad. Comprar algo en el quiosco es ya un hecho comunitario. Sin darnos cuenta, confiamos mutuamente, porque sin esa confianza la especie se extinguiría de inmediato. El dinero es una prueba de cómo oficia esa solidaridad subyacente. ¿Qué valor puede tener un papelito pintado, sino el que le damos en comunidad? Ser solidarios no sólo procura beneficios a la causa con la que colaboramos, sino a nosotros mismos. Al cooperar invertimos en crear una reputación que puede traernos ventajas en el largo plazo. El científico Gilbert Roberts demostró, en su laboratorio en la Universidad de Newcastle, que quienes cooperan en un grupo son percibidas por el resto de los miembros como más atractivos. (Manes, 2014: 327) Siempre he pensado que, mientras haya quienes se inscriban en cursos de capacitación, puedo mantener viva mi fe en las personas. No por el curso en sí, o lo que podría aprender en él. Sino porque para inscribirse tiene que ofrecer a un desconocido información personal con plena fe de que no será usada para perjudicarlo. Dicen que nombrar es tocar el alma. Cada vez que ofrecemos nuestro nombre a alguien nuevo, estamos renovando nuestro compromiso con la humanidad.

Saber todo esto es de extrema importancia para al orador, porque le permite comenzar a despotenciar el miedo. Ninguna audiencia se presentará con intenciones negativas o esperando que falle en su puesta en escena. El docente que toma el examen nunca quiere desaprobar al alumno, el empleador que realiza la entrevista tiene el deseo genuino de contratarnos y espera que le demos razones para hacerlo, el público en un congreso o los alumnos en un aula ruegan porque tengamos éxito brindándoles información nueva y emocionante. Quieren tener razones para aplaudirnos al final. Aunque esta manera de entender los contextos de oratoria puede sonar ingenua, cuando observamos la evolución humana y las prácticas habituales de la comunicación, descubrimos lo acertada que es. Por regla general no deseamos el fracaso de alguien. E incluso si lo hacemos, no deseamos ser los responsables, sino que esperamos que alguna especie de justicia divina, karma o ley de atracción le dé a cada uno lo que merece. Aún en una competencia, deseamos ganar, no hacer perder al otro.

Saber que somos seres programados biológica y evolutivamente para colaborar, y que esa colaboración está mediada por la comunicación, nos revela además la importancia de establecer conexiones reales y eficaces en las interacciones que sostenemos día a día. La falta de atención, la alienación y el crecimiento de las patologías psicológicas asociadas a la incapacidad de vincularse con las demás personas, nos impulsan a reafirmarnos en la empatía como una herramienta fundamental para crear cohesión. La simpatía y la antipatía son emociones superficiales. Un otro, ajeno a mí, me inspira una emoción negativa o positiva basada en la manera en la que lo percibo, que depende de mis experiencias previas, mi escala de valores, y hasta mi estado de ánimo. Cuando se es empático no hay valoración, hay apreciación. Ser empático es librarme de mis propios prejuicios para poder entender la visión de la persona que está a mi lado. Tratar de comprender lo que hay en el fondo. La empatía no es compasión, porque la compasión sigue siendo una emoción que se construye externamente. Sentir pena POR alguien no es tener empatía. Se empático es sentir CON alguien.

Mientras que la simpatía y la antipatía son reacciones espontáneas, la empatía requiere esfuerzo. No alcanza con ser un buen oyente. Observar, escuchar, preguntar, reformular y abrir todos los canales posibles de comunicación son partes esenciales de la construcción de una relación empática. Esta virtud nos permite entrar en el interior de la mente y de las experiencias de alguien más, no meramente para husmear, sino para mirar hacia afuera con sus propios ojos.

El componente esencial de la empatía es la curiosidad. Cuando hay curiosidad, hay deseo de conocimiento, un acercamiento con el objeto de mi interés. De hecho, existe un nombre específico para el tipo de curiosidad donde mi intención es comprender mejor la integridad de la otra persona: curiosidad interpersonal o curiosidad social. Se trata justamente de una conducta definida por el interés en quienes me rodean, que facilita el desarrollo de la empatía y la compasión. La empatía y la curiosidad interpersonal son la clave para un mundo más justo y equitativo, para reducir la violencia gracias al conocimiento y la educación. Si reconozco en el otro un ser humano, si puedo identificarme con el otro, ponerme en su lugar, verme en su historia, ¿qué deseos puedo tener de dañarlo?

El límite de la empatía

Si hay una frase en el idioma español que no es empática es "te entiendo".

- Tengo miedo de quedarme sin trabajo.
- Te entiendo, la situación está muy jodida.

- No me he sentido bien últimamente.
- Te entiendo, no te preocupes, seguro no es nada.

- Estoy triste.
- Te entiendo, pero trata de no estarlo.

- Me fue mal en el examen.
- Sí, te entiendo.

No, no entendimos nada. "Te entiendo" es una frase comodín. Muchas veces se usa cuando tratamos de hacerle ver a otra persona que sentimos compasión por ella, que la comprendemos, que hemos atravesado situaciones similares. También la decimos cuando no sabemos qué decir. O cuando queremos escaparnos de ese compañero cargado de negatividad que nunca tiene suficientes espectadores para sus problemas. A veces el mensaje que compartimos es como un golpe profundo, que nos hace tambalear y dejamos de tener el foco en la otra persona. Se pierde la empatía porque una identificación demasiado profunda nos lleva de nuevo hacia nosotros mismos y revivir experiencias similares a la que se nos está relatando. "Te entiendo" revela que realmente no estamos poniéndonos en el lugar del otro, sino que seguimos centrados en nosotros mismos, en nuestra perspectiva.

Hablando de personas negativas, es importante decir que incluso la empatía tiene un límite. Ese límite está dado por nuestra salud. Cuando compartimos felicidad, la empatía surge de una manera mucho más fácil. No hay tope en cuánto podemos alegrarnos por el otro, ni tiene contraindicaciones, mientras no olvidemos ocuparnos de nosotros mismos. Por el contrario, huir de personas negativas, catastróficas y reinas del drama reduce los riesgos de enfermedades asociadas al estrés y la ansiedad. Estos individuos no están buscando simpatía, ni se puede empatizar con ellos. Son como sanguijuelas de energía. Si no tienen problemas, se los inventan. Mucho cuidado, es imprescindible ser prudentes a la hora de determinar quiénes merecen atención y quiénes no. En toda circunstancia debemos escuchar al otro y tratar de empatizar con él antes de emitir cualquier tipo de sentencia. Si no nos acercamos desprejuiciadamente a los demás es imposible saber cuándo estamos ante un rey o reina del drama y cuando ante alguien que sufre de un problema serio, como depresión o ansiedad, que le impide tener una visión positiva de sus circunstancias.

Quienes son extremadamente empáticos tienen que lidiar con su impulso de ayudar a todo el mundo. La solidaridad es el pegamento social, pero cuando la empatía rebasa límites saludables, la persona se impone a sí misma cargas inmensas e insostenibles que lo frustran, causan dolor, corroen su autoestima y los lleva a olvidarse de sí mismos. Para un orador esto es catastrófico, porque puede empujarlo a dejar completamente de lado el primer paso para generar un acercamiento real con su audiencia: su propia identidad. Aunque cuesta aceptarlo, no todo el mundo quiere ser ayudado. Y no a todos podemos ayudar. A veces es necesario un egoísmo sano, que nos permite mantenernos positivos y alimentar con alegría a quienes nos rodean. Guardo en mi memoria el caso de una mujer de unos cincuenta y tantos, con hijos ya mayores, que contaba su vida de abnegada madre. Nos confesaba como cada día cocinaba para su familia, se encargaba de la casa, la ropa, las cuentas. Durante años su deseo de ayudar y proteger a sus hijos, su extrema empatía, la había llevado a casi invalidarlos y a vivir por y para ellos. Pero los niños crecen y, ahora que se habían mudado, no le quedaba nada para ella. En realidad, nunca había tenido nada propio, ninguna actividad que fuera enteramente suya, ningún espacio de su propia existencia en el que fuera más que una madre.

Cuando somos demasiado empáticos podemos causar más de una repercusión negativa. Si un amigo se cae a un pozo, la idea es ayudarlo a salir, no hundirnos con él. La empatía es reforzar a la otra persona. No llevarla en hombros como si fuéramos un super héroe. Cuando esto ocurre, creamos dependencia emocional, lo cual incapacita al otro para superar sus propias limitaciones. Debemos descifrar cómo y cuánto involucrarnos. Y, sobre todo, mantenernos positivos, ofreciendo una visión optimistamente realista al otro, que refuerce su autoestima, estimule sus propias capacidades y le permita una autovaloración cargada de buenas vibraciones.

Un orador amable

Llevaba trabajando ya un año completo en un colegio secundario donde tenía los más diversos alumnos, venidos de todas las realidades sociales imaginables. Mi objetivo principal era darles las herramientas necesarias para sobrevivir en la universidad, o en cualquier destino que eligieran para su futuro. Ese día miré a cada uno a los ojos, respiré profundo, y cómo despedida les aconsejé: "siempre sean amables con sus compañeros, porque nadie sabe las tormentas que el otro puede estar atravesando".

Como orador eres responsable de tus palabras, de tus gestos, de tus pensamientos. Responsable del mensaje que intentas transmitir, no del que la audiencia interpreta. Por sobre todo eres responsable de ser amable con tu público. No de intentar caer simpático, ser adulador o falso. Eso no es verdadera amabilidad.

Hay maneras de cuidar a tu audiencia y maximizar la afinidad que puedes establecer con ellos. Lo primero, es ser tu mismo. Te mereces que tu público te conozca, no a una copia de alguien más o a una imagen inventada a la medida de la ocasión. Si estás ahí, frente a alguien, o frente a una multitud, es porque tienes algo que decir, porque has llegado a ese lugar tanto por el mérito de tu mensaje como por tu propio mérito. Date la oportunidad de mostrar cuán maravilloso puedes llegar a ser en tu única e inigualable manera.

Trata de mostrarle a tu audiencia cómo te conectas con tu mensaje y cómo ellos pueden conectarse también. No me cansaré de repetirlo. La auténtica finalidad del proceso de oratoria es generar vínculos. No hay emoción ni razón que puedan obrar si no se conectan entre sí y con una idea que las movilice. Uno no puede inspirar a los demás si no se siente inspirado.

Jamás subestimes a tu audiencia. Posiblemente no haya error peor. Es una falta de respeto. Demuestra que en verdad no te importa, porque has generado un prejuicio negativo alrededor de ella, en lugar de conocerla y adecuar tu mensaje a sus necesidades y particularidades. Incluso si estás hablando ante niños, su inteligencia, su capacidad de comprender nociones complejas, su energía, buena disposición y sabiduría no dejarán de sorprenderte. Tampoco cometas el error de intentar "hablar difícil". La oralidad es un ciclo que se completa con la escucha. Si lo que se emite es confuso, fragmentado, monocorde, inarticulado y mal pronunciado, el resultado será pobre e insuficiente para completar el verdadero contacto y la auténtica comunicación. Algunos especialistas, y muchos de los que no lo son, creen que utilizar un vocabulario cargado de tecnicismos y palabras extremadamente complejas es la manera de demostrar cuanto dominan el tema y lo bien preparados que están. Todo lo contrario. Los investigadores han descubierto que el atraso cognitivo, el exceso de información, impide la transmisión efectiva de ideas (Gallo, 2017: 121). Una explicación sencilla de un tema confuso genera en el público confianza en que el orador domina el asunto. Albert Einstein decía "Si no podemos explicarlo con sencillez es que no lo entendemos lo suficientemente bien." Leonardo da Vinci también afirmó que "La sencillez es la máxima sofisticación". Los más grandes oradores del mundo fueron sencillos en su expresión, humildes en sus gestos, y extraordinarios en sus actos.

Hay cosas incluso más fáciles que podemos hacer para allanar la labor de nuestro público. No cargar de texto innecesario nuestras diapositivas, no hablar dándoles la espalda, tratar de gesticular con la mayor claridad posible, prepararnos adecuadamente antes de una presentación. Y para todo esto hay estrategias que iremos desarrollando en los próximos capítulos. Pero lo más importante es, y siempre será, que nos valoremos a nosotros mismos, y valoremos a aquellos que tenemos delante.

¿Por qué hay árboles de Navidad en las Iglesias?

Hemos insistido mucho en la importancia de la identidad a la hora de presentarnos ante una audiencia y, por consiguiente, del valor fundamental de la propia expresión para darnos a conocer a los demás. Sin embargo, hay espacios donde ser nosotros mismos no parece suficiente. ¿Cómo equilibrar la necesaria revaloración de la palabra propia, íntima y social a la vez, con las expectativas y exigencias del contexto, las normas formales de comunicación, que permiten a quienes las usan el acceso a ciertas oportunidades y espacios académicos, sociales, económicos y culturales? Un problema similar enfrentan hoy en todo el mundo las comunidades originarias. ¿Cómo valorizar su patrimonio, cuando cerrarse en su propia lengua y cultura es también cerrarse al resto del mundo, pero abrirse es correr el riesgo de perder su identidad? Lo cierto es que, para ser efectiva, la reivindicación de los vencidos debe ser inicialmente expresada en la lengua de los vencedores, al menos hasta que hayan logrado difundir la propia.

¿Qué significa esto para un orador? Que tenemos que encontrar el equilibrio entre nosotros mismos y las expectativas del contexto en el que nos desempeñamos. No puedo ir a una entrevista de trabajo en pantuflas, por muy cómodas que sean, por mucho que las ame, por muy propias que las sienta. No es necesario renunciar a la comodidad, y a ser yo mismo. Sólo encontrar una opción que me exprese y me ayude a tender puentes con mi audiencia.

¿Te has preguntado alguna vez por qué hay árboles de Navidad en las iglesias? Tal vez no lo sepas, pero el origen del árbol de Navidad está muy lejos de la tradición cristiana, en los tiempos del paganismo en Europa. Allí se celebraba la llegada del verano y el nacimiento del dios Frey, símbolo del sol y la fertilidad, adornando un árbol perenne que representaba al Árbol del Universo, llamado Yggdrasil. Se cree que alrededor del 1600, para favorecer la evangelización de los pueblos nórdicos, la iglesia tomó el rito del árbol universal y se lo convirtió en el árbol de Navidad, cambiando su significado. La forma cónica pasó a ser un símbolo de la Santísima Trinidad y sus hojas siempre verdes de la victoria de la vida sobre la muerte. Algo parecido ocurrió en Latinoamérica con la imagen de la Pachamama, resignificada en la Virgen María. Se tomó una tradición existente y se la adecuó para crear algo totalmente nuevo, que terminó representando la esencia de los creyentes en esas zonas, sus orígenes y su futuro. Esto no es nuevo en la historia, los griegos y romanos lo hacían cada vez que llegaban a un territorio. Se tomaba al dios de la nación conquistada y se lo sumaba al olimpo, generalmente emparentándolo con alguna de las figuras más importantes. Por eso Zeus tenía tantos hijos.

La idea no es cambiar para agradar a la audiencia. Sino adecuarnos a los contextos donde nos desempeñamos. Esto no implica negarnos a nosotros mismos, sino recordar que la construcción de la propia identidad es un proceso dinámico y que podemos representar quiénes somos de una manera estratégica que nos acerque a nuestro público. Adecuación no es lo mismo que adaptación. La adaptación implica transformarse, cediendo a las exigencias del entorno, para sobrevivir. Implica cambio. Al contrario, cuando nos adecuamos, mantenemos intacto quienes somos.

Uno de mis alumnos disfrutaba mucho haciendo ejercicio. Era una de sus grandes pasiones. Estaba acostumbrado a usar ropa deportiva y no quería comprometer su comodidad, porque era una de las cosas que más valoraba. Había comenzado a estudiar en la Facultad de Derecho. Y allí se topó con un código implícito de vestimenta muy estricto que no lo representaba. Zapatos de vestir, traje, camisa, portafolio. Lo que todos imaginamos al pensar en un abogado. Era importante que pudiera estar cómodo a la hora de rendir, para que pudiera dar su cien por ciento. Pero incumplir con el código afectaba la manera en que los profesores lo calificaban. Les hacía pensar que no se tomaba su futuro en serio. ¿Cómo lo solucionamos? Con algunos retoques que le permitieron adecuarse (no adaptarse). El justo término medio. En lugar de zapatos de vestir o zapatillas deportivas, unas zapatillas más elegantes, que aun así le posibilitaban estar a gusto. Pantalones de telas más livianas, jeans oscuros, telas elásticas. Camisetas con cuello en lugar de camisas o camisetas deportivas y un saco más informal, en tonos clásicos. ¿Y si hubiera sido una mujer? Leggins o jeans elastizados, zapatillas de vestir, una camisola o camisa cómoda. Sin comprometer jamás la propia identidad, tendiendo lazos en lugar de cortarlos.

En una clase de Oratoria estábamos tratando el tema de la adecuación. Una de las alumnas, profesora de folclore, estaba muy emocionada porque acababa de conseguir un trabajo que llevaba mucho tiempo deseando. No había pasado por una entrevista normal, sino por una prueba comparativa de habilidades. La misma consistía en dictar una clase teórica y luego mostrar una coreografía. El profesor al que se enfrentaba fue de traje y zapatos. A la hora de bailar, su ropa fue un estorbo. Cada contexto tiene sus propias reglas.

Sobreviviendo en eventos sociales

La mirada del otro, sobre todo cuando ese otro es concebido como ajeno y distante, me pone en crisis. Asumir la mirada del otro, y nuestras propias emociones, es lo que Deloux denomina el Camino Corto para superar el miedo.

En lo personal, mi peor público, el que más me intimida (incluso los oradores experimentados sienten miedo) son los grupos pequeños en reuniones sociales. En esas fiestas o eventos a los que todos hemos ido, y que muchos intentan evitar, donde sólo conocemos a un par de personas. Esas capacitaciones, premiaciones y congresos donde ni siquiera hay un rostro familiar. Esos son los espacios donde más me cuesta hablar. Irónicamente, tener un par de conocidos dentro de estas audiencias no mejora la situación. Porque saben a qué me dedico y esperan que sea desinhibida, que lidere la conversación, que me relacione con el resto de los asistentes con soltura. Además, hay pocas cosas peores que quedarte toda la noche hablando con la misma persona, sobre todo cuando claramente quiere irse. Estos son los espacios que demuestran lo esencial que es aprender a lidiar con las expectativas de los demás.

No puedo ni quiero evitar esos eventos. Muchos terminan convirtiéndose en divertidas aventuras y excepcionales espacios de experimentación, donde conozco personas fantásticas y establezco contactos profesionales. Por eso, acabé desarrollando un conjunto muy simple de estrategias para superarlos airosa:

1. Simplemente acércate. Los principios del lenguaje corporal demuestran que, cuando los miembros de un grupo se posicionan formando un círculo abierto, como una U, se encuentran en un estado mental receptivo a la incorporación de nuevos participantes. Es como una invitación. "Estamos hablando algo interesante y queremos compartirlo". Simplemente acércate al grupo, sin invadir el espacio

personal de los otros miembros ni cerrar completamente el círculo y escucha con atención. Muy pronto encontrarás en tu baúl mental algún comentario oportuno que aportar o el mismo grupo te incorporará naturalmente a la conversación.

2. Haz un elogio. Hace un par de años asistí a una entrega de premios literarios en una institución de pocas letras (un colegio de contadores). Al terminar, compartimos un brindis con su respectivo e infaltable ágape. Mientras me acercaba a la mesa, pasé junto al presidente de la institución. No lo conocía personalmente, pero el discurso que había ofrecido para felicitar a los premiados había sido bastante bueno y aproveché pare decírselo. Pasamos gran parte del resto del evento comentando las secciones más destacadas de su intervención y analizando las fortalezas y debilidades. Sé que para muchos no es un plan muy atractivo. Para mí fue entretenidísimo.

Hacer un elegido es una buena forma de comenzar una conversación. Decirle a alguien que nos gusta su camisa, que parece muy simpático/a o que apreciamos alguna cualidad de su persona hace que el otro se sienta cómodo y lo predispone positivamente al diálogo. Debe ser un elogio sincero, genuinamente amable y sin segundas intenciones. Y, nuevamente, debemos evitar invadir el espacio del otro y aprender a prestarle atención.

3. Pregunta. Salvo que seas una madre entrometida de comedia noventosa con una bandeja de galletas, no te acerques a un grupo preguntando "¿De qué hablan?". Menos aún si no tienes la bandeja de galletas. Tampoco te aproximes pidiendo permiso para participar, como en el patio del recreo ("¿Puedo jugar con ustedes?"). Estas actitudes son poco naturales, no empatizan con tu audiencia. Si no tienes malas intenciones, nadie va a rechazarte cuando te acerques a conversar. Y, a menos que estén hablando de algo muy privado, lo cual podrás notar en su lenguaje corporal antes de aproximarte, ningún grupo te dejará afuera. Has preguntas que demuestren interés. Y ESCUCHA las respuestas. Todos nos sentimos bien cuando nos prestan atención.

Lo más importante para que un chico sea aceptado o no es su capacidad para entrar en el marco de referencia del grupo, percibiendo qué clase de juego se está llevando a cabo y cuál resultaría fuera de lugar.

Los dos pecados capitales que casi siempre provocan rechazo son el intento de dominar demasiado rápidamente y no coincidir con el marco de referencia. (Goldman, 2018: 152)

En un evento de emprendedores me estaba costando acercarme a los grupos que se habían formado alrededor. La mayoría se conocían entre sí. Aunque todos habíamos pasado por el mismo entrenamiento, no habíamos asistido a los mismos horarios de clase y pocos rostros me sonaban. ¿Cómo integrarme? Simplemente me acerqué y comencé a preguntar de qué se trataban sus emprendimientos. El conocimiento superficial que tenía del tipo de audiencia con la que me estaba relacionando me permitió tender un primer puente. No hizo falta más. A las personas les gusta hablar sobre sí mismas. No por una cuestión de soberbia, sino por una necesidad de autoafirmación y reconocimiento. Sólo hace falta un poco de valor. Y poner nuestro interés en el otro.

¿Qué cambiaría si mi intención hubiera sido acercarme a los emprendedores para ofrecerles un curso de Oratoria? "Hola, ¿cómo están? Vengo a venderles algo". No (inserte aquí la cantidad de Os necesarias para saber que nunca debe hacer eso). Esto es el equivalente a los dependientes que, apenas entras a una tienda, comienzan a acosarte. ¿Qué te puedo vender? Cada cliente, cada audiencia, es distinta. Y siempre (aquí inserte la cantidad de "siempres" necesario para saber que verdaderamente hay que hacerlo en toda ocasión) lo primero es observar. ¿Con qué propósito entra la persona al establecimiento? ¿Vino antes? ¿Parece tener una intención legítima de compra o sólo está mirando? ¿Sabe lo que quiere o luce confundido? Un buen vendedor sabe que debe acercarse, ponerse al servicio del cliente, y luego darle su espacio. Mantenerse atento, demostrar interés, hacer preguntas. Y sobre todo ser sincero. De nada sirve que se lleve esos zapatos que realmente no le quedan bien porque lo presionamos para hacerlo. No volverá nunca más. Ni él, ni sus amigos, ni los amigos de sus amigos. Aún en sociedades hiper digitalizadas, no hay mejor publicidad que un cliente satisfecho.

¿Qué pasaría entonces con los emprendedores, si mi intención es ofrecerles algún producto? Algo similar. Me tomo el tiempo para escucharlos, preguntarles a qué se dedican, desentrañar sus intereses. Si estoy lo suficientemente atento, pronto se revelará una demanda o una necesidad insatisfecha con la que puedo ayudarles. Debo ponerme verdaderamente al servicio del otro, y no sólo verlo como una entrada potencial de dinero. No hay comunicación sin colaboración. No hay éxito posible sin consciencia de las expectativas de mi entorno.

se revelará una demanda o una necesidad insatisfecha con la que puedo ayudarles. Debo ponerme verdaderamente al servicio del otro, y no sólo verlo como una entrada potencial de dinero. No hay comunicación sin colaboración. No hay éxito posible sin consciencia de las expectativas de mi entorno.

- 3 -

Construye tu propia imagen

Atravesando la ruta cincuenta y dos, rumbo al Paso de Jama, dejando atrás las Salinas Grandes, comienzo a escribir este capítulo en medio de unas vacaciones familiares. Curiosamente un capítulo que habla sobre la Imagen Personal, rodeada de los más hermosos paisajes imaginables. Me acompañan las imponente montañas, el reflejo del cielo sobre la sal bañada de una fina capa de lluvia, la vegetación agreste, los dibujos de las sombras de las nubes sobre el infinito. Olor a sal, a lluvia, a aire puro. Todo es calma y un silencio interrumpido por los arañazos del viento contra el auto. Y el golpeteo de las teclas bajo mis dedos. Todo imágenes, todo sensaciones.

Una imagen no es sólo un conjunto de formas y colores que puede ser percibido a través de los ojos. Las imágenes, al igual que todo lo que existe en el universo, son textos interpretables a través de nuestros sentidos, que nos permiten construir una representación del mundo que no es inocente. El significado de las imágenes está determinado no sólo por su contenido, sino por las cualidades con las que cada individuo las dota. La montaña salpicada de cardones que se alza a mi derecha es para mí solemne y bella. Para alguien más podría ser hostil, peligrosa, estéril, impresionante, mágica y hasta aburrida. ¿De qué dependerán estas distintas interpretaciones? De las experiencias personales. Es como enfrentar una curva cerrada. Si somos conductores experimentados, precavidos, miedosos, si hemos tenido un accidente alguna vez o no, si vimos a tiempo la curva o nos topamos de pronto con ella, el movimiento del volante será único e irrepetible. Los seres humanos no somos sólo un entramado de células, tejidos y órganos. Somos un entramado de historias, deseos y decisiones. Cada uno de nuestros sentidos está diseñado para asimilar los estímulos de una manera particular, enriqueciendo nuestra percepción del mundo y permitiéndonos la construcción de una realidad compleja que es, a su vez personal, social y cultural.

Las imágenes que identificamos con más frecuencia bajo ese nombre son las visuales. No es de extrañar, porque la sociedad occidental gira principalmente alrededor del sentido de la vista. Desde la Edad Media, en Europa se usaban murales en los templos para enseñar a los fieles el contenido de la Biblia y también para transmitir los grandes hechos históricos, las conquistas, las cruzadas, las vidas de los santos y los reyes y hasta las genealogías de las familias nobles. El advenimiento de la imprenta dio origen al primer gran medio masivo de comunicación: el libro. Por primera vez en la historia occidental cientos de personas podían estar compartiendo la misma información casi de manera simultánea, sin limitaciones espaciales y temporales. Seguimos evolucionando hacia la fotografía, el cine, la televisión, hasta llegar a YouTube. Compartimos noticias a través de imágenes que procesamos en menos de un segundo. Piensa en cuantos de tus amigos se enteran de las principales novedades a nivel mundial a través de memes en las redes sociales. Pero aún antes de Facebook e Instagram, ya existían publicaciones en muros. Se llamaban pinturas rupestres.

Las imágenes auditivas nos rodean con casi la misma persistencia que las visuales. Volviendo al medioevo, teníamos a los juglares, que iban de pueblo en pueblo cantando las noticias, entreteniendo a nobles y plebeyos. Incluso antes, en la Grecia de Homero, los aedas cantaban bajo inspiración divina los hechos de héroes y dioses y los ciudadanos debatían acaloradamente en el Ágora. La radio estuvo antes del televisor y el cine sonoro antes que el de color.

Las imágenes olfativas, gustativas y táctiles tienen menos prensa. Son las más íntimas, las que percibimos con más profundidad y al mismo tiempo en las que menos nos detenemos. En promedio, sólo recordamos un cinco por ciento de lo que vemos, frente a un treinta y cinco por ciento de lo que olemos y, a lo largo de nuestra vida, llegamos a distinguir más de un billón de olores diferentes. El olfato es el único de nuestros sentidos que tiene acceso directo al cerebro. El bulbo olfatorio, responsable de la codificación nerviosa de los olores, se conecta de forma inmediata al sistema límbico, formado por una serie de estructuras cerebrales responsables de gestionar las respuestas fisiológicas ante estímulos emocionales, especialmente en relación con la memoria, atención, instintos sexuales, emociones, personalidad y conducta. El carril que une la nariz al sistema límbico es, por así decirlo, la ruta más directa a las zonas más emocionales de nuestra mente. Los aromas pueden regresarnos al pasado y conectarnos con nuestras pasiones más profundas.

Si eso ocurre con el olfato, algo similar nos sucede con el gusto. Marcel Proust escribió las siete partes de su novela *En Busca del Tiempo Perdido* bajo la influencia de una magdalena. Prácticamente no hay límite a los sabores que podemos percibir ni a los que podemos crear. Tal vez hayamos escuchado que se conquista a un hombre más fácilmente por el estómago. Este órgano, en particular, es el que más células nerviosas nuclea después del cerebro. Y estás responden a emociones como el miedo, la ansiedad, la felicidad y el amor. Si pensamos en eso, *panza llena, corazón contento* no parece sólo una frase hecha.

Sin importar el color, todos estamos abrazados por nuestra propia piel. Mantiene los órganos dentro y el mundo fuera. Y no sólo fija los límites de mi cuerpo, sino de mi identidad. Cada centímetro de nuestra piel está conformado por cientos de sensores que nos advierten del frio, del calor, del dolor y el placer. El contacto con el mundo, y más aún, con otros seres humanos, es esencial para la vida. Un estudio de la Universidad de Duke, en Estados Unidos, descubrió, tras analizar el efecto del contacto físico en bebés, que su ausencia puede contribuir a la muerte de grupos específicos de neuronas y a debilitar la maduración física y emocional, causando deficiencia en la producción de la hormona del crecimiento. Hay una forma de contacto que es la más íntima y cercana que se puede producir entre dos personas sin ser sexual: el abrazo. Probablemente una de las prácticas que más beneficios producen para la salud. Los abrazos nos hacen sentir bien, porque liberan oxitocina, un neuropéptido que promueve sentimientos de devoción, confianza y unión, y alivian el temor, reduciendo significativamente la preocupación y ayudando a calmar los nervios y el estrés, ofreciendo confort y tranquilidad. Además, cuidan nuestro corazón y mejoran la salud en general. De acuerdo con una investigación de la Universidad de Carolina del Norte, Chapel Hill, las personas que no tienen contacto físico desarrollan un ritmo cardiaco de 10 latidos por minuto en comparación con los que experimentan esta expresión más frecuentemente. Cuando alguien nos toca, la sensación en la piel activa los receptores de presión llamados corpúsculos de Pacini, que envían señales al nervio vago, un área del cerebro que es responsable de la reducción arterial. El sentirnos acompañados y queridos fortalece el cuerpo y la mente, equilibrando nuestro sistema nervioso, reduciendo el riesgo de padecer demencia, rejuveneciendo nuestras células y favoreciendo la oxigenación. Los abrazos pueden llegar a ser una excelente herramienta para un orador nervioso, porque incrementan la confianza y seguridad. Por eso, antes de comenzar a hablar, regálate un abrazo.

Hasta aquí hemos expuesto cómo captamos el mundo a través de los sentidos y cuantas imágenes somos capaces de abarcar y comprender, formando nuestra percepción global de todo lo que nos rodea en cada instante de la vida. Saber todo esto nos permite entender que las imágenes son un todo complejo, con múltiples aspectos, que no son unidimensionales ni susceptibles a una sola lectura. Mientras la ruta que recorremos comienza a ensancharse y el paisaje es cada vez más nítido, es tiempo de ocuparnos de la persona que está frente a la página.

Así como el mundo se presenta ante nosotros a través de una serie de imágenes polifacéticas, nuestras interacciones con el mundo y los seres que lo habitan también están determinadas por nuestra imagen personal. Tal como hablábamos en el paso uno, lo primero que nuestro público percibe en un ejercicio oratorio es a nosotros mismos. Entramos en la mente de nuestra audiencia a través de estímulos sensitivos que son interpretados por su cerebro para construir una visión total de quienes somos. Usualmente la primera impresión es visual. Ven nuestra ropa, nuestra postura, los gestos que hacemos, el lenguaje corporal, el peinado, el maquillaje, la gota de sudor que rueda por el cuello. Y recién nos escuchan hablar.

Cuando era adolescente y me miraba al espejo, el sentimiento más común que aparecía era la falta de reconocimiento. Miraba mi rostro, mis ojos, mi nariz, mi boca y difícilmente sentía que la persona que me observaba desde el cristal se correspondía conmigo. Interiormente me concebía muy distinta a la yo-reflejo. Cuando eso sucedía, ya no quería seguir contemplándome. Me enfrentaba a la frustración y al rechazo y me preguntaba, un poco como la protagonista de Mulán, "¿Cuándo en mi reflejo me veré?" (Nota al margen, si hablamos de construcción de imagen personal, esa película no tiene desperdicio)

Este tipo de emociones es extremadamente frecuente. Las experimentamos principalmente al ingresar a la adolescencia. En ocasiones puede acompañarnos, con o sin cortes comerciales, hasta la vejez. Y se dan por muchas razones: porque el ideal de belleza que tenemos no coincide con la imagen de nosotros mismos; porque estamos inmersos en un proceso de transformación física y emocional que nos obliga a reacomodar constantemente nuestra autopercepción; por algún tipo de crisis que causa un replanteo de nuestra identidad; o porque nuestro cerebro produce una imagen ajena a lo que en realidad deberíamos ver (al cerebro le gusta dibujar las cosas un poco). Eventualmente, con la madurez, logramos acomodarnos (o acostumbrarnos) al yo del cristal. Tristemente este movimiento mental se parece mucho a la resignación y rara vez estamos completamente conformes con lo que vemos, aunque no nos quedan dudas de que somos nosotros. Nuestra imagen personal no nos conforma y hasta sufrimos por los defectos que encontramos cada mañana mientras nos cepillamos los dientes.

Una de las cosas más curiosas que he aprendido investigando el funcionamiento del cerebro es que la auto imagen no tiene mucho que ver con la manera real en que lucen las personas. Ese rostro que nos devuelve la mirada al otro lado del espejo es no exactamente el que los demás ven. Al observarnos en un reflejo, entran en juego una serie de mecanismos psicológicos que estructuran la imagen de acuerdo a la noción que tenemos de nosotros mismos. De alguna forma nos vemos como creemos que somos, incluso si no nos reconocemos. Nuestro cerebro "deforma" la percepción del reflejo. Algo similar a lo que ocurre con los recuerdos. Si te pido que imagines el rostro de algún amigo de la infancia, o alguien que haya sido importante para ti, pero que no ves hace mucho tiempo, y luego te pido que busques una foto de esa persona, tal vez te cueste hacer que el recuerdo y la imagen coincidan. ¿Cuál de las dos es la verdadera? Salvo en casos de flagrante manipulación (pocos pueden resistir hoy la tentación del filtro y el Photoshop), la foto es la que nos muestra una imagen más cercana a la real. La mente no puede manipularla como al reflejo o al recuerdo. Si quieres saber en verdad cómo te ves, pídele a alguien que te tome una buena fotografía y atente a las consecuencias.

Ahora… ¿Qué pasaría si te dijeran que eso se puede cambiar? ¿Qué puedes crear para ti mismo la imagen que quieras? ¿Transformarte en la persona que deseas ser? No, no es una utopía, ni magia, ni manipulación genética. Ni siquiera necesitas una cirugía. Todos los seres humanos tenemos en nuestro interior el germen de la transformación. Y la capacidad de construir nuestra propia imagen.

Recordemos que somos una unidad. No sólo cuerpo, no sólo mente. Una integridad que debe ser tratada como tal. La imagen que tenemos de cómo somos no tiene sólo raíces físicas. Por eso su construcción requiere más que dieta y ejercicio.

Tres preguntas (y unas más) para comenzar a mirarnos

Comenzar a construir nuestra imagen, tanto externa como interna, se relaciona mucho más con lo que hablamos en el primer capítulo que con las cosas que le hacemos a nuestro cuerpo. Se trata de tener una idea aproximada de quiénes somos. Y principalmente de QUIENES QUEREMOS SER. Este será el norte al que dirigir nuestros esfuerzos. Nuestros objetivos, nuestros sueños, nuestros anhelos configurarán la forma de nuestra cara metafórica y literalmente.

Comencemos con una pregunta aparentemente simple: ¿Cuál es mi nombre? Para muchos pueblos alrededor del mundo, nombrar es tocar el alma. Dar a conocer el nombre de una persona, es poner su corazón en las manos del otro. Para bien o para mal. En algunas culturas las personas tienen dos nombres, uno público y otro sólo para su familia, o para las personas que aman. En el corto "Calipso", una pieza de arte audiovisual del universo de Star Trek, hay un hermoso ejemplo del valor emocional del nombre. El protagonista pertenece a una especie en la que el verdadero nombre de un hombre se lo da, llegado el momento, la mujer que ama.

No siempre el nombre que figura en tu partida de nacimiento es con el que te identificas o con el que te identifican los demás. Por eso nacen los apodos. Los nombres y los apodos tienen historias que los sustentan. Pensar en ellas también ayuda a comenzar a definir la identidad, base fundacional de la imagen.

La historia de mi nombre tiene un trasfondo gracioso. Aunque es probable, como a todas las historias graciosas, que no pueda hacerle justicia. De niña mi madre tenía una muñeca de trapo, llamada Guadalupe, que fue casi su única muñeca. Guadalupe la acompañó siempre, durante todos los años de su vida, hasta que yo nací y, siendo todavía una bebé, acabé rompiéndola. Mi mamá y yo nos quedamos sin muñeca, pero conservamos el nombre. En cuanto a Patricia, en realidad no estaba en los planes. Mi madre había decidido que me llamara Fabiola. Y en este punto de la historia tal vez te estarás preguntando a dónde estaría mi padre mientras ella tomaba todas las decisiones. En el registro civil, inscribiéndome como Patricia, porque Fabiola le parecía un terrible nombre para mí.

A su vez Guadalupe y Patricia tienen orígenes históricos. Patricia viene de la antigua roma. Los Patricios eran los nobles, de linajes selectos y con gran incidencia política. A su vez, Guadalupe proviene del árabe, de dónde pasó al francés y posteriormente a América, adquiriendo un significado totalmente nuevo. Originalmente quería decir "la que viene del Valle de Lobos", pero, tras la aparición Mariana en México, adquirió sentidos asociados a la luz y la vida. La Virgen de Guadalupe es la patrona de las mujeres embarazadas y los no nacidos. Conocer el origen de nuestro nombre también forma parte de nuestra identidad. Cuando los padres lo asignan al recién nacido, inconscientemente depositan sobre él expectativas y actitudes que formarán parte de su más tierna infancia, y valoraciones asociadas a la historia familiar (sobre todo si es el nombre de un pariente) social y cultural. Es una marca que, por lo general, acompañará al sujeto toda su vida. Cuando ponemos un apodo, ocurre otro tanto. Aunque todas las abuelas aman a sus nietos, no será exactamente igual su relación si participaron en la elección del nombre, si se llama como su padre, su madre, alguien a quién amaron o incluso como ellas mismas. Además, las palabras tienen poder. Y los nombres, significado.

En la mayoría de los casos, la pregunta anterior es fácil. La segunda no será mucho más compleja: ¿a qué me dedico? Con esta pregunta nos referimos principalmente al ámbito profesional o laboral. Excepto en caso de que estemos atravesando una crisis existencial que haya puesto el mundo de cabeza, todos tenemos una ocupación más o menos definida: estudiante, docente, empleado de comercio, ama de casa, contador, abogado, traficante de ilusiones, probador de colchones profesional... Nuestra ocupación se relaciona profundamente con la manera en que nos miramos a nosotros mismos, sobre todo cuando la entrelazamos con la tercera pregunta: ¿cuál es mi vocación? Sí prestamos atención al capítulo 1, deberíamos tener una idea un poco más clara de qué responder ante esto.

A la hora de considerar las relaciones entre trabajo y vocación hay, por lo menos, tres posibilidades:

1. Mi trabajo y mi vocación coinciden

2. Mi trabajo y mi vocación no coinciden

3. No sé cuál es mi vocación.

Si tu caso es el primero, ¡felicidades!, entendiste todo. Si te identificas con el segundo o el tercero, puede que tengas que revisar algunas cosas.

He visto estas situaciones más veces de las que quisiera. Y hay una multitud impresionante de motivos por los cuales sucede. A veces tenemos una vocación que nos parece inalcanzable, que no es algo serio, formal, que no parece una buena fuente de ingresos. La consideramos un hobby e incluso las personas a nuestro alrededor contribuyen a sustentar esta opinión. Pensamos que no se puede vivir de eso. Hasta que alguien lo hace. Picasso lo tenía claro: "Yo hago lo imposible, porque lo posible lo hace cualquiera".

Si lo que nos detiene para abrazar nuestra vocación es el miedo, debemos recordar algo extremadamente importante: algún día vamos a morir. ¿Me puse catastrófica? Sin embargo, es la verdad. Comprender que la vida es una realidad efímera, que nuestro tiempo es limitado, nos permite valorarlo. Tal como Steve Jobs aseguró ante los alumnos de Stanford, la muerte es probablemente el mejor invento de la vida, porque es el principio de renovación de todo y nuestra principal motivación para abrazar el presente. "¿Qué vas a hacer con tu preciosa y desenfrenada vida?" preguntaba Isabel Allende. ¡Vivir apasionadamente! ¡Vivir intensamente! ¡VIVIR! La vida es corta para ser víctimas de nosotros mismos, para dejarlo para después. Después tenemos setenta años, nos jubilamos, miramos hacia atrás y nos preguntamos ¿qué hice con mi tiempo? La buena noticia es que incluso a los setenta u ochenta años podemos aferrarnos a nuestra vocación. Y lograr cosas extraordinarias.

Olga Murray tenía 62 años cuando, en un viaje a Nepal, sufrió una fractura en su pierna. El guía de la expedición la llevó a una aldea para que la atendieran, y allí presenció un festival donde los padres vendían a sus hijas pequeñas como esclavas. Algunas de estas niñas de 7 y 8 años acababan como servicio doméstico. La gran mayoría terminaba en los prostíbulos. Olga supo que, aun gastando todo el dinero que le quedaba, no podría ayudar en nada a las pequeñas. Si las compraba y lograba devolverlas a sus respectivas familias, pronto serían vendidas nuevamente, porque estas no tenían recursos para mantenerlas. Entonces regresó a California, reunió a amigos y familiares y creo la *Nepal Youth Fundation*. Tras 20 años de trabajo, Olga y su equipo consiguieron que el gobierno de Nepal decretara la ilegalidad de estas prácticas, cambiando la cultura del país. A sus 86 años, Murray ya había logrado salvar a 26 mil niñas, brindándoles educación, atención médica, derechos humanos y viviendas.

Hay ocasiones en que las responsabilidades no nos dejan seguir nuestra vocación. Hay que cuidar de los hijos, hay que pagar el alquiler, hay que llegar a fin de mes, hay que comer. Y ciertas vocaciones no parecen producir suficientes recursos para eso. En algunos casos es muy difícil superar esta realidad. A veces ocurre que hay personas cuya vocación es la familia. El trabajo es sólo un accesorio. Al pensar en estos casos, al pensar en el peso de las responsabilidades y en las vocaciones "que no dan" para vivir, se me viene a la mente la historia de mis padres. Para mí, es una respuesta.

Desde muy joven, en su Santiago natal, a mi papá le encantaba la fotografía. Le regalaron su primera cámara siendo niño y a los quince años hizo su primer evento de sociales: la boda de una prima. Pero no creció con el sueño de ser fotógrafo. Ni siquiera se le pasó por la cabeza. Quería ser ingeniero civil. Fue a una escuela técnica, se recibió con buenas notas y se trasladó a Tucumán para estudiar ingeniería. No fue mal estudiante, logró avanzar bastante en la carrera, antes de conocerse con mi mamá y decidir que querían casarse. Mi abuelo materno se ofreció a mantenerlos hasta que terminaran los estudios, pero ellos se negaron. Querían asumir por sí mismos las responsabilidades que implicaba formar una familia. Se fueron a vivir a un departamento que mi abuela les había regalado, pagaron la boda con la ayuda de amigos, familiares y del dinero que mi padre conseguía sacando fotos y, a los pocos meses, mi mamá quedó embarazada. Y mi papá dejó su carrera. No fue una decisión fácil. Era un sueño que había alimentado por muchos años. Si embargo, sus responsabilidades eran más importantes para él y prefirió que mi madre terminara sus estudios. No pudo evitar, pese a todo, deprimirse. Fueron tiempos difíciles. Hasta el día en que mi madre, que nunca tuvo pelos en la lengua, se plantó y le dijo "cuando nos casamos me prometiste que no nos íbamos a morir de hambre". La impresión que le causó esta frase fue tan fuerte, que se levantó de la cama, se fue a la puerta de una iglesia, y se puso a ofrecer fotos a la gente que iba al servicio. De a poco los trabajos fueron llegando. Mi mamá se recibió y comenzó a ejercer. Fueron creciendo como pareja hasta que mi papá consiguió un empleo estable como reportero gráfico. Y mi mamá lo empujó para dar un paso más. En la Facultad de Arte estaban dando un curso de fotografía, al que lo inscribió sin contarle, y lo llevó engañado. Ese curso se transformó en lo que hoy en día es la Tecnicatura Universitaria en Fotografía, la primera carrera a nivel universitario de esa disciplina en toda Latinoamérica, y mi papá fue el primer egresado. A veces ocurren circunstancias extraordinarias, en que el destino nos encuentra cuando menos lo esperamos. A veces la vida nos golpea para hacernos reaccionar.

Abrazar una vocación no es fácil. Requiere trabajo, dedicación y esfuerzo. Como cualquier cosa en la vida que valga la pena. Y, verdaderamente, lo vale.

La vocación está relacionada profundamente con nuestras prioridades, y también con nuestra identidad. Lo que diferencia a una vocación de un hobby o un trabajo es que determina una parte importante de quiénes somos. En mi caso, soy docente. Me paro como docente, me visto como docente, hablo como docente, camino como docente. Mi pobre novio lo sufre, porque discuto como docente. Si no fuera profesora, no sería yo, seria alguien más. Otra versión de Guadalupe, con otras características, con otra historia. La vocación está relacionada con la Pasión. Solo en el centro profundo de nosotros mismos encontraremos nuestro verdadero rostro. A esto se llama SENTIDO o PROPÓSITO. El propósito responde a preguntas existenciales como "por qué" y "para qué". Está relacionado con la necesidad del ser humano de encontrar un significado y una finalidad a su propia existencia.

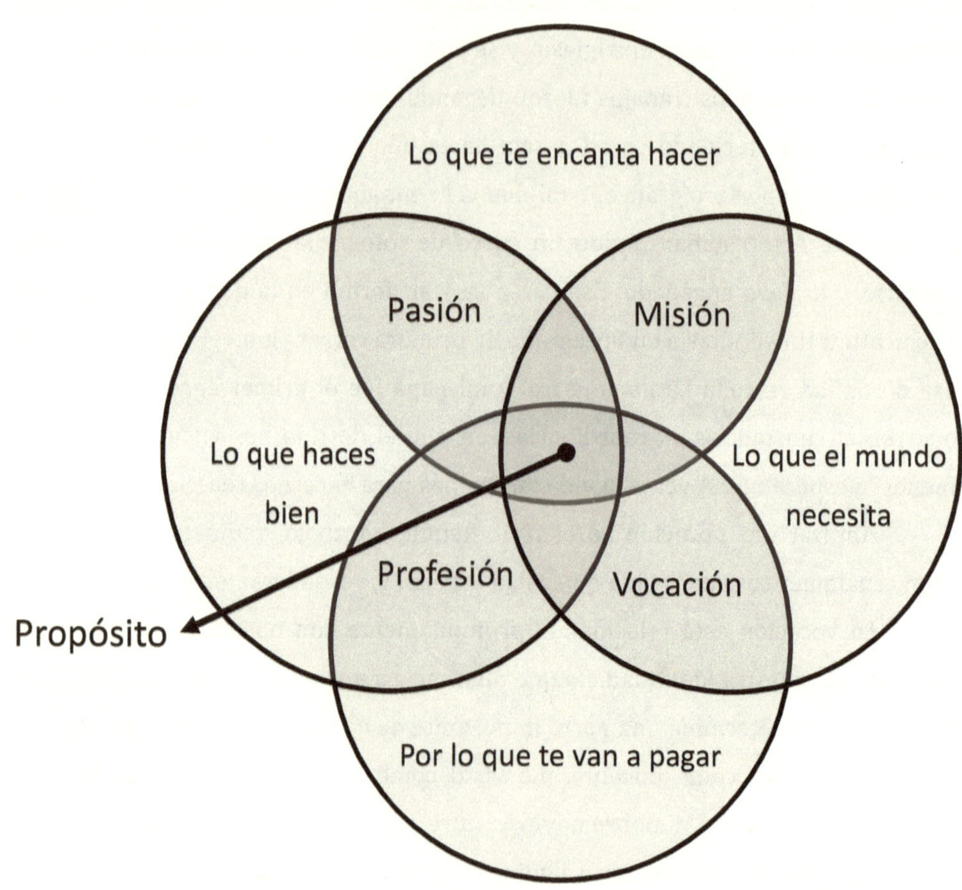

Nos queda la última pregunta: ¿Cuál es mi más grande sueño? Esta respuesta es sólo para ti. Asegúrate de contestarla con todo el egoísmo del que seas capaz. Porque si tú mismo no trabajas para construir tus sueños, nadie lo hará.

La imagen, de adentro hacia afuera

La imagen personal que cada individuo tiene de sí mismo no es la realidad. Porque no existe la realidad como una única e incuestionable verdad universal y, si existiera, no podríamos conocerla porque somos seres mediados por interpretaciones. Por lo tanto, nuestra imagen personal es la manera en la que nos percibimos a nosotros mismos, a partir por nuestra identidad y todo lo que implica, y cómo nos perciben los demás según sus propias condiciones subjetivas. Tanto la identidad como la imagen personal son construcciones donde entran en juego una multitud de factores internos y externos. Y ambas se estructuran de adentro hacia afuera.

La imagen personal es mucho más inestable que la identidad. Puede cambiar de un día para el otro. Depende enormemente de cómo nos sentimos con nosotros mismos. Al ser las emociones algo transitorio, el estado de nuestra imagen personal suele serlo también. Sinceramente, nadie tiene ganas de arreglarse, de vestirse e ir a una fiesta cuando está triste o cansado. Aunque usemos nuestra mejor ropa, aunque estemos espléndidos objetivamente, no nos sentimos bien y, por lo tanto, no nos vemos bien. Y es que la construcción de la propia imagen no es sólo una cuestión de estética, sino principalmente una cuestión de autoestima y salud.

Hay personas que se caracterizan por ser muy demostrativas. Buscan el contacto, no tienen miedo a brindar un abrazo, son inquietas, ruidosas y afectuosas. Algunos entornos rechazan este tipo de despliegues e incluso los castigan tácitamente. Las manifestaciones de emoción y la sensibilidad carecen de espacio en ciertos círculos sociales. Y esto es realmente conflictivo para los que están más conectados con su emotividad, o, para decirlo con propiedad, aquellos que son sumamente kinestésicos. El problema no es la diversidad de criterios, ni siquiera los gustos personales, sino la censura. Porque lo que se reprueba en última instancia no es la muestra de cariño, sino el modo de ser, la identidad misma de la persona, de la cual las expresiones espontáneas son parte importante. Esto ocurre con más frecuencia en los círculos académicos y profesionales. La dificultad de determinar la conducta correcta empuja a las personas a estados de confusión, que llevan a la inacción. El resultado es un aislamiento que da una sensación de frialdad, distancia y torpeza social. Todo lo contrario a la personalidad cálida y hospitalaria del sujeto. Su identidad queda escindida de su conducta, lo cual causa problemas en la comunicación e impresiones erradas.

Pocas cosas son peores para la autoestima que la censura, especialmente cuando el entorno ni siquiera es consciente de que la está ejerciendo. En los noventa era común que cada clase de primaria, sobre todo las de los cursos más jóvenes, comenzara con una carátula colorida en el pizarrón, reproducida hasta el infinito en los cuadernos de los niños. Arriba, la fecha, el clima y un dibujo del sol, las nubes o la lluvia. "Hoy es jueves, Día de sol" El rostro del sol sonreía desde el pizarrón, mientras los alumnos trataban de imitarlo en sus hojas. A continuación, la tarea, a veces el nombre o la palabra "Desarrollo". Y en el centro mismo, rodeado de un cuadrado doble o una esponjosa nube azul, en letras mayúsculas, una única palabra: SILENCIO.

Este tipo de experiencias son las que comienzan a silenciar la identidad de una persona. Se dan a lo largo de toda la vida, pero cuanto más joven es quien la experimenta, más crítica. "Cuando hablan los adultos, los niños callan". Tal vez callen durante muchos años, hasta convertirse ellos mismos en adultos y descubrir que, de tanto estar en silencio, ya no saben cómo hablar. Somos responsables también de este tipo de mensajes. Somos responsables de todo cuando decimos, y de todo cuanto callamos. Uno de los grandes desafíos de la humanidad es aprender a comunicarse. De la comunicación dependen muchas veces la felicidad o la desgracia, la paz o la guerra.

Si nos sentimos mal, inseguros, disminuidos no podemos explotar todo nuestro potencial como oradores. Lo que mostraremos a nuestro público no será otra cosa que esa imagen de pequeñez y temor. Una autoestima dañada es un gran obstáculo para alcanzar aquello que merecemos, haciéndonos creer que no, que en realidad no lo merecemos, que no somos capaces de alcanzarlo, que no es para nosotros, que no somos suficiente. Perdemos el impulso. Incluso comprometemos nuestra capacidad de decisión. Depositamos nuestro destino en manos de otras personas, confiando en que sus elecciones serán mejores, porque ellos son mejores. Pasamos a ser personajes secundarios en nuestra propia vida, nos concentramos en vivir para los demás y depositamos el valor de nuestra persona en sus opiniones. Así se pierde de vista la trascendencia de la propia individualidad. Inevitablemente, al dar tanto peso a las palabras de los otros, las tuyas se debilitan. El afuera puede aniquilarte o ensalzarte. Y mientras el primer efecto te sume en una oscuridad que se dilata en el tiempo, el segundo dura apenas lo que duran las palabras en el aire, porque inmediatamente comienzan las excusas.

- ¡Me encanta tu ropa!

- Mi hermana me la regaló, yo no tengo idea de cómo combinar los colores.

- Realmente te luciste hoy. Te felicito.
- Tuve mucha suerte.

- ¡Qué linda estás hoy, amor!
- ¿Y el resto de los días no?

Existe un síndrome psicológico que afecta especialmente a las mujeres, asociado íntimamente a la sensación de no ser suficiente. Se conoce como el "Síndrome del fraude". Quien lo sufre puede ser una persona exitosa, inteligente, trabajadora y llena de virtudes, pero se ve a sí mismo como un mal actor que finge ante los demás, cuyos logros son fruto del azar, de la buena suerte o de haber sido capaz de engañar a su entorno para que le atribuyan cualidades de las que carece. Pensar en sí mismo como un impostor lo lleva a trabajar más y más cada día, con la intención de no ser descubierto. Este esfuerzo causa que su situación económica, profesional y hasta emocional mejore sustancialmente. Pese a lo cual, se sigue sintiendo indigna e insuficiente. Y trabaja más para responder a las expectativas de los otros, para no decepcionarlos, para ser aquel que los demás ven. En su intimidad, su autoestima está seriamente afectada. El estrés que provoca este exceso y la sensación de estar fingiendo ser alguien más lo lleva a desarrollar serios problemas de salud, tanto físicos como mentales. Ansiedad, angustia, desórdenes alimentarios, dificultades cardíacas, agotamiento extremo son sólo algunas de las consecuencias posibles de este síndrome. ¿Por qué es más común en las mujeres? Es una cuestión netamente cultural. El síndrome del impostor aparece generalmente en ambientes laborales muy competitivos, de los que fueron excluidas hasta hace menos de cien años. Por eso sienten que tienen que estar a la par de sus compañeros y demostrar que valen lo mismo que ellos porque culturalmente se les ha enseñado que ese no es su lugar, que su función está en otro sitio. Por eso se exigen hasta el extremo, dejando de lado otros aspectos importantes de su vida y sometiendo su necesidad de autorrealización a la validación del entorno. Hay que hacerlo todo y hay que hacerlo bien. Y si no lo consigo, es culpa de mi incompetencia. No de las expectativas poco realistas que los demás y que yo mismo, consciente o inconscientemente, depositan sobre mis hombros.

Muchas personas no saben que construir o reconstruir su autoestima es en realidad una cuestión sencilla. No fácil. SENCILLA. Para comenzar sólo hay que decidirlo. Luego, detenerse a meditar sobre lo que se quiere y lo que se merece, sin tratar de buscar un por qué o justificarse. Hecho esto, hay es pedir ayuda. No somos omnipotentes. Pensar que podemos solos es una de las causas que nos han llevado a estar como estamos. Pedir ayuda no es una muestra de debilidad, sino de humanidad. Es una de las conductas más naturales y positivas del ser humano. Adam Grant y su equipo de colaboradores se dedicaron durante mucho tiempo al estudio de los ambientes empresariales y descubrieron que entre el 75% y el 90% de los favores realizados dentro de esos espacios inician con una solicitud. Es decir que casi nadie hará nada por nosotros si no se lo pedimos. No es que nuestros compañeros sean egoístas. Es simplemente la dinámica humana. A menudo no somos conscientes de las necesidades de los demás, a menos que haya algún tipo de externalización. Grant también descubrió que pedir ayuda es una de las conductas que repercuten de manera más positiva en el individuo y la empresa. Hay que incentivar una cultura donde pedir ayuda sea la norma, porque el éxito es siempre una colaboración.

Dos simples ejercicios pueden ayudar en el proceso de una imagen personal más positiva:

1. Al lado de la cama, o cerca de ella, en el suelo, en la mesa de luz, en la cómoda o donde nos resulte más accesible, tener siempre un cuaderno o una libreta pequeña. Todos los días, en cualquier momento de la jornada, abrirla y escribir una cualidad, una actitud positiva, un valor, una virtud o característica de nosotros mismos que nos guste. Puede ser algo tan concreto como "Me gusta mi nariz", algo temporal, "me gusta la respuesta que le di ayer a mi hermana", o identitario, "me gusta ser una persona amable". Todos los días, sin repetir y sin soplar. Al principio costará un poco, porque no estamos acostumbrados a hacer ese tipo de valoraciones. Luego será más fácil, aprenderemos a vernos a nosotros mismos con nuevos ojos y descubriremos todas las cosas maravillosas que tenemos. A medida que la libreta se

vaya llenando, surgirá un nuevo desafío, pues habrá que ser más observadores y creativos para descubrir nuevas cualidades.

2. Semanalmente elije una frase positiva, que te estimule, te aliente, represente todo lo bueno que hay en ti, y te sirva como mantra. Cosas como "soy maravillosa", "soy muy talentosa", "puedo enfrentar a cualquier público con seguridad", etc. Cada vez que te mires en el espejo o en alguna superficie, repites esa frase con toda la convicción que puedas. Tal vez te cueste creerla. Pero poco a poco te irás convenciendo.

Algunas reglas para construir las frases:

I.   Tienen que estar enunciadas de forma afirmativa, evocando emociones o experiencias positivas. Por lo tanto, debes cambiar expresiones como "No siento miedo", por "Siento seguridad".

II.   Tienen que estar enunciadas en primera persona y en presente.

III.   Estas frases pueden hablar tanto de cualidades y habilidades que ya tengas, como de aquellas que quieres conquistar. Siempre atendiendo a la regla anterior. "Soy un orador exitoso" en lugar de "voy a ser…" Este es un ejercicio de Programación Neuro Lingüística. Por lo tanto, cuanto más lo repitas y cuanta más convicción pongas en tus palabras, más efectivo será.

La salud física y la autoestima están en conexión directa. Porque la salud habla de ti, del tipo de vida que llevas, de cómo te cuidas, de la atención con la que escuchas a tu biología. Algunas enfermedades tienen en su origen traumas, crisis o sufrimientos emocionales muy intensos o sostenidos, que terminan cristalizando en una alteración del cuerpo. Las células responden a las emociones. Ser consciente de qué emociones sientes, entender por qué, aprender a regularlas amplificando las positivas y bajando el volumen a las negativas, incluso escoger el estado emocional que quieres vivir, no sólo colabora con una mejor autoimagen, sino que ayuda a disfrutar de una buena salud.

Los sentimientos son en realidad respuestas fisiológicas, reacciones bioquímicas e impulsos eléctricos, cuya intensidad o duración afecta al sistema inmunológico, activan determinados genes o destruyen alguno de nuestros órganos internos. La ansiedad, estrés, miedo, rabia o tristeza son luces de alerta. La señal de que te estás desviando de tu camino. Las emociones son tu GPS biológico, y cuando te sientes mal quiere decir que te has perdido en algún momento. Tu salud es el reflejo de tu amor propio.

La imagen, de afuera hacia adentro

La ciencia ha comprobado que la frase "La primera impresión jamás se olvida" es neurológicamente correcta. Ante una experiencia nueva, como probar una comida desconocida, hacer un deporte que nunca habíamos intentado, aprender una habilidad, o conocer a alguien, nuestras neuronas avanzan hacia un proceso llamado sinapsis. O sea, establecen conexiones entre ellas que fijan los recuerdos con su correspondiente carga emotiva. Dado que nuestro cerebro necesita tomar atajos para no agotarse, utiliza la memoria para generar interpretaciones del suceso nuevo. Por tanto, asocia o generaliza rasgos en función de experiencias previas.

Estadísticamente tenemos de cinco a diez segundos para generar una primera impresión en nuestro interlocutor, que determinará la calidad de nuestra interacción presente y nuestras interacciones futuras. "El «inconsciente cognitivo» presenta a nuestra conciencia no sólo la identidad de lo que vemos, sino una opinión sobre ello. Nuestras emociones tienen mente propia, una mente que puede sostener puntos de vista con bastante independencia de nuestra mente racional" (Goldman, 2018: 39). En tan sólo una mirada, la persona que se posiciona frente a nosotros hace una lectura global de nuestra apariencia, lenguaje corporal, tono de voz y uso del lenguaje, generando un conocimiento base que determina una imagen inicial de nosotros y se dispone a escucharnos en conformidad con estos mecanismos, que ni siquiera sabe que acaba de activar. La razón por la cual la primera impresión es tan difícil de transformar y tan determinante, es que es inconsciente. Una parte del modo automático del cerebro, tan instintivo que los especialistas tardaron años en comenzar a comprender cómo funciona.

Para complicar un poco más las cosas, este proceso de interpretación está determinado por la programación de cada uno. No podemos controlarlo. Tal vez me he puesto este pantalón marrón para mostrar elegancia y profesionalismo, y mi interlocutor lo interpreta como una muestra de falta de energía o creatividad. O elijo usar colores que muestren mi personalidad alegre y positiva y me ven como alguien poco serio o desalineado. No sabemos qué hay en la mente de quienes nos observan. Pero, si hemos seguido el paso a paso, sabemos quiénes somos, y contamos con un montón de recursos para demostrarlo.

Jamás, JAMÁS, debemos ir en contra de nuestra propia identidad. No sólo porque nos sentiremos mal y eso perjudicará nuestra escenificación, sino porque la mentira produce gestos que son captados por el público. La falta de coherencia entre lo que intentamos mostrar y quiénes somos pone en alerta a nuestra audiencia, causa sensaciones de desconfianza y la predispone negativamente. Es lo que sucede cuando vemos a un político con su discurso brillantemente ensayado, que nos dice todo lo que queremos oír. Algo en nosotros nos advierte que no podemos creerle.

El interior y el exterior deben combinar. Si mi personalidad es alegre e intensa, transmitiría un mensaje demasiado confuso utilizando un atuendo que no lo demuestre, forzándome a fingir un semblante serio y sin emoción. Ser yo mismo nunca puede estar mal. Al menos, nunca debería estar mal. La mejor estrategia que tenemos para ser oradores creíbles y dar buenas y poderosas primeras impresiones, es mostrarnos en cada aspecto de nuestra imagen externa.

La imagen personal es un impacto inmediato, que se construye según el estilo individual de cada uno. Todos tenemos un estilo, aun cuando podamos pensar que no es así. Aunque en su origen la ropa y los accesorios que usaban los primeros humanos respondían a las necesidades ambientales, hoy representan la manera en la que elegimos expresar nuestra identidad. El estilo es una construcción que se desprende de esta, distinguiéndonos del resto. La forma en que nos arreglamos demuestra la importancia que le damos a nuestro interlocutor, y la que nos asignamos a nosotros mismos. No se trata de una cuestión superficial, sino de auto valorarnos, de apropiarnos de nuestra presencia ante los demás, de ser nosotros mismos, al tiempo que nos adecuamos para conectarnos con nuestra audiencia.

- ¿Por qué nunca usas perfume? - le preguntó su novia.

- Si uso. Pero sólo para situaciones importantes.

-...

¿Volverías a salir con una persona que llegara a la primera cita desalineado y con mal aliento? ¿y con alguien que se pasara toda la velada hablando de sí mismo y mirándose en el reflejo de la cuchara? Pues, a partir de ahora, vas a entrar en una maravillosa y apasionada relación con alguien que va a demostrarte lo que es el amor profundo y verdadero, quien estará a tu lado por siempre y que merece en cada instante que le des a conocer tu mejor versión. La verdad es que a la primera persona a la que debes demostrarle cuanto vales es a ti mismo.

Hay una serie de conductas para reforzar tu imagen personal que puedes comenzar a implementar:

- Toma mucha agua. Entre dos y tres litros y medio por día, dependiendo de tu peso. Una buena hidratación mejora la apariencia de la piel, ayudando al cuerpo a eliminar toxinas. Además, consumir líquido regularmente alivia la fatiga, evita el dolor de cabeza y las migrañas, ayuda en la digestión, evitando el estreñimiento, regula la temperatura del cuerpo, reduce el riesgo de problemas cardíacos, facilita la pérdida de peso, mejora el sistema inmunológico y hasta ayuda a prevenir el cáncer.

- Por lo menos una vez a la semana dedica un momento al cuidado de tus manos. Las manos son un elemento de comunicación primordial, que revela una cantidad impresionante de información sobre nosotros mismos sin darnos cuenta. El cerebro da 12,5 veces más importancia a los gestos de las manos que de cualquier otra parte del cuerpo. El largo, la pulcritud y la forma de las uñas, así como las marcas que podamos tener en la piel puede ser un indicador del tipo del trabajo que hacemos, de nuestra habilidad para las labores de precisión, del cuidado que ponemos en nosotros mismos. Profesiones como pianistas o guitarristas, pintores, y chef son muy fáciles de distinguir por las manos.

- Haz ejercicio. No por una cuestión estética. Sino por tu salud y capacidad cognitiva. Poner en movimiento el cuerpo reduce el estrés y la ansiedad, permite prevenir las lesiones musculares y atenúa los dolores articulares. Nos brinda flexibilidad y entrena al cuerpo para poder estar delante de cualquier audiencia el tiempo que sea necesario, con el menor desgaste posible. Aumenta nuestra capacidad pulmonar y agiliza las habilidades mentales, complementando el desarrollo emotivo e intelectual. Además, despierta el sistema de atención multisensorial. Cuando nos movemos los estímulos del medio son registrados por los órganos de los sentidos, estimulando el cerebro, lo cual constituye la forma más natural de llegar a él e impulsar su desarrollo.

- Cuida que la ropa no tenga etiquetas incómodas y que no quede demasiado suelta o ajustada, porque en ese caso te pasaras una parte importante del tiempo acomodándote, corriendo el riesgo de sentirte mal y hasta lesionarte. Lo mismo ocurre con los zapatos.

- Proyecta el cuerpo hacia arriba y atiende a tu postura.

- Evita los excesos. Aristóteles, en el siglo IV a. C., decía que la virtud está en el equilibrio. Cualquier exceso puede ser una desventaja y terminar jugando en tu contra a la hora de presentarte, poniendo distancia con el espectador, y hasta dando la impresión de un disfraz.

Luisina Neme es una de las primeras Asesoras profesionales de imagen de la provincia de Tucumán y una gran emprendedora del estilo. Ella hace una distinción muy pertinente entre lo que el estilo representa, en contraposición a la moda. Mientras que la moda masifica e iguala a los sujetos, y se caracteriza por ser efímera, vertiginosa y despertar la frustración de quienes no logran adaptarse a ella, el estilo individualiza, acentúa la identidad personal, trasciende, destaca y se adecua a la persona. El estilo ilumina al ser. Los atuendos que construyamos para nosotros mismos, más que una cuestión superficial, son un reflejo de nuestra autovaloración y de nuestra identidad. Como una segunda piel que nos conecta con el mundo. La idea no es ser oradores clones, cumpliendo con parámetros estéticos que no nos identifican. Es animarnos a mostrar quiénes somos, a jugar con las propuestas que nos rodean para encontrar nuestro propio lenguaje. La clave es sentirnos bien.

¿Por qué no deberíamos vestir a dos gemelas siempre iguales? Dos hermanos o hermanas que lucen, se visten y hasta hablan igual es un tema que ha tenido amplio éxito en el mundo del entretenimiento. Pero duplicar a un niño es problemático y hasta peligroso. Que dos gemelos adultos se vistan igual es una decisión consciente, de múltiples interpretaciones e implicancias psicológicas. En el mejor de los casos, es una expresión externa de la fuerza del vínculo fraternal y hasta una demostración de buen humor. Pero ¿qué pasa cuando los padres deciden vestir a sus hijos siempre igual? Aquí la palabra "siempre" es importante, porque una conducta constante no tiene el mismo efecto que una esporádica. Cuando conscientemente los padres visten a sus hijos igual, es prácticamente como ponerles un disfraz. Esto vale tanto para gemelos, como para hermanos de cualquier edad. Los están disfrazando de su hermano. Por lo tanto, el niño podría desarrollar una incapacidad para construir un estilo propio. Están poniendo en riesgo uno de los elementos más importantes del ser humano: su identidad única e irrepetible. La individualidad que mostramos a la hora de vestirnos, en la niñez y adolescencia, nos ayudan a construir y reforzar nuestra autoimagen. Por eso los adolescentes, para resaltar su personalidad, eligen aspectos excesivos, que muchas veces se oponen a los de sus padres y de otros jóvenes, o tratan de mimetizarse con su grupo de pertenencia, para reforzar su autoestima y sentirse parte de algo más grande.

En cualquier circunstancia, a la hora de construir interna y externamente nuestra imagen personal, no hay olvidar la regla de oro: Se auténtico. El ruido que hacen los demás no te define ni cambia quién eres.

Contrabandista de colores

Estaba a punto de comprar un celular nuevo. Ya había elegido el modelo, había investigado las características, estaba conforme con el precio. Fui a la tienda a verlo por última vez. Y fue cuando me dijeron "sólo lo tenemos en negro y azul" y me puse a dudar. Lo cierto es que casi el 85% de las decisiones de compra que tomamos, están en íntima relación con la percepción del color.

La psicología del color es un campo de estudio dirigido a analizar el efecto de este en la conducta humana. Desde el punto de vista estrictamente médico, todavía es una ciencia inmadura. Sin embargo, su estudio constituye un elemento fundamental en áreas como el diseño, la arquitectura, la moda, la señalética, la publicidad y el arte.

El efecto de los colores en las construcciones mentales humanas se registra desde tiempos remotos. En la antigua China los puntos cardinales eran representados por los colores azul, rojo, blanco y negro, reservando el amarillo para el centro, por lo que sé convirtió en el color del imperio, presente en las piezas arquitectónicas de las ciudades más importantes. Para los mayas el Este, Sur, Oeste y Norte se representaban con rojo, amarillo, negro y blanco o azul respectivamente. En Europa los alquimistas relacionaban los colores con características de los materiales que utilizaban. Por ejemplo, rojo para el azufre, blanco para el mercurio y verde para ácidos o disolventes.

Uno de los primeros estudiosos que analizó las propiedades del color fue Aristóteles, quien describió los "colores básicos" relacionados con la tierra, el agua, el cielo y el fuego. En el siglo XIII Sir Roger Bacon registró sus observaciones sobre los colores de un prisma atravesado por la luz, atribuyendo el fenómeno a propiedades de la materia. Leonardo da Vinci, por su parte, clasificó como colores básicos al amarillo, verde, azul y rojo de acuerdo a las categorías aristotélicas, agregando el blanco como receptor de todos los demás colores y el negro, la oscuridad, como su ausencia. Recién a comienzos del siglo XVIII, Isaac Newton plantearía los fundamentos de la teoría lumínica del color, base del desarrollo científico posterior.

El precursor de la psicología del color fue el poeta y científico alemán Johann Wolfgang Von Goethe (1749-1832) que en su tratado "Teoría del color" se opuso a la visión meramente física de Newton, proponiendo que el color en realidad depende también de nuestra percepción, involucrando el cerebro y los mecanismos del sentido de la vista. De acuerdo con la teoría de Goethe, lo que vemos de un objeto no depende solamente de la materia, sino que involucra también nuestra impresión, introduciendo la subjetividad como elemento fundamental para descubrir la significación de los distintos tonos.

Una buena coordinación de colores puede tener impacto en nuestra imagen personal y en el diseño de nuestras presentaciones y material complementario a la hora de pararnos ante una audiencia. Más aún, puede constituirse en una representación de nuestra imagen personal y estado de ánimo que nos vincula con la subjetividad de nuestros espectadores.

Entre las herramientas que pueden ayudarnos a manejar de manera eficiente los colores y su combinación está el círculo cromático, una representación gráfica donde se encuentran representados los diferentes tonos. Dentro él encontramos colores puros, que no nacen de la combinación de ningún otro; secundarios, una composición en partes iguales de dos primarios; y terciarios, mezcla entre un primario y un secundario, en distintos porcentajes. A su vez los colores se dividen entre cálidos y fríos. Los cálidos contienen amarillo y rojo en su composición. Y los fríos, principalmente azul.

Este esquema nos permite ensayar varios tipos de combinaciones distintas: monocromáticas, análogas, esquemas tríadicos y esquemas complementarios.

•   La combinación por camafeo o combinación análoga utiliza un conjunto de dos a cinco colores que están uno al lado de otro en el círculo cromático. Esta es una combinación de un impacto más suave, que puede llevar de fondo colores neutros. Por ejemplo, se puede mezclar un solo color, tomando sus distintas tonalidades. Este tipo de mixtura es siempre agradable a la vista y permite construir una imagen armónica y agradable, pero al usarla en una presentación corremos el riesgo de que el fondo y el texto no tengan suficiente contraste y, aunque se vean bien en la pantalla, desaparecen en la luz de un proyector.

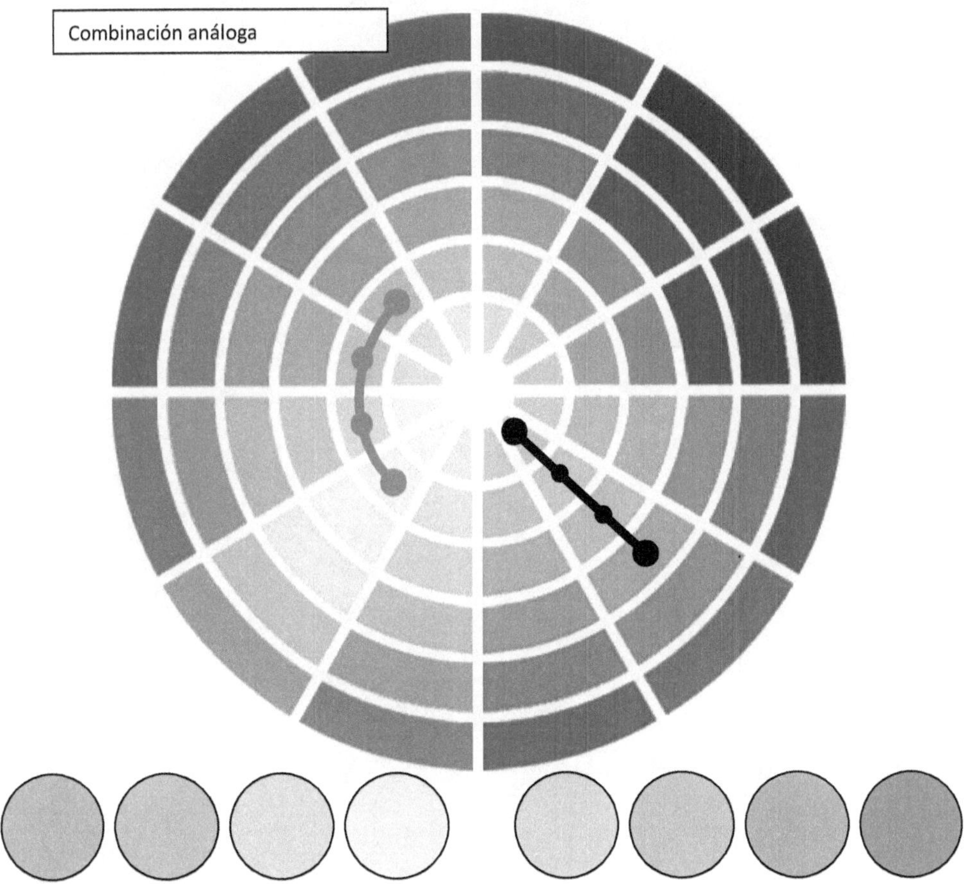

- En la Combinación por contraste, también llamada combinación complementaria, se toman colores completamente opuestos en el círculo cromático que a la vez se neutralizan, generando un contraste llamativo.

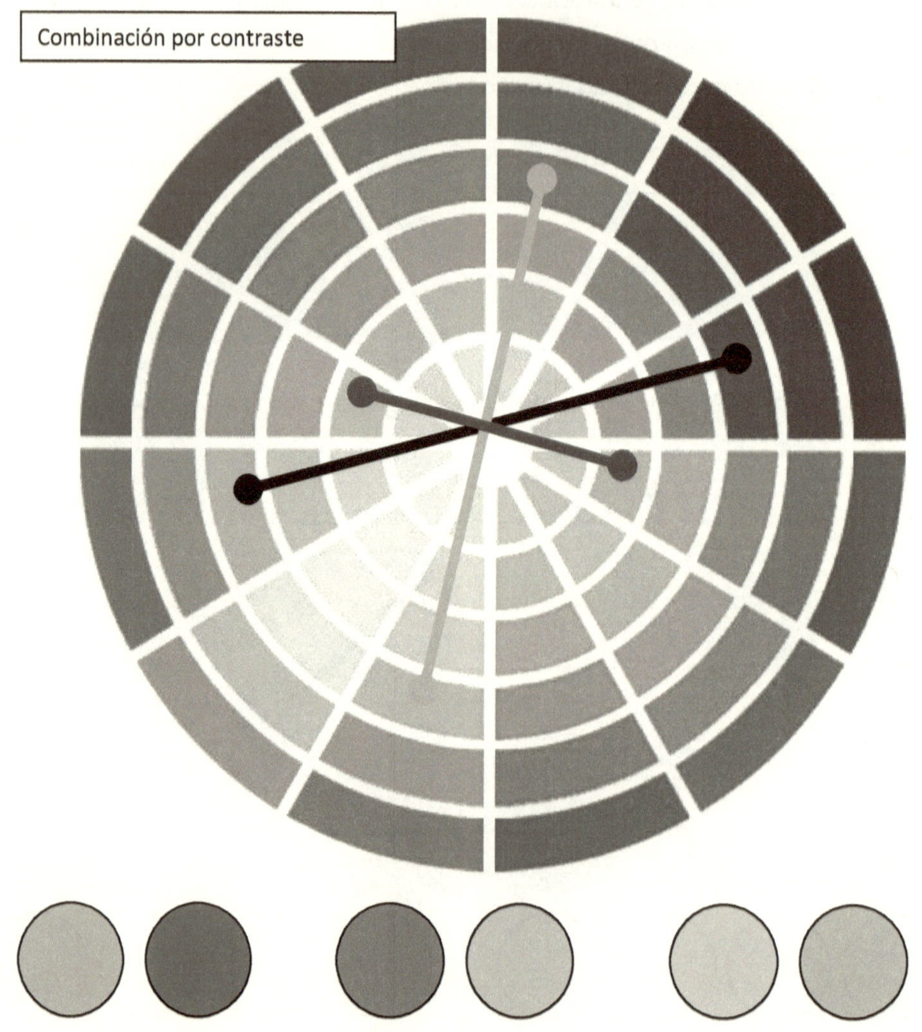

- Dentro de las combinaciones complementarias tenemos la triangula. Esta se logra dibujando un triángulo equilátero sobre el círculo cromático, tomando como primer punto el color que queramos usar como base. Una mecánica similar su usa para realizar una combinación cuadrada. En lugar de un triángulo, dibujamos un cuadrado.

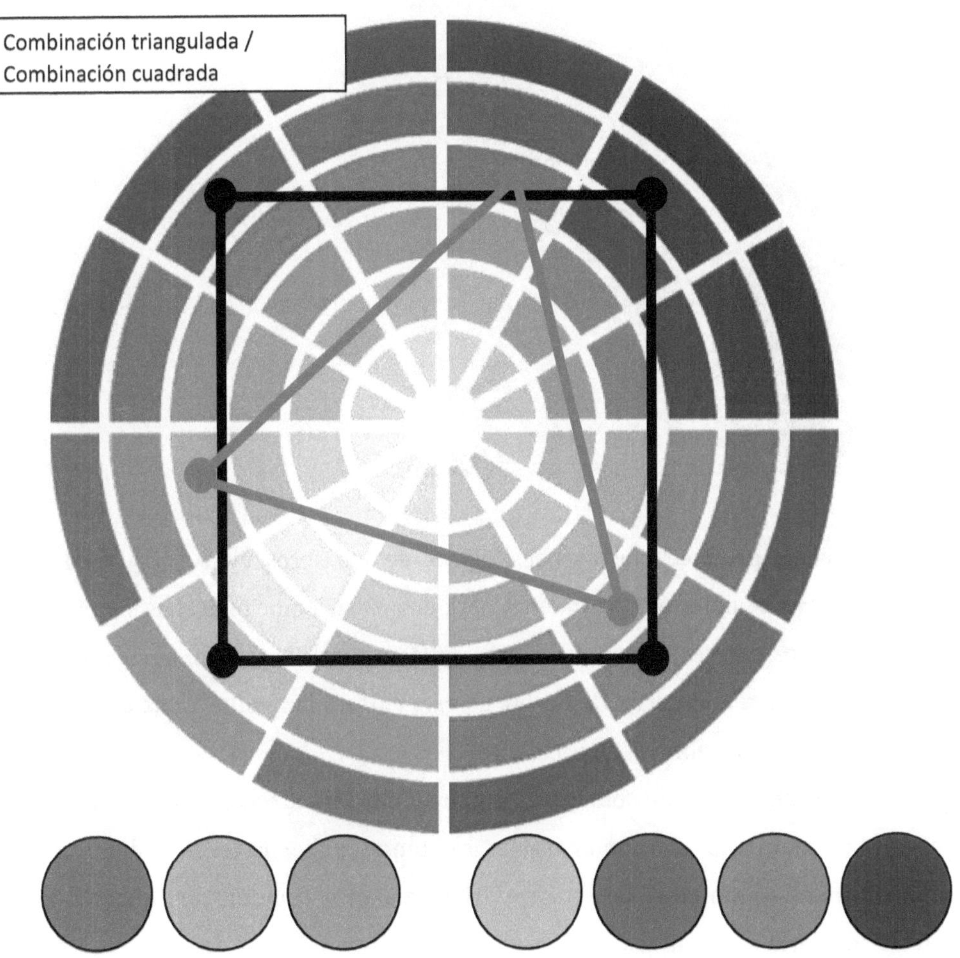

Además de todos los tonos que conforman el círculo cromático, existen los colores neutros, blanco, negro, grises, beige y cafés, cuya principal característica es combinar con todos los demás y servir de base para cualquier construcción cromática.

El color produce efectos psicológicos en los seres vivos, por lo cual su utilización es una potente herramienta para despertar emociones. Los significados asociados a los colores tienen un fuerte matiz cultural. En Japón, por ejemplo, el blanco se asocia a la muerte. De hecho, en esta cultura la muerte tiene un carácter diferente al que concebimos en occidente.

El significado de un color varía según su intensidad y cercanía al blanco y al negro. Los colores cálidos son enérgicos, excitantes, suben la tensión, dinamizan y animan psicológicamente. Los colores fríos relajan y tranquilizan, ofreciendo el efecto contrario a los cálidos.

• El azul simboliza el aire, el agua, el cielo, el mar y la noche. Transmite frescura y sensación de amplitud. Tiene un efecto tranquilizador. Se asocia con la mente, la lógica y la comunicación. Pero el tono de azul inadecuado, puede dar sensaciones de distancia y frialdad.

• El rojo representa el fuego, la sangre, el peligro y también la celebración. Transmite más calidez y vitalidad que ningún otro color. Es muy llamativo y aumenta el ritmo respiratorio y la presión arterial, pero puede causar irritabilidad e impaciencia en exceso.

• El amarillo es cálido y luminoso. Simboliza la luz, sol y el oro. Transmite más sensación de claridad, energía y optimismo que ningún otro color. Estimula el intelecto, la impulsividad y puede llegar a provocar alteraciones mentales. Es muy ambiguo, porque también representa los celos y la quietud.

- El verde es el símbolo de la naturaleza. También del dinero y la envidia. Ejerce un efecto calmante de descanso y equilibrio. Se asocia a la frescura, la juventud, los cambios, el crecimiento y la libertad.

- El naranja es el calor, la fiesta, la euforia y la imaginación. Transmite energía, calidez e impulsividad. Abre el apetito y es un anti depresivo. Es un color estimulante, asociado con la vitalidad, el entusiasmo, la exaltación, la diversión, la sociabilidad y la creatividad. En oriente simboliza la transformación y es el color de la iluminación para el budismo.

- El color rosa personifica el cariño, amor, sensibilidad, femineidad, delicadeza y bondad. Transmite la sensación de protección, ternura, armonía y buena voluntad. Se asocia con la amabilidad, suavidad y altruismo.

- El púrpura o violeta es el color de la realeza, el poder, el lujo, la ambición y la extravagancia. También la sabiduría, la magia y el misterio. Provoca un efecto de nostalgia, melancolía y espiritualidad y refleja independencia y dignidad.

- El marrón es el color de lo viejo, la madera, la tierra y la sencillez. Demuestra estabilidad, y reflexión. Es acogedor y estimula el apetito. Se relaciona con el realismo, el miedo, la fiabilidad y la constancia, confortabilidad, humildad, equilibrio y experiencia.

- El blanco es un color neutral. No se asocia con ninguna temperatura o género. Simboliza la pureza, la castidad, bondad, inocencia, paz, pulcritud, perfección y vacío. Transmite luminosidad, sensación de amplitud, frescura y limpieza. Sirve para calmar, proteger, dar confort y tiene un efecto de olvido y libertad. Pero también puede causar sentimientos de soledad y frialdad. Es atemporal y no tiene connotaciones negativas en la sociedad occidental.

- El gris iguala todas las cosas. Es un color neutro y carece de energía. Puede expresar elegancia, respeto, pero también desconsuelo, aburrimiento y vejez. Ayuda a enfatizar los valores morales y espirituales.

- El negro representa el poder, pero también la muerte. Es el color elegido para mostrar la elegancia, la formalidad y la sobriedad. Proyecta objetividad, seriedad y funcionalidad.

El color es una contribución más a la construcción de nuestra identidad. Nos permite expresar estados de ánimo, darnos a conocer y distinguir nuestra identidad, etc. El color es otra forma de comunicación.

- 4 -

Cuida tu postura

La postura que tomamos ante la vida no sólo depende de la actitud, sino de la salud de nuestra espalda y el cuidado que le demos a nuestra columna vertebral. Y nuestra eficiencia como oradores depende, a su vez, de la postura que nos sostiene. Al igual que con los pasos anteriores, y la mayoría de los que vendrán a continuación, hay aspectos internos y externos en íntima relación con nuestra postura delante de una audiencia. O, lo que es lo mismo, aspectos emocionales y aspectos físicos que determinan cómo nos posicionamos ante el público.

Comencemos desde cero. La postura es uno de los pocos elementos dentro de nuestro proceso de formación como oradores en donde podemos hacer una distinción entre lo que está bien y lo que está mal. Al abordar otros temas hablamos de recomendable y no recomendable, adecuado o inadecuado, eficiente e ineficiente. Cada orador es único y hay múltiples aspectos en los cuales expresa esa individualidad. Por tanto, debe asimilar los consejos que se dan en este libro según sus propias características y necesidades. Pero existe la mala postura. Y merece este apelativo, porque es aquella que genera daños irreparables a largo plazo en nuestro organismo. Es mala porque causa dolor, incomodidad, porque viene aparejada a emociones negativas y dificulta el desarrollo tanto de la persona como del orador.

Una distinción preliminar: no es lo mismo la mala postura como proceso y que como enfermedad. Si nuestros dolores e incomodidades tienen una causa que puede ser médicamente diagnosticada, como una desviación, escoliosis, cambios óseos que ocurren con la edad, estenosis espinal, hernias de disco, etc. debemos recurrir inmediatamente a un especialista. Hay muchas disciplinas y ejercicios que pueden ayudarnos a mejorar. Pero nada reemplaza al médico. Por otro lado, la mala postura como proceso tiene más que ver con lo que nos hacemos a nosotros mismos, a veces inconscientemente, que con una patología sobre la que tenemos poca o ninguna incidencia.

El proceso de aprendizaje se dividirse en cuatro etapas. La primera, que acabamos de abandonar, es la incompetencia inconsciente. No sabemos que no sabemos. Es decir, podemos tener una mala postura, sin siquiera intuir la presencia de este problema ni prever sus consecuencias. Sin embargo, por las características nocivas de esta sobre el cuerpo, la mayoría de las personas que la sufren están en la segunda etapa: la incompetencia consciente. Sabemos que tenemos una postura desaconsejada porque nos duele la espalda, porque nos cuesta conciliar el sueño, porque experimentamos algún tipo de molestias o incluso hemos comenzado a desarrollar una pequeña joroba. Pero aún no conocemos el método para remediarla. La incompetencia consciente es una etapa bastante incómoda, porque nos revela que hay una deficiencia en nuestro conocimiento. Al mismo tiempo es la etapa más productiva, porque comenzamos a aprender y a descubrir nuestras limitaciones. Descubrir un límite es, de hecho, la única manera de superarlo. Cuando se trata de la postura, la práctica de un deporte o de actividad física suele ser una excelente forma de remediar la mayoría de los problemas superficiales. Pronto nos descubrimos corriendo de un lado a otro de la cancha, o bailando con la música a todo volumen y desarrollando una coordinación que creíamos imposible.

Este camino nos lleva a la competencia consciente. Aprendimos una habilidad, pero aún tenemos que recordarnos hacer uso de ella. Repetir para interiorizar. Necesitamos recordar constantemente como pararnos, escuchar a los demás cuando nos hablan, tener una mentalidad más receptiva y otras competencias asociadas a una oratoria responsable. Es un proceso paulatino.

No hay que desesperar, porque finalmente desembocaremos en la competencia inconsciente. Todos esos patrones que he aprendido han entrado en mí, los he incorporado de manera tan profunda que puedo ejercitar la disciplina elegida de manera automática (O'Connor, 2000: 35-36). Mis pies saben a dónde deben ir. Mi cuerpo se acomoda a mi objetivo, y mi atención se libera para otras cosas.

Nada sucede de un día para el otro. Todo este proceso requiere compromiso y práctica. Los científicos han comprobado que contamos con tal plasticidad neuronal, que podemos adquirir cualquier habilidad con sólo dedicarle unas miles de horas de práctica. No parece mucho cuando recordamos que en un mes entran

1800 horas y más de 20.000 en un año. Entender cómo ocurre este desarrollo es central para dominar los desafíos que presenten los próximos tres pasos de nuestra lista de doce: cuidar la postura, ejercitar la respiración y empoderar la propia voz. Las tres bases técnicas para optimizar cualquier tipo de presentación oral. No hay que olvidar que la eficacia de nuestras presentaciones no estará determinada únicamente por el dominio de la parte práctica. Es el poder de nuestras convicciones lo que moviliza al público en pos de nuestras ideas. Por eso es esencial establecer una conexión profunda y auténtica con los temas de nuestras presentaciones. Cuando algo te apasiona, te relaja o te hace feliz, todo tu cuerpo reacciona positivamente ante eso.

Una última aclaración. Idealmente todos los ejercicios recomendados en este libro deben ser ejecutados con el mayor compromiso, poniendo en ellos un 110% de esfuerzo. Por regla general, ante situaciones de estrés, tendemos a bajar nuestro rendimiento. Si en la práctica hacemos más, a la hora de la verdad se verá el resultado. Es como preparar un examen importante. Estudias un poco más, por las dudas, para asegurarte de no olvidar nada en el camino.

Desarmando nuestra postura

Vamos a ponernos físicos. Independientemente de si estamos de pie, aferrados a un atril, sentados o incluso acostados, nuestra columna está constantemente sometida a fuerzas de tensión. Los músculos se estresan para mantener a nuestro cuerpo armado y evitar que no nos "derritamos" como un pollo deshuesado. En cada posición que adoptamos y en cada movimiento ejercemos presión sobre los discos intervertebrales. Estando de pie en una posición relajada, los discos lumbares soportan una carga equivalente al 100% del peso corporal, mientras que, acostados, se reduce a sólo a un 20% y, paradójicamente, al estar sentados sin respaldo dorsal se incrementa hasta el 140%. Cuando nos encorvamos, la presión intradiscal lumbar aumenta de 100% al 220%, más del doble del peso corporal.

En los momentos en que nos sentimos nerviosos, ansiosos, enojados o asustados, esos sentimientos negativos tienden a concentrarse en los "puntos de tensión", aquellas zonas de nuestro cuerpo que sufren el estrés emocional como un síntoma físico. La extrema rigidez, la tensión o el esfuerzo sostenido de esa parte que somatiza lo que sentimos nos causa dolor y afecta nuestra expresión natural. Algunas personas sienten dolencias en la rodilla, otras, rigidez en las manos, o presión en la mandíbula. Algunas disciplinas asignan un valor simbólico al lugar donde se experimenta el dolor. Cuando el punto de tensión se encuentra en nuestra garganta, significa que hemos mantenido silencio durante demasiado tiempo. Si está en las rodillas, podría sugerir un estado inconsciente de impotencia o una rigidez excesiva que va contra los deseos de la persona. El dolor en las manos es interpretado como incapacidad de soltar o de brindarse a los demás. Pero... ¿cuál es la parte de nuestro cuerpo que más suele sufrir a causa del estrés? La espalda. Llevamos los problemas sobre los hombros, cargamos el mundo en nuestras espaldas, nos inclinamos por el peso de las tribulaciones, sostenemos arduos pensamientos sobre nuestro cuello. Comprometemos nuestra postura por muchas más razones de las que estamos dispuestos a reconocer en voz alta.

Una postura desaconsejada, sostenida en el tiempo, causa graves lesiones que a veces no se pueden curar, aunque sí atenuar, y provocan dolores insoportables. Es muy difícil sanar una espalda herida y en casos de traumas serios son pocos los medicamentos que alivian los síntomas. En la mayoría de los casos son remedios demasiado fuertes, que calman un malestar causando otros. De más está decir que es muy difícil ser un orador eficiente cuando tu cuerpo está sufriendo. Si nuestra columna pasa más horas arqueada que recta, tenemos un problema. O una oportunidad de mejorar no sólo nuestra oratoria, sino toda nuestra calidad de vida.

Una buena o una mala postura pueden diferenciarse a simple vista. Mientras que en la primera las tensiones musculares están equilibradas y la espalda se mantiene recta, permitiendo que el aire circule fácilmente por nuestro sistema respiratorio y afirmando nuestra presencia y nuestra autoestima; en la segunda se curva, con distintos grados de inclinación, cerrando el pecho y presionando el aparato respiratorio, adelantando la pelvis, lo cual puede ocasionar que se produzcan depósitos adiposos en la parte baja del abdomen, incluso en personas muy delgadas, sobrecargando las piernas y alterando el centro de gravedad del cuerpo, causando cansancio muscular, dolores desde la zona lumbar hasta la columna cervical y afectando al aparato fonador.

Así como somos una UCCM, nuestro cuerpo es en sí mismo una unidad. El cuidado de cada una de sus partes es fundamental para mantener la salud del conjunto. Por ejemplo, estudios realizados por equipos españoles y alemanes demostraron que la oclusión dental[3] tiene mucho que ver con el control de la postura y el equilibrio del cuerpo en general. Las investigaciones llevadas a cabo en colaboración entre el departamento de Fisiología de la Universidad de Barcelona y la Universidad de Innsbruck (Austria) confirman una relación estadística entre una mordida imperfecta y el control postural cuya cifra aumenta cuando se dan ciertas condiciones en el paciente, como la fatiga o la inestabilidad.

¿Por qué se produce la mala postura? Vamos a considerar dos causas fundamentales:

1. La mala ejercitación de la espalda, el pecho, la zona lumbar y/o el abdomen. Hay dos razones por las cuales se da esta mala ejercitación:

- una rutina de entrenamiento que no contempla un apropiado trabajo sobre estas áreas. Es muy común ver, sobre todo hombres, que aumentan su masa muscular, sin trabajar la flexibilidad y la postura. Desarrollan "la postura del gorila". Hombros anchos, brazos musculosos, el cuerpo hacia adelante. Este fenómeno se da también en quienes trabajan manipulando elementos pesados sin la técnica apropiada. La espalda queda entonces sometida a un gran estrés, que puede llegar a causar serios problemas en el futuro.

- la mala postura desarrollada por aquellos que tienen profesiones donde están mucho tiempo sentados, más o menos inclinados sobre una mesa o ante la pantalla de la computadora. A la consecuencia de este mal entrenamiento la llamaremos "la joroba del oficinista". Quienes más padecen "la joroba del oficinista" son principalmente estudiantes, empleados de atención al público, oficinistas, diseñadores gráficos, contadores, docentes.

En principio esta postura es cómoda. La espalda se relaja y deposita todo el peso hacia adelante. De a poco las vértebras se van entumeciendo y comenzamos a

---

[3] La mordida o la forma en que se contactan los dientes de ambas mandíbulas, superior e inferior.

sentir dolor e incomodidad. Cuando intentamos enderezarnos y estiramos la espalda somos espectadores del concierto de "crac, crac, crac" de nuestras articulaciones, que produce un escalofrío entre el público sensible. El peso promedio de la cabeza de un niño ronda los 2 kilogramos y la de un adulto alcanza en ocasiones los 5 kilogramos. Por cada dos centímetros que nos inclinamos hacia adelante, la presión ejercida sobre la columna cervical aumenta el doble. Si al usar celulares, computadoras o leer un material de cualquier tipo inclinamos el cuello de 45 a 60 grados, nuestras vértebras se someten a cargas que pueden alcanzar los 15 a 27 kilogramos. Sostenida en el tiempo, esta conducta no sólo causa dolores de espalda, y malformaciones, sino que afecta el desempeño de estas personas en sus actividades. Aumenta el estrés, asociado con los malestares físicos, y debilita la autoestima.

2. ¿Por qué la autoestima? Entramos en la segunda gran razón de los problemas posturales. La causa emocional. Aquellos que desarrollan una autoimagen negativa tienden a estar constantemente encogidos sobre sí mismos, protegiéndose de los ataques emocionales y simbólicos que sospechan de los demás, minimizando su espacio en este mundo. La baja autoestima causa una postura desaconsejada y, como somos una UCCM, afecta destructivamente nuestra autopercepción. El cuerpo distingue estímulos físicos que se asocian con el miedo, la falta o dificultad de interacción con los demás y la timidez extrema y comienza a crear una programación interna que responda a estos. Esta segunda causa se explica rápido, pero su desarrollo es muy paulatino. Se alimenta de años de inseguridades, de dificultades en la infancia, de experiencias negativas, de bromas inocentes o malintencionadas, de ambientes educativos, familiares, laborales y sociales hostiles, de falta de apoyo en la adolescencia, competencia insana, falta de espacio para el desarrollo. Y la lista sigue y sigue.

El tipo uno de mala postura, causada por una ejercitación inadecuada, tiene una fácil solución: ejercitar la espalda, el cuello y los demás músculos posturales con el mismo cuidado y dedicación que los fornidos pectorales y las super desarrolladas pantorrillas, incorporando una buena rutina de estiramiento y trabajando la elasticidad tanto como la tonicidad. En el caso del común de los mortales, basta con enderezar la espalda e incluir algunos sencillos estiramientos en nuestra rutina cotidiana. Lo ideal es hacerlos cada media hora o cuarenta y cinco minutos cuando estamos mucho tiempo sentados. También es recomendable incorporar a nuestra agenda semanal alguna disciplina que nos haga movernos y mejore la elasticidad y el tono muscular: baile, yoga, streachin, pilates, natación, caminatas, aeróbicos, cardio, zumba, etc. etc. etc. Con la cantidad de videos especializados que hay actualmente en las redes sociales, ni siquiera se necesita salir de casa, aunque asistir a un gimnasio o a algún club deportivo es excelente para mejorar la socialización y hacer la experiencia más divertida.

Remediar el segundo tipo de mala postura no es tan sencillo. Hacer ejercicio y enderezarnos ayuda mucho. Pero en algunos casos los problemas de autoestima son tan profundos y el individuo lleva tanto tiempo alimentándolos, que necesita la ayuda de un profesional y un período más o menos largo de re educación emocional para superarlos. Para poder iniciar este proceso debemos saber que la timidez no es un defecto, que nuestra autoestima es una construcción subjetiva y que podemos transformarla según nuestros deseos. Déjame decirte que tener miedo no es señal de debilidad. Los obstáculos están para ser superados y tienes la fuerza necesaria para conseguirlo.

En todas las circunstancias de nuestra vida tendremos que adaptar nuestra postura física, (y quiero enfatizar la palabra física) a los requerimientos del entorno. Puede ser que estemos de pie, sentados, acostados, en cuclillas, a veces inclinarnos, levantando los brazos, coordinando de distintas maneras la distancia entre nuestros pies. Llevar la mano arriba, cintura sola, dar media vuelta... En ocasiones tenemos la libertad de elegir el repertorio de nuestras posiciones y movimientos. En otras, dependerá de factores externos, como el espacio disponible en el colectivo o la forma de los pupitres en un aula. Es imposible abarcar todas las situaciones, por eso nos centraremos en la postura ideal del orador de manera general. Esta posición, que proveniente de la Técnica Corporal, se llama *Postura de Eje*. Cuando la usamos, todo nuestro cuerpo se estructura a partir de un eje vertical que nos recorre de los pies a la cabeza. Esta postura es a la vez firme y flexible y entre los beneficios que ofrece, nos ayuda a sentirnos más seguros y "plantarnos" mejor delante de la audiencia.

Vamos por partes, decía uno de mis profesores que decía Jack el Destripador. Todo inicia con nuestros pies. Son nuestras raíces. Ellos nos sostienen. Para ser buenos oradores, tenemos que tener los pies bien plantados sobre la tierra. En más de un sentido. Los pies demasiado juntos nos dan una base inestable. Es la posición de las personas emocionalmente cerradas sobre sí mismas, con un cimiento inseguro, sin la apertura necesaria para interrelacionarse positivamente con el entorno. Es difícil desarrollar flexibilidad desde esta posición y muy sencillo que las presiones externas nos hagan titubear y hasta caer. Es una postura débil, sumisa, que acompañada de una espalda encorvada demuestra baja autoestima. Junto a gestos de labios apretados revelan una pretensión de orgullo y superioridad que intenta compensar la inseguridad interior. Es muy fácil sacar de quicio a una persona en esta posición. Prueba empujar a alguien con los pies cerrados.

Los pies demasiado separados tampoco son recomendables. Es el estado de quienes se preparan para el conflicto. Como un luchador, la apertura excesiva de pies nos hace inamovibles en el peor de los sentidos, transmite una imagen hostil que acentúa, sobre todo en los hombres, la zona pélvica, reflejando un deseo primitivo de supremacía. Es la posición del macho alfa, que quiere destacar qué tan grandes son sus virtudes de mando.

Lo ideal es que los pies estén a la altura de las caderas, mirando ligeramente hacia afuera. Y hay que ser realistas con la altura de las caderas. Esto nos dará firmeza, proyectará una seguridad apacible, sin pretensiones, indicando a nuestros interlocutores que estamos abiertos al diálogo y a la vez bien posicionados en nuestro punto de vista.

Si los pies son las raíces, la base firme sobre la que construiremos nuestro discurso, las rodillas son la flexibilidad con la que interactuaremos, nuestra capacidad de escucha y recepción, que nos permite una convivencia más armónica y la capacidad de empatizar con la persona que tengo delante, sin necesariamente movernos de nuestra posición. Las rodillas deben estar destrabadas, sueltas, aunque no flexionadas. Si tenemos las rodillas demasiado rígidas, cualquier desplazamiento que intentemos se verá torpe y forzado. Nos cansaremos con más facilidad, sentiremos dolores y podríamos desarrollar problemas de articulaciones. No tenemos que temer a ser flexibles y a escuchar al otro. Si te has preparado lo suficiente, tienes una opinión formada y un fundamento para esta opinión, la interacción empática no cambiará tus pensamientos y sentimientos. Hasta podría fortalecerlos, brindándote nuevas herramientas de argumentación.

Seguimos subiendo, y vamos a detenernos en la cadera. Como dijimos, la postura de eje se construye a partir de un eje vertical imaginario que nos atraviesa. La cadera, como centro de gravedad del cuerpo, debe estar alineada a este. Si se desvía, todo se mueve junto a ella y perdemos estabilidad. La cadera hacia atrás, postura de pato-posando-para-selfi, acentúa la parte posterior de nuestro cuerpo, promoviendo una imagen sobre sexualizada que nos quita credibilidad. Además, produce dolencias en la zona lumbar y problemas en la parte baja de la espalda. Para sostener esta postura nuestras rodillas se endurecen. Incluso en el terreno de la seducción no es la mejor herramienta. Transmitimos la sensación de que el centro de nuestro cuerpo, el punto focal de la atención está detrás. Sinceramente es mejor mostrar que somos mucho más que lo que apoyamos en la silla. Algo similar ocurre cuando se lleva la cadera hacia adelante, lo que en algunos contextos es incluso un signo de agresión. La cadera hacia adelanta resalta los órganos sexuales y es una postura común entre los primates que se disputan un territorio. Aunque usted no lo crea, nunca es bueno ponerse en esta postura. Reduce considerablemente la empatía. Si la cadera está bien centrada, el abdomen la seguirá. Se acomodará naturalmente a medida que nuestro cuerpo se vaya estructurando. No hace falta ni sacar ni meter la panza, ni siquiera para las fotos, porque todo nuestro cuerpo se estiliza espontáneamente.

Un poco más arriba, llegamos a una de las áreas críticas. El pecho tiene que estar abierto, y los hombros ligeramente hacia atrás. Esto manifiesta nuestra apertura a la interacción con los otros. El pecho expuesto revela que no tenemos miedo ni sentimos la necesidad de protegernos. Físicamente un pecho abierto, sin presiones, mejora la calidad y cantidad de aire que ingresa a los pulmones y contribuye a que la voz salga fuerte y clara con menor esfuerzo. Los hombros hacia atrás reducen la compresión en la zona alta de la espalda. Si llevamos los hombros hacia adelante, estrujamos la zona de la tráquea y nuestra respiración se hace más superficial.

El área cervical es una de las zonas más delicadas de la espalda y uno de los puntos de tensión más comunes. El cuello debe estar recto. Ni hacia adelante ni hacia atrás. Lo ideal es que su posición, y la de nuestra cabeza, nos permita mirar a las personas a los ojos sin inclinarnos demasiado hacia adelante. Un orador inteligente nunca mira a su audiencia desde arriba, por encima de su propia nariz o sobre los anteojos. Cuando elevamos el mentón y observamos a una persona desde allí le estamos demostrando desprecio. Lo ponemos en un lugar de inferioridad. La empatía se da entre personas que se reconocen iguales, por encima de sus particularidades. Cuando miramos a nuestra audiencia a los ojos, tendemos puentes de comprensión. Demostramos sinceridad, amplitud, simpatía, comprensión y conmiseración.

Hay un truco muy sencillo, usado por modelos y bailarines, para que el cuello esté en la posición ideal. Colocamos el ápice de la lengua contra los alveolos (las arruguitas que se encuentran en el paladar duro, justo detrás de los incisivos) y presionamos. Naturalmente el cuello se levantará.

Aún nos queda un paso más para que la postura de eje sea no sólo saludable, sino altamente efectiva. Imaginemos que, desde el centro de nuestra cabeza, sale un pequeño hilo que nos tira hacia arriba. Si nos cuesta, tiremos suavemente nuestros bellos cabellos, para darnos una impresión real de esa sensación. Cuando proyectamos hacia arriba nuestra energía, cada una de las vértebras se acomoda e inmediatamente lucimos más altos, estilizados y se refuerza el eje vertical del cuerpo. Por dentro y por fuera comenzamos a posicionarnos como oradores de éxito.

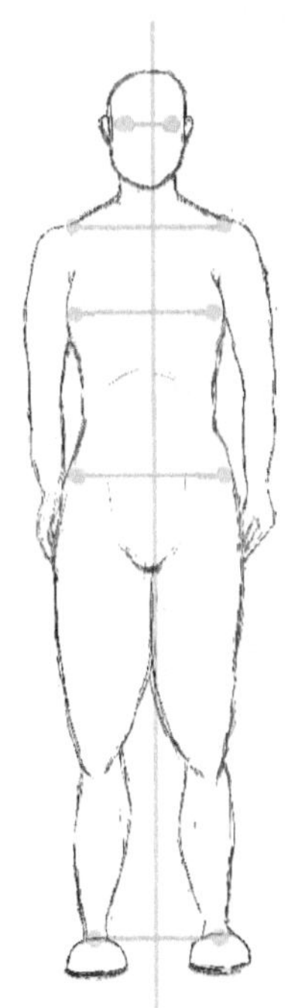

A veces tenemos que permanecer sentados durante una exposición. La postura de eje también se aplica en estas circunstancias. Los pies se apoyan firmemente en el suelo, siempre manteniendo la amplitud de las caderas, y las rodillas están naturalmente desbloqueadas. Si nuestras piernas son muy cortas, probablemente tengamos que despegar la espalda del asiento para asegurarnos de que podamos apoyarlas en el piso. Evitemos acostarnos en la silla. La pierna con el muslo y el muslo con el torso deben forma dos ángulos de noventa grados. El centro de gravedad se mantiene en la cadera, los hombros atrás, el pecho abierto, la cabeza en alto. En estos casos necesitamos mostrar una postura cómoda, pero no perezosa. Anne Marie Sabbath en su libro *One minute manners: quick solutions to the most awkward situation you'll ever face at work* recomienda que las manos siempre se muestren sobre la mesa con los codos fuera de ella, proyectando una actitud de interés que será recogida por la audiencia. Además, se aconseja no sólo girar el cuello para acompañar la mirada, sobre todo al dirigirnos a nuestro interlocutor, sino acompañarla con el giro del torso en la dirección donde se mira y hacia donde se pretende interactuar.

La postura y la comunicación no verbal juegan un papel fundamental a la hora de mejorar nuestra capacidad para comunicarnos. La manera de pararnos es un indicador excelente de nuestro nivel de confianza, confort, experiencia y actitud. Así, se convierte en la primera línea de comunicación, fijando el éxito de la presentación antes incluso de que se haga la propia presentación.

Para estar cómodo y transmitir una imagen de confianza, se debe practicar la postura adecuada hasta que se incorpore en nuestro cuerpo con naturalidad y confianza. Una buena postura es el 50% del trabajo que tiene que hacer un orador eficaz. Sin embargo, hay un secreto. No se trata sólo de la postura física. Sino la postura en toda la amplitud de la palabra.

Inteligencia emocional

Inició en la fila del supermercado. Él inhalaba su cigarrillo electrónico mientras esperaba con su novia, cuando la mujer que les seguía los enfrentó furiosa. Le parecía una descomunal falta de respeto que estuviera fumando en un espacio prohibido y, más aún, que lo hiciera cerca de ella que estaba embarazada. Sin darle tiempo a explicar que lo que exhalaba era sólo vapor y que no podía hacerle ningún daño (al menos eso pensaba él) la mujer comenzó a agredirlos, hasta que los guardias tuvieron que sacarlos del establecimiento, mientras les gritaba "esto no se va a quedar así". Menos de una hora después, ella misma, junto a su esposo y a su padre irrumpían en el edificio donde el joven y su familia pasaban las vacaciones. Lo obligaron a salir de su departamento a base de amenazas, para luego golpearlo. En medio de la pelea, una de sus primas intentó separarlos y recibió un golpe que le quebró la nariz. El muchacho fue atacado con un bate, y varias personas de ambas familias acabaron en el hospital. Ni la policía ni los medios podían obtener la versión de los hechos de la mujer y sus acompañantes.

A pesar de lo absurda que parece esta historia, todos los días ocurren miles de sucesos parecidos que dan cuenta del mal entrenamiento en Inteligencia Emocional que reciben los miembros de nuestra sociedad. Somos asaltados por nuestras emociones y lo que debería ser origen de empatía y cooperación, se convierte en un arma de destrucción masiva de la coherencia social.

En el otro extremo, recuerdo la forma en que mi pareja reaccionó el día en que nos asaltaron. Estábamos esperando el colectivo. De pronto, una moto se paró cerca nuestro y un individuo bajó y me arrancó la mochila de los hombros. A base de amenazas intentaba sacarme cualquier otro objeto de valor que tuviera, mientras yo forcejeaba para recuperar mis cosas. Hasta que mi novio me abrazó y, con muchísima mejor inteligencia emocional que yo, me dijo "déjalo, mujer." Las cosas materiales, libros, cuadernos, celulares, se pueden reemplazar. La vida es un valor no negociable. Él entendía eso. Y sólo necesitó una frase y un gesto para que yo también.

El término **Inteligencia Emocional** fue definido por primera vez por los psicólogos Peter Salovey y John Mayer de la Universidad de Harvard en 1990 como la habilidad de percibir, evaluar, comprender y expresar emociones, y la habilidad para regular estas emociones que promueven el conocimiento intelectual y emocional. La Inteligencia Emocional es un término complejo y amplio, que incluye tanto la manera en que entendemos y gestionamos nuestras propias emociones, como las habilidades interpersonales, la empatía y la comunicación eficiente. Es un factor que determina el éxito con mayor precisión que el Coeficiente Intelectual.

El pensamiento es posterior a la pasión. Los sociobiólogos han demostrado en los últimos treinta años el predominio de la parte emocional del ser humano sobre la racional a la hora de tomar decisiones vitales. Biológicamente nuestra estructura humana considera que hay cursos de acción demasiado importantes para dejarlos sólo a la lógica. Durante siglos hemos creído que las emociones nos hacían débiles o incompetentes, que elegir con el corazón era signo de poca inteligencia, una receta para el fracaso. Ahora comprendemos que son las emociones las que nos guían con mayor eficiencia en los momentos cruciales. Cada una implica una disposición definida hacia un accionar particular, establecida en base a los resultados de experiencias anteriores. "Dado que estas situaciones se repiten una y otra vez a lo largo de la historia de la evolución, el valor de supervivencia de nuestro repertorio emocional fue confirmado por el hecho de que quedaron grabados en nuestros nervios como tendencias innatas y automáticas del corazón humano" (Goldman, 2018: 22). Durante los períodos decisivos de la prehistoria humana, en los largos siglos que le llevaron al hombre salir de las cavernas y apropiarse simbólicamente del mundo a su alrededor, las emociones eran centrales para garantizar la supervivencia. El instinto materno, por ejemplo, es una compleja mezcla de sentimientos e impulsos neuroquímicos, que causan el apego de la madre a su bebé, garantizando que el niño indefenso cuente con la protección necesaria. Los neuroquímicos que invaden nuestro cerebro cuando sentimos amor facilitan la supervivencia de los miembros de la pareja, creando lazos químicos entre los enamorados y procurando un espacio apto para la reproducción y cuidado de la descendencia. Platón ya lo sabía, y por eso hizo decir a su maestro que el ejército ideal sería uno compuesto de amantes y amados. Pues el amado realizaría grandes hechos de valor a fin de lucirse frente a su amante, que lo protegería con su vida y se inspiraría por su valor.

Una muchacha de 17 años se sometió voluntariamente a uno de los test de medición de CI (Coeficiente Intelectual). La prueba consistía en realizar una serie de sumas y restas de uno y dos dígitos en el menor tiempo posible. No cometió un solo error en las operaciones. Sin embargo, su tiempo de respuesta fue significativamente mayor al promedio. El resultado de ese test parecía sugerir una persona con alguna especie de deficiencia intelectual. Pero la misma joven leía libros de nivel universitario sin dificultad, consumía cerca de veinte obras literarias al año, tenía una capacidad de redacción objetivamente superior a la del promedio de estudiantes de su edad y estaba entre los mejores alumnos de su promoción. Simplemente, era mala en matemáticas.

Hasta mediados del siglo XX se creía que la inteligencia era algo que se podía medir objetivamente. Sólo el conocimiento cuantificable era considerado fuente de sabiduría y las instituciones educativas estaban orientadas al desarrollo de este tipo de habilidades. Incluso en las ciencias humanas, como la filosofía, la psicología y la literatura, se buscaban principios medibles y objetivos aplicables a la interpretación de la realidad social. A la hora de desarrollar evaluaciones educativas, se esperaba que un chimpancé, un tigre, un águila y un delfín pudieran trepar a un árbol con idénticos resultados.

Esta concepción del intelecto comenzó a cambiar a partir de la segunda guerra mundial. El mundo fue testigo de lo que era capaz de hacer una ciencia sin corazón y empezó a pedir a gritos, con los artistas como abanderados, una definición de humanidad que no dejara de lado lo más humano que hay en nosotros: nuestras emociones. Los nuevos descubrimientos en neurología, medicina y psicología mostraron cómo razón y emoción se entrelazan en los procesos químicos, físicos y sociales que conforman la integridad de cada persona.

En el año 1983 Howard Gardner y su equipo de la universidad de Harvard postularon la teoría de las Inteligencias Múltiples, distinguiendo inicialmente ocho tipos distintos: lingüístico-verbal, lógico-matemática, visual-espacial, musical, corporal-kinestésica, intrapersonal, interpersonal y naturalista. Sostenían, además, la importancia de todos y cada uno de los diferentes modelos de inteligencia para la cohesión social. Descubrieron que todos somos inteligentes, no todos de la misma manera.

En una ocasión me encontré con dos emprendedoras que manejaban una empresa juntas. Una era desinhibida y extremadamente sociable. La otra, más bien retraída, callada y evitaba cuanto podía los roces y las discusiones. La primera mujer era la cara visible de la empresa, a la que los demás recurrían cuando necesitaban ayuda, la que lograba las mejores ventas y los mejores tratos, a la que todos invitaban a eventos. Era percibida por sus socios y empleados como superior a su compañera, pese a que esta tenía un CI más alto, estaba más capacitada, era una excelente administradora y responsable de los procesos críticos de producción, distribución y marketing. Sin embargo, no era amable con los empleados, ni sabía tratar a los clientes. ¿Por qué la primera emprendedora no sólo gozaba de una mejor imagen, sino que era efectivamente más exitosa que su compañera? Era una mujer con una brillante inteligencia interpersonal.

La **inteligencia interpersonal** ha sido uno de los principales focos de estudio durante los últimos años. Un elemento de considerable impacto en el éxito, que puede aprenderse y desarrollarse. Tiene que ver con la manera en que comprendemos y empatizamos con los demás.

Por otro lado, está la **inteligencia intrapersonal**, la habilidad de llevarse bien con uno mismo, de entender y gestionar las propias emociones. Esta habilidad ha sido mucho menos investigada que su melliza. Si la inteligencia interpersonal forma líderes, la inteligencia intrapersonal forma líderes saludables emocionalmente. Cómo sostiene Amy Cuddy ¿Acaso queremos personas con mucho poder, con una gran capacidad para ocupar puestos de importancia, pero sumamente vulnerables al estrés y la ansiedad?

La capacidad de controlar sentimientos de un momento a otro es fundamental para la penetración psicológica y la comprensión de uno mismo. La incapacidad de advertir nuestros auténticos sentimientos nos deja a merced de los mismos. Las personas que tienen una mayor certidumbre con respecto a sus sentimientos son mejores guías de su vida y tienen una noción más segura de lo que sienten realmente con respecto a las decisiones personales, desde con quien casarse hasta qué trabajo aceptar (...) Las personas que carecen de esta capacidad luchan constantemente contra sentimientos de aflicción mientras aquellas que la tienen desarrollada pueden recuperarse con mucha mayor rapidez de los reveses y trastornos de la vida (Goldman, 2018: 64-65).

Especialistas posteriores a Howard Gardner, como Daniel Goldman y Peter Salovey, reconocieron la importancia de tomar estos dos tipos de inteligencia, que Gardner reunió bajo el rótulo de *Inteligencias personales*, profundizar en ellas e integrarlas, llegando a la definición de lo que actualmente conocemos como *Inteligencia Emocional*. Entre las habilidades principales necesarias para alcanzar una buena inteligencia emocional, Salovey destaca: conocer y manejar las propias emociones, ser capaz de motivar y automotivarse, reconocer las emociones en los demás y manejar las relaciones.

Los seres humanos somos seres sociales. El éxito o el fracaso en cualquier momento de nuestra vida depende de que podamos operar el arte de las relaciones. "Ordenar las emociones al servicio de un objetivo es esencial para prestar atención para la automotivación y el dominio, y la creatividad. El autodominio emocional - postergar la gratificación y contener la impulsividad - sirve de base a toda clase de logros" (Goldman, 2018: 64-65). Un conferenciante que tiene una buena postura emocional, conecta con los otros, trasmite su mensaje y sabe que ese mensaje llegará a su audiencia. El individuo emocionalmente inteligente logra el equilibrio entre sus necesidades y las de las personas a su alrededor y se convierte en una estrella social.

Nuestra historia personal, sobre todo los primeros meses de vida, configuran la manera en que nos desenvolvemos socialmente. Pero no estamos condenados por el pasado. Podemos usar el autoconocimiento como un trampolín para convertir las debilidades en fortalezas. El cerebro e incluso la personalidad son increíblemente plásticos y podemos moldearlos según nuestras decisiones. Eso no significa ser menos auténticos o fingir. Significa tomar consciencia de nuestras propias capacidades y poner a nuestras cualidades a trabajar para nosotros. Convertirnos en la mejor versión de nosotros mismos. A la hora de hacerlo, los peores enemigos o los mejores aliados pueden ser nuestras propias creencias. Las creencias son tan poderosas que logran alterar hasta la química de nuestro cerebro.

Volvamos brevemente a la historia del asalto. En el momento en que finalmente dejé de forcejear, mientras mi novio me sostenía y los ladrones se alejaban, comencé a sentirme agitada. Temblaba y me costaba pensar con claridad. Lo único que me venía a la mente era lo que dirían mis padres cuando se enteraran. Mi pareja me llevó de regreso a su casa, tomé un poco de agua y mi estado mental pasó de la alteración a la acción. Necesitaba ordenar los pasos a seguir. Llamar a la policía, denunciar las tarjetas, llamar a mi familia y avisar a mis amigos, bloquear el celular, poner un aviso ofreciendo recompensa a quien me brindara información sobre mis cosas. No fue hasta unos días después, cuando ya había hecho todo lo que podía y debía hacer, cuando entendí que mis cosas no volverían, que comencé a sentir miedo. El sonido de una moto a la distancia me ponía nerviosa, pasar cerca de donde había sido el robo lograba que mi respiración se acelerara, me costaba un poco estar tranquila mientras esperaba el colectivo y trataba por todas las formas de evitar las zonas que no conocía. Cuando podía, hacía que algún amigo o familiar me pasara a buscar y me llevara a casa.

Hechos violentos como un robo o un accidente nos ponen en un estado muy frágil porque rompen una de las más arraigadas creencias del ser humano: la sensación de invulnerabilidad. No somos conscientes de que esta creencia es parte integral de nuestra vida, pero sin ella no seríamos capaces de realizar nuestra rutina cotidiana. El miedo es una emoción paralizante. Sin la seguridad de sentirnos a salvo, nuestras relaciones sociales serían insostenibles. No podríamos salir de nuestra casa y toda forma de cooperación o vida comunitaria dejaría de existir, porque cualquier ser humano se presentaría como un potencial agresor. Lo más terrible de los hechos de violencia no son sólo los hechos en sí, sino como destruyen el tejido social de manera irreparable.

Mientras enfrentaba mis emociones, me encontré con una creencia aún más extraña. Para muchas personas lo que había sucedido era un hecho normal. Más aún, debía estar agradecida de haber salido ilesa. Comprendí que había una creencia subyacente a nivel social que toleraba la injusticia como algo inevitable.

En muchas ciudades del interior se hacen todavía ferias para toda la familia, con calesitas, peloteros, bingo y hasta mesas de apuestas. En estas mesas, en lugar de dinero, se juega por chocolatines y caramelos. Los números de la ruleta van del 1 al 12, y los colores son rojo y blanco o blanco y negro. A veces incluyen dibujos. En la ruleta particular de la que voy a hablar había una bandera y una estrella junto a los números. El encargado ponía a rodar la suerte. Llegado el momento, gritaba "no va más" y ya no se podían hacer más apuestas. Esa noche la ruleta giró y giró hasta detenerse en la estrella. Aprovechando que el encargado no la veía, una mujer que había estado manipulando su chocolatín lo arrojó sobre el dibujo, sin desviar la vista en ningún momento del frente. ¿Qué tan mal tiene que estar una sociedad para que hasta los chocolatines sean un espacio de corrupción?

En un experimento realizado en Argentina se midieron los índices de corrupción en el año 2003 y en el 2016, momento en que también se evaluó a los jóvenes que durante el registro anterior eran niños y, por lo tanto, claramente no eran los responsables de los índices preliminares. El resultado mostró que su nivel de corrupción dependía casi completamente de cuán corrupta era la sociedad en la que habían crecido (Golombek, 2017: 23-24). En algunos lugares del mundo la violencia y la inseguridad han llegado a tal punto que los miembros de la comunidad las naturalizan y dejan de luchar por un entorno más equitativo y humano. Estos ambientes se convierten en el caldo de cultivo de lo peor de nuestra especie. Asaltos, violaciones, secuestros, trata de personas proliferan allí donde se ha extendido la creencia de que las cosas son así y no se puede hacer nada para cambiarlas. De esa forma, la corrupción alcanza hasta las más mínimas esferas sociales. Tomar consciencia de todos estos hechos puede hacernos sentir aún más desesperados e impotentes. Pero el ser humano como especie es terriblemente contagioso. Y, como veremos más adelante, las cosas positivas, aunque tienen menos prensa, se contagian con más facilidad que las negativas. Hablando una vez con un joven candidato a legislador, me dijo "el estado no puede meterse en cada casa y obligar a cada persona a enderezar su camino. Cada uno tiene que hacer su parte". Ni más ni menos ocurrió en la hermosa ciudad de Medellín en Colombia. Los vecinos tomaron el control, recuperaron los espacios públicos, comenzaron a construir una nueva cultura con su esfuerzo conjunto y lo que había sido una de las urbes más peligrosas del mundo, se transformó en un destino turístico internacional y una de las mejores ciudades para vivir en América del Sur. En el fondo todo esto se logró con un cambio de creencias. En lugar de pensar "las cosas son así" nos toca ver en qué fallamos, qué podemos hacer distinto, y confiar que en el mundo son más las personas buenas que las malas. Si queremos eliminar la corrupción de nuestros sistemas políticos y económicos, tenemos que comenzar por erradicar los actos de micro corrupción de nuestro día a día. Algo tan sencillo como dejar de colarnos en la fila, cruzar la calle por la senda peatonal o no arrojar el chocolatín.

En el espacio personal existen una serie de creencias limitantes, también llamadas bloqueos, que son factores fundamentales a tener en cuenta a la hora de prepararnos para el éxito. Estas creencias constituyen en realidad sugestiones inconscientes que moldean nuestros cursos de acción, llevándonos a adoptar conductas contraproducentes para nuestros objetivos, como el auto boicot. Para librarnos de ellas se hace necesario tomar consciencia de su existencia, de cómo operan en nosotros y de las falacias sobre las que se sustentan:

1. Bloqueo lógico-crítico: Se trata de un auto ataque lógico al individuo. La mente presenta argumentos aparentemente razonables que vulneran la autoestima o la motivación. "Las personas que se reciben después de los treinta años no consiguen trabajo", "Sin una carrera no se puede ser nada en la vida" o "Iniciar un negocio requiere recursos y dinero que no tengo" son buenos ejemplos de cómo suena esta creencia. La manera de superar el bloqueo crítico es desenmarañar la falsa lógica que lo sostiene inspirándonos, entre otras cosas, en casos reales que lo refuten.

Noemí se me acercó un día, después de una clase de Oratoria. Una mujer con su vida hecha, aunque conservaba un brillo joven en los ojos y una belleza en el rostro que la hacía parecer mucho menor. Viendo la manera en que se desenvolvía en clase y escuchándola hablar, no podía imaginar lo que me iba a decir. "Profe, gracias a usted estoy lista para volver a la escuela y terminar mi secundaria". Noemí era docente de tejido y corte y confección. Tenía su propio taller y un montón de alumnas. Organizaba desfiles de moda y era una gran luchadora por la inclusión y los derechos de las minorías, sobre todo de los homosexuales. Su vida no había sido fácil, pero ella había salido adelante con todo éxito, ayudando en su camino a muchísimas personas, incluyendo a sus propios hijos. En clase era de las mejores. Destacaba entre estudiantes y profesionales, hablaba con autoridad y calidez y contaba con esa maravillosa sabiduría que no se aprende en un libro. Antes de saber todo lo que había tenido que pasar, ya la admiraba. Y aprendí mucho más de ella que lo que ella aprendió de mí. Siempre que alguien me dice que está muy grande para intentar algo nuevo pienso en ella, y en las decenas de mujeres y hombres que he conocido a lo largo de mi vida y que se lanzan a la aventura sin importar sus temores. Nuestra edad no nos define. Nuestras decisiones, sí.

2. Bloqueo emotivo-intuitivo: tiene su origen en una experiencia de fracaso emocional, que genera falsas expectativas en el futuro. Como una especie de inercia que lo arrastra todo. En este bloqueo juega un papel fundamental la autoimagen, aunque no es el único factor determinante. "Me rindo, ya probé todas las dietas habidas y por haber", "He pasado por un montón de carreras y no logro aprobar ni el primer año en ninguna. Debe ser que no me da la cabeza, el estudio no es para mí" o "Soy una persona enferma, no puedo hacer lo que hacen los demás, no puedo tener una vida normal". El peso emocional de nuestro pasado es una mochila demasiado grande a la hora de avanzar hacia el futuro. La mejor manera de deshacernos de este bloqueo es comprender que un fracaso anterior no determina el destino. Podemos obtener los resultados que deseamos cambiando la manera de hacer las cosas. Cambia el método, no el objetivo.

Enseñarle a Walter fue un verdadero desafío. Estaba acostumbrada a usar mucho los gestos, los apoyos visuales, los videos subtitulados. Tenerlo de alumno me obligó a desarrollar herramientas diferentes. A dar clases mucho más inclusivas. Walter era no vidente, pero la incapacitada era yo. Nuestro primer contacto fue a través de la fan page que usaba para publicitar mis cursos. Me preguntó si, siendo no vidente, podía participar. No dudé ni por un segundo en mi respuesta. El primer día llegó con su bastón y subió la larga escalera hasta el aula sin ayuda. Traía una netbook para tomar apuntes y mientras esperaba que comenzáramos, mandaba mensajes desde su celular. Cuando se presentó, demostró tener un gran sentido del humor y toneladas de empatía. Realizaba los ejercicios de movimiento sin problemas, incluso los más difíciles. Estaba estudiando para ser docente y era un miembro activo de la Red MATE[4], una asociación que se dedica a adaptar y difundir material educativo para personas con dificultades visuales o ceguera. Con la Red organizaban eventos para concientizar a las personas. Teatros a oscuras, convivencias, fiestas. En una ocasión envió un mensaje al grupo de WhatsApp "Tengo una gran noticia que darles… voy a ser papá". Todos los participantes nos sorprendimos. Ni siquiera sabíamos que estaba de novio. Antes de que tuviéramos tiempo de comenzar a felicitarlo, llegó el segundo mensaje "Era una broma. No voy a ser papá. Sólo me recibí". Si se hubiera quedado atrapado en los fracasos pasados, o en las expectativas ajenas, nunca hubiera logrado tanto. Aún hoy sigue trabajando, sin que ninguna barrera alcance a detenerlo.

3. Bloqueo ético-moral: Hacemos o dejamos de hacer cosas porque las consideramos buenas o malas. Muchas veces sin cuestionar el alcance de estas apreciaciones. Como en el cuento del pavo: Una vez un marido observó que su mujer tenía una curiosa costumbre cuando hacía pavo al horno. Siempre recortaba la parte de la cola. Intrigado, pensando que era algún truco de cocina, le preguntó a su esposa. "Mi mamá lo hacía así" dijo ella, como si eso explicara todo. La respuesta no dejó satisfecha la curiosidad de su esposo. Cuando fueron a visitar a su suegra, le llevó un pavo para que lo cocinaran y se dispuso a observar. Su suegra sacó una vieja fuente, y antes de meter el pavo en ella, le cortó la parte de atrás. Para cuando la comida estuvo preparada, el hombre había entendido todo. El horno de su suegra era demasiado pequeño para que el pavo entrara completo.

---

[4] Para saber más de Red MATE, el trabajo que realizan y cómo colaborar, puedes consultar las siguientes páginas según tu región:
Facebook.com/RedMateNoroesteCentroTucuman
Facebook.com/Red.MATE.Cordoba
Facebook.com/RedMATEMontevideo
Así como los diversos grupos y perfiles con los que cuenta en Redes Sociales y otros espacios de comunicación.

Constantemente repetimos frases heredadas, como "el éxito cuesta" o "pobre pero honrado", sin cuestionarnos su verdadero significado. Escuchamos decir que no se puede ser madre y profesional al mismo tiempo, que está mal porque descuidas a tus hijos, que está mal porque eres una mantenida y les das mal ejemplo. Y que los hombres no deberían quedarse en casa y que deberían ser el sostén económico de la familia. Nos dicen que los varones no lloran y las señoritas no pelean. Más allá de nuestra propia moral, nos regimos por todo un sistema ético externo, sin preguntarnos sinceramente qué pasaría si hiciéramos algo distinto.

Escuché la historia de Erika en una charla para emprendedores. Una mujer animosa, aunque tímida, que se resistía a pasar al frente a recibir los aplausos que definitivamente merecía. Su maestra la había perseguido para que fuera a las clases de peluquería. Erika era mamá y sus hijos pequeños la necesitaban. Se levantaba muy temprano para buscar la leña y encender el fuego, preparaba el desayuno para su familia y luego caminaba los kilómetros que la separaban de la academia. Desde que comenzó a aprender, comenzó a trabajar. Un peinado por aquí, un corte por allá. Con cada trabajo que hacía se compraba un nuevo instrumento. De a poco tuvo sus tijeras, peines, secadores, cremas. Se graduó como una de las mejores alumnas. Decidió que eso no era suficiente y comenzó a capacitarse en la capital. Los días de clase tenía al menos una hora para ir y otra para volver, si iba en auto particular. En colectivo, al menos dos para cada trayecto. Erika tenía una enorme sonrisa de felicidad y autorrealización cuando la presentaron a toda la audiencia. No dijo una palabra. Su postura era suficiente para transmitir el mensaje completo.

- 5 -

Ejercita tu respiración

¿Alguna vez te has detenido a pensar en el milagro que es la respiración?

Cierra los ojos. Coloca tu mano sobre el abdomen. Relájate e inhala profundo. Piensa en ese problema que te ha tenido preocupado o preocupada los últimos días. Reten el aire unos segundos. Y ahora suelta. Simplemente deja que todo se vaya. Cuando abras los ojos, el mundo será un lugar mejor.

La respiración es verdaderamente un proceso mágico y un aliado inestimable para un buen orador. Nos permite disponer de una mejor calidad de voz, un sonido más claro e intenso, ayuda a calmar los nervios y relajarnos y contribuye a la salud de la persona. Cada vez que respiramos, el oxígeno entra a nuestro organismo y se distribuye por cada tejido, órgano, músculo y célula permitiendo que sigamos vivos, y el dióxido de carbono sale, llevándose toxinas y agentes potencialmente peligrosos para nuestra salud. Nuestra respiración es poderosa. Por eso los antiguos griegos hablaban del aliento de vida, del *neuma*, palabra cuyo significado implicaba tanto las ideas de soplo, de respiración, como de viento. No hace falta más que un buen observador para darse cuenta de que la diferencia más obvia entre una persona viva y una que no lo está es el movimiento constante de su tórax en cada inhalación.

Hay muchas, muchísimas cosas en nuestro cuerpo que son incontrolables. Nuestro ritmo cardíaco se escapa de nuestras manos y por mucho yogurt que tomemos, no podemos intervenir el proceso digestivo. Carecemos de la capacidad de hacer que nuestro cuerpo deje de sudar o variar conscientemente los destellos eléctricos dentro de nuestro cerebro. Pero la respiración es uno de los pocos procesos orgánicos que puede ser llevado a cabo tanto voluntaria como involuntariamente y cuyo ritmo podemos regular. El encéfalo es el responsable de este mecanismo, reaccionando a estímulos internos que indican cuanto oxígeno necesita el cuerpo. Y, a pesar de que su fin biológico sea ayudar al sostenimiento de la vida, los órganos que intervienen en el proceso respiratoria han sido también adaptados para funcionar en el mecanismo de la voz (Gustems Carnicer, s.d.: 1). El ritmo y la calidad de nuestra respiración también pueden responder a nuestros deseos y ayudarnos de manera significativa. Sin la vibración que el aire produce a través de las cuerdas vocales no saldría ningún sonido de nuestra garganta. El combustible de tu voz es la respiración.

Una de las cosas más importantes que debe aprender un orador (a esta altura comenzará a parecer que hay demasiadas cosas importantes que aprender) es a respirar. Suena un poco absurdo. Toda persona viva sabe más o menos cómo respirar. Si no, no estaría viva. Todos respiramos de manera efectiva., pero no todos de manera eficiente.

Para tratar este tema, antes debemos comprender cómo funciona el aparato respiratorio y cuál es su misión primordial en nuestro organismo. Por si prestaste tan poca atención como yo a las clases de biología, vamos a hacer un repaso. La respiración es el movimiento mecánico de inspiración y expiración. El aire tiene que hacer un largo recorrido hasta convertirse en energía. Inhalamos oxígeno y exhalamos dióxido de carbono. El oxígeno, junto con la glucosa que conseguimos de los alimentos, provee de energía a las células. En el mecanismo de la inspiración el cerebro envía un mensaje al diafragma para que se contraiga, con el consiguiente ensanchamiento del tórax y dilatación de los pulmones, debido a una diferencia entre la presión intrapulmonar y la atmosférica, que provoca una rápida entrada de aire (Gustems Carnicer: 2). Idealmente el aire entra por la nariz, donde sufre un proceso de acondicionamiento, en el cual es calentado, humedecido y filtrado. Los filamentos en el interior de la nariz funcionan como una red que atrapa virus, bacterias y agentes dañinos, purificando lo que ingresa al organismo. Cuando respiramos por la boca no tenemos esas protecciones, por lo que somos más susceptibles a enfermarnos. Sin embargo, cuando estamos hablando rápidamente, o cuando hiperventilamos, tendemos a respirar por la boca, para acelerar el proceso de oxigenación.

Desde la nariz el aire baja por la faringe, un tubo recubierto por una membrana mucosa, ubicado en el cuello por detrás de la cavidad bucal, y luego por la laringe, un conducto que permite el paso del aire desde la faringe hacia la tráquea y los pulmones. En la laringe se encuentran las cuerdas vocales y la glotis, que no es más que el espacio entre estas.

Llegados a este punto, el cuerpo necesita distinguir los diferentes elementos que han ingresado por boca y nariz. Para eso cuenta un cartílago llamado epiglotis, una especie de tapa a presión, que se cierra para evitar que la comida ingrese al sistema respiratorio. El aire avanza por la tráquea hacia los pulmones, donde se realiza el intercambio gaseoso con la sangre. Si observáramos un pulmón por dentro, veríamos una compleja red de ramificaciones, semejantes a la copa de un árbol frondoso, que tienen su origen en la separación de la tráquea en dos bronquios principales. Los bronquios son conductos con forma de tubo, extremadamente finos y delicados que conducen el aire hasta los bronquiolos, que finalmente desembocan en los alveolos.

Los alveolos tienen la forma de pequeños sacos y son el lugar en el que se produce el intercambio de gases con la sangre. Su pared es una delgada capa unicelular, más fina que un cabello. Sumando los dos pulmones, el organismo humano dispone de alrededor de 300 millones de alveolos recubiertos de venas y arterias, que llevan el oxígeno al corazón y devuelven el dióxido de carbono. Si se desplegaran en su totalidad, estos ocuparían una superficie de 60 m^2, el equivalente aproximado a un departamento de dos habitaciones. Cuando el dióxido llega a los alveolos, recorre inversamente todo el camino seguido por el oxígeno, hasta salir del organismo. La espiración tiene un carácter pasivo en la respiración corriente y activo en el habla voluntaria y en el canto, donde hay que controlar con precisión el flujo del aire. Un 40% del aire que entra al organismo no se utiliza. El 60% restante (la Capacidad Vital) será la medida interviniente en la dinámica respiratoria. La educación vocal y respiratoria deben contemplar el desarrollo y aumento de dicha capacidad, así como del tiempo de espiración (Gustems Carnicer, s.d.: 2).

Además de todos los órganos que trabajan en este proceso, dos tipos de músculos cumplen funciones esenciales para la respiración: los intercostales, que permiten que el tórax se movilice, y el diafragma, un músculo que separa la cavidad toráxica de la abdominal. Cuando este se contrae, baja y aumenta el tamaño de la cavidad toráxica provocando la inspiración. Al relajarse, sube, disminuye el tamaño de la cavidad, provocando la espiración.

Todo este proceso ocurre en menos de lo que dura un suspiro.

La noche en que (casi) me quedé sin aire

Respirar incorrectamente no sólo obstaculiza nuestra labor como oradores, es peligroso para la salud.

Hace tres años, una noche de viernes, habíamos salido con dos amigos a tomar algo en un bar no muy lejos de casa. Pese a estar congestionada, me sentía lo suficientemente bien y no le di importancia. A medida que la cena avanzaba y seguía respirando por la boca, comenzó a molestarme la garganta. Era invierno, temporada de gripe y quién sabe cuántos virus anduvieron rondando esa velada. Para cuando finalmente llegué a casa, respiraba con dificultad. Me metí en la cama y me abrigué. Nunca pude conciliar el sueño. A cada minuto era más y más difícil inhalar. Aunque el aire entraba por mi nariz y por mi boca, no parecía llegar a los pulmones. Daba grandes bocanadas sin resultado. Busqué algo que me ayudara. Probé con menta, con limón y con eucalipto. Sabía que no tenía que desesperarme, porque eso haría más rápida y superficial mi respiración y me pondría peor. Sabía que de alguna manera el oxígeno llegaba hasta los bronquios, porque no notaba debilidad física y podía moverme y pensar con claridad. También sabía que tenía un problema, que no estaba recibiendo todo aire que mi cuerpo me requería. Después de luchar conmigo misma un par de horas, mi hermano me llevó a la guardia del hospital. Me inyectaron y a los pocos minutos mi garganta se abrió y sentí un alivio infinito. Volví a casa y al fin pude descansar un par de horas. Me dieron un tratamiento que duró varios meses y hasta el día de hoy convivo con las secuelas de mi descuido.

Aprendí varias lecciones esa noche. Aprendí que, ante cualquier dificultad respiratoria, hay que consultar con un médico lo más pronto posible. Aunque hay remedios caseros que sirven para ayudar a nuestro sistema respiratorio a estar más sano, cuidar la garganta y las cuerdas vocales, nada reemplaza a un buen profesional. Aprendí la importancia de respirar correctamente y cuidar la salud de las fosas nasales. No hubiera terminado enferma si, desde el principio, hubiera hecho un tratamiento apropiado para la alergia. Aprendí que, así como la respiración es una poderosa herramienta para ayudarnos a controlar los nervios, cualquier dificultad asociada a ella puede dispararlos.

Nuestra nariz tiene un meticuloso diseño orientado a preservar la salud integral del cuerpo. Ocurre, no obstante, que cuando comenzamos a hablar, comenzamos a respirar con mayor frecuencia por la boca. El ritmo de nuestras locuciones es mayor que el que puede gestionar la nariz. Necesitamos más aire en menos tiempo. También comenzamos a levantar más los hombros al inhalar y nuestra respiración tiende a volverse más superficial. Pareciera que atentamos contra nosotros mismos, porque necesitamos más aire y estamos recibiendo menos. El levantamiento de hombros comúnmente es señal de tensiones emocionales y es muy frecuente que esta zona se contracture al estar ante una audiencia. Al hacer una inhalación profunda, el diafragma, nuestro nuevo mejor amigo, se contrae y baja. Su acción se completa con movimientos costales que permiten que la capacidad pulmonar se expanda considerablemente. Cuando respiramos levantando los hombros, los pulmones no tienen ningún espacio hacia donde crecer. Eso contribuye a ponernos más nerviosos.

El proceso que ocurre cuando comprometemos al diafragma en la oxigenación se llama *respiración diafragmática* y es la manera más sana, natural y eficaz de efectuarlo. El diafragma se encarga de aumentar la capacidad pulmonar hasta unos cuatro mil a seis mil centímetros cúbicos. La tensión del diafragma amplía la capacidad pectoral, mientras que su relajación la disminuye (Calvo, 2015). Un disertante eficiente debe ejercitar esta técnica respiratoria, pues le permite obtener la mayor cantidad de oxígeno, sin causar tensiones en la espalda, cuello y hombros, aportando a un mejor sonido vocal. Llevamos a cabo la respiración diafragmática inconscientemente todo el tiempo y es especialmente notorio cuando dormimos o cuando estamos relajados. En los niños pequeños y los bebés se presenta con la mayor naturalidad y se va perdiendo al madurar, por el mismo desarrollo del habla. En cierta forma no necesitamos aprender a respirar diafragmáticamente, necesitamos recordarlo.

Podemos comenzar a entrenar con una práctica muy simple: nos recostamos boca arriba, colocamos las manos sobre el abdomen, inhalamos profundamente por la nariz y nos permitimos sentir todo el mecanismo respiratorio funcionando en nosotros. El vientre debe estar flojo, sin tensión. Cuando el aire entra, los músculos deben estar relajados para que no encuentre obstáculos en su recorrido y, a su vez, el diafragma pueda moverse con libertad. No tenemos sensación kinestésica del diafragma contrayéndose o del aire moviéndose. Lo que si tenemos es la sensación de la caja toráxico expandiéndose y del movimiento del abdomen. Tanto este como los pulmones son altamente elásticos, como un globo. Necesitamos, entonces, dejar que se inflen. Y, al exhalar, simplemente se desinflan. No hay necesidad de empujar ni ejercer presión. Durante todo el ejercicio, prestamos especial atención a las manos, que van a subir y bajar al compás de nuestro vientre. Repetimos tres o cuatro veces.

A continuación, identificamos el lugar donde nuestras costillas terminan. Allí se encuentra el diafragma. Aunque no podemos controlarlo a voluntad, se trata de un músculo y, por lo tanto, podemos entrenarlo. En ese espacio que hemos identificado, vamos a presionar suavemente con las manos y, sin aflojar, inhalamos y exhalamos. Esto es el equivalente a levantar pesas en el gimnasio. Estamos fortaleciendo nuestra membrana muscular y eso redundará en beneficio de todo el sistema respiratorio.

Pero ningún orador da una conferencia acostado. Una vez que tomamos consciencia de cómo se siente el movimiento de la respiración diafragmática, debemos ejercitarlo en diferentes posturas. Para lograr una buena inspiración, activa y eficiente, debemos mantener relajados los músculos del abdomen, el pecho abierto y la zona del cuello despejada. En este punto se vuelve esencial que hayamos dominado la postura de eje, que nos permite liberar del estrés a las áreas comprometidas en el sistema fonador. Si los hombros se van hacia delante, el paso del aire se ve entorpecido y cada inhalación consume más energía y resulta menos eficiente. Las tensiones en el cuello suman un peso innecesario a nuestra laringe. Las presiones que afectan a nuestra respiración no sólo tienen un efecto físico, sino emocional. Una mala aspiración puede acrecentar nuestra ansiedad. Cualquier estrés físico, redundará en un estrés emocional. Por tanto, es esencial que las eliminemos. Aclarado esto, y asumida una buena postura de eje, podemos continuar practicando.

El próximo ejercicio se puede trabajar tanto de pie como sentado. Se puede continuar haciendo una suave presión debajo de la zona de las costillas con una o las dos manos. Esta debe ser lo suficientemente fuerte como para sentirla, pero no interrumpir el normal desarrollo de la respiración diafragmática, porque nos llevará a levantar los hombros, lo que da lugar a una gran inhalación con exceso de tensión muscular que se acumula en el cuello, contribuyendo a crear incomodidad y dificultar la circulación normal del aire. Es importante que durante todos estos ejercicios nuestra mente esté enfocada en el abdomen y que no estemos fijándonos en lo que queremos evitar, porque el cuerpo reacciona al objeto de nuestra atención. Si nos concentramos en los hombros, así estemos pensando en mantenerlos bajos, comenzarán a moverse inevitablemente. A continuación, presionamos los incisivos superiores e inferiores y, con la ayuda de la lengua y con un golpe de aire, realizamos la onomatopeya *tsh*. Debe sonar como un aspersor. Algo similar al sonido que hacemos cuando queremos llamar la atención de alguien. Lo repetimos con un estacato, o sea de manera cortada, durante el mayor tiempo posible. Inhalamos profundo y comenzamos *tsh, tsh, tsh, tsh, tsh*... sin hacer pausas entre cada explosión. En cada golpe debemos sentir como el diafragma hace un movimiento rápido y seco hacia dentro, empujando el aire para que salga entre los dientes.

Una variación más compleja consiste en repetir los *tsh*, empujando conscientemente el abdomen hacia afuera en cada exhalación. Este movimiento, contrario al natural, nos dará más control sobre nuestros músculos abdominales y el manejo del aire.

Administrando recursos

Hay un famoso mito que dice que, para dominar cualquier habilidad, sólo hace falta invertir 10000 horas. En realidad, esta es una teoría psicológica originada en las investigaciones de K. Anders Ericsson, quien demostró que el talento natural no tiene incidencia en el nivel de maestría que puede alcanzar una persona. Anders llegó a la conclusión de que muchas destrezas que creemos que reflejan cualidades innatas son en realidad el resultado de una práctica intensa. Por supuesto a esto debe sumarse la motivación y el compromiso de cada uno.

Uno de los mayores problemas que enfrentan los oradores sin entrenamiento profesional es la dificultad de dosificar el aire para no quedarse sin él en medio de una frase. Al hablar, la respiración no se comporta de la misma manera que cuando estamos inactivos, sino que es cortada levemente y los músculos abdominales proveen una acción muy sutil para favorecer el retroceso del diafragma. Es decir que, en lugar de que estos regresen a su estado no distendido, se contraen sutilmente, evitando el diafragma se retraiga hacia arriba. Esta lenta retracción permite que el aire se libere más lentamente, a fin de articular los sonidos (Calvo, 2015). El oxígeno es un bien de uso de duración limitada. En un entrar y salir ya ha cumplido su función. Pero eso puede no ser suficiente para terminar la idea que estábamos comunicando. Resolver este problema implica aprender a administrarlo según nuestras necesidades.

Entre los mejores dosificadores y retenedores profesionales del aire se destacan los busos y los cantantes. El récord mundial lo tiene el danés Stig Severinsen, quien consiguió mantener la respiración bajo el agua durante 22 minutos en 2012. Los humanos promedio y sin entrenamiento soportamos menos de un minuto. Los cantantes profesionales, cuyos pulmones se someten a un estricto adiestramiento y cuyas cuerdas vocales soportan tensiones equivalentes al choque de dos camiones, saben la importancia de administrar correctamente el aire, para poder entonar sin cisuras cada melodía.

Mejorar nuestra capacidad torácica requiere reconocer las necesidades de nuestro organismo. Esto se logra aplicando la interocepción, una especie de sentido interno a través del cual percibimos los mensajes que el cuerpo transmite. Tenemos receptores en los órganos, músculos y en la piel, que aportan distintos tipos de información que el cerebro interpreta a fin de comprender y atender a nuestras necesidades internas y externas. La interocepción nos permite sentir nuestros órganos internos y nos aporta información sobre el estado de nuestro cuerpo. Nos informa si tenemos dolor, nuestra temperatura corporal, si experimentamos picor, hambre, sed, registra nuestra frecuencia cardíaca, frecuencia respiratoria, sensación de sueño y hasta si tenemos ganas de ir al baño. Pero además la interocepción es básica para la identificación de distintos estados emocionales, de tal forma que nos permite saber si estamos tranquilos o nerviosos, si sentimos vergüenza, estamos tristes, si tenemos miedo. El cuerpo habla de múltiples maneras. Así como prestamos atención a los estímulos externos, debemos atender a los internos. Probemos inhalar y soltar el aire de manera lenta y constante, sin variar la cantidad. Eso nos dará una clara idea de nuestros pulmones funcionando. Liberar el aire muy rápido podría indicar ansiedad, precipitación o estrés. Ser inconstante con la exhalación revela, por su parte, una dificultad de dosificación a corregir.

Repasemos. Pies a la altura de las caderas, rodillas flexibles, abdomen centrado, espalda recta, hombros hacia atrás, pecho despejado, cuello erguido, cabeza en alto. E inhalamos profundamente. Ahora soltamos con la boca apenas abierta, dando empujoncitos desde el diafragma. Y repetimos. Con esta práctica vamos a iniciar la sesión de ejercicios de dosificación.

A continuación, separamos las exhalaciones en nueve golpes sucesivos, sin pausas entre cada uno, articulando tres consonantes distintas. *F*, *S* y *Sh*. Los incisivos se apoyan en el labio inferior y el aire escapa por la mínima abertura entre estos para formar la *F*. Debería escucharse como un tren en marcha. Los incisivos inferiores y superiores se afirman, mientras la lengua se apoya suavemente en los dientes de abajo, formando cada *S*, logrando una sonoridad similar a un viento fuerte. Los dientes mantienen esta posición, mientras la lengua retrocede para formar la *Sh* recordándonos al ruido de la lechuza que nos hacía enmudecer en el jardín de infantes. Empujamos el aire desde el abdomen, sin interrumpir la secuencia de sonidos y sin comprometer las cuerdas vocales. Cada consonante se repite tres veces, liberando la misma cantidad de aire y manteniendo el acento: *F*, *F*, *F*, *S*, *S*, *S*, *Sh*, *Sh*, *Sh*. Con este ejercicio seguimos fortaleciendo el diafragma y comenzamos a tomar el control del ritmo de la exhalación. Podemos probarlo a diferentes velocidades, alargando y acortando cada consonante, siempre manteniendo la misma distribución.

Otra práctica consiste en inhalar, retener y exhalar en tiempos establecidos, administrando el aire. Para comenzar inspira profundamente, siempre manteniendo la respiración diafragmática, contando cuatro tiempos. Sostén el aire durante seis, sin presionar y sin forzar los requerimientos naturales de tu cuerpo, y exhala en cuatro tiempos. Asegúrate de introducir todo el aire necesario en el lapso de la inhalación, y soltarlo completamente en la exhalación. Este entrenamiento colabora con una mejor administración de este recurso, mientras que la retención educa a nuestros pulmones para amplificar su capacidad.

Hablamos de tiempo y no de segundos, porque la velocidad con la que se cuenten dependerá de la propia capacidad, resistencia y paciencia. Es esencial para que este ejercicio realmente funcione, sin comprometer la salud, estar muy atento a las señales que dicta el cuerpo. Si llegas a sentirte ahogado, te cuesta retener el aire o comienzas a marearte, debes detenerte inmediatamente, respirar con normalidad, calmarte e intentarlo de nuevo, utilizando un tiempo más rápido. Recuerda que el oxígeno es una fuente de energía y que no se puede sobrevivir si falta. Su disminución causa debilidad, dificultades cognitivas, mareos y desmayo. Su carencia durante un tiempo prolongado puede ocasionar lesiones neuronales permanentes. Cada cuerpo es distinto. Y requiere un entrenamiento a su medida. La idea de que sin sacrificio no hay éxito es otra de las falsas creencias que debemos combatir. Alcanzar la maestría en cualquier disciplina requiere compromiso y aplicación, no dolor.

Al trabajar con nuestra respiración, y posteriormente con nuestra voz, cuidémonos de no levantar los hombros ni cerrar el pecho. Concentremos el aire en el estómago y proyectemos desde la garganta. Hay que evitar realizar una inhalación abdominal relajada y luego, justo antes de la fonación, levantar el pecho con un pequeño jadeo. Esto crea tensión en la laringe y presión en la columna de aire. Este resuello demuestra que las cuerdas vocales se han cerrado ligeramente, lo que incrementa la velocidad del aire inhalado y reseca o se roba la mucosa natural que las recubre (Calvo, 2015).

Después de haber repetido al menos cuatro veces el ciclo cuatro - seis - cuatro, comencemos a variarlo. Podemos probar con seis - cuatro - seis o seis - seis - seis. Cuando estemos cómodos, aumentamos. Trabajamos seis - ocho - seis y ocho - doce - ocho, etc.

Respiración = Relajación

Había llegado tarde a un evento de emprendedores y quedaban muy pocos lugares. En medio de una fila llena vi a Cari, que me saludaba. No había sitio junto a ella. Encontré lugar un poco más adelante. En cuanto me senté, el celular vibró en mi bolsillo. "Los organizadores me pidieron que hable" decía el mensaje "y estoy muerta de miedo". "Respira profundo", fue lo primero que le escribí, "lo vas a hacer bien". Los siguientes quince minutos fueron un ir y venir de mensajes cruzados con técnicas de relajación y manejo del estrés que mi amiga, detrás de mí, hacía sin siquiera llamar la atención de las personas sentadas a su alrededor. Cuando subimos juntas al escenario, se desempeñó maravillosamente. Nadie podría imaginar que era un manojo de nervios apenas un momento antes.

Vamos a revelar el último super poder de la respiración. Así como los héroes siempre descubren, en un momento de necesidad, una habilidad desconocida o poco explotada que es exactamente lo que necesitan para vencer a villano, los oradores tienen un arsenal de recursos de los que no siempre son conscientes para convertirse en los vencedores de su propio combate.

Es importantísimo mantener el cuerpo relajado, los músculos del abdomen sin tensiones y la zona del cuello libre de estrés. Pero a veces no podemos hacerlo. A veces parece que nuestro cuerpo nos traiciona, los nervios nos ganan, comenzamos a estresarnos. Los hombros suben, la respiración se acelera y lo único que queremos es salir corriendo lo más rápido posible. Toda esta ansiedad puede deberse al miedo escénico, a la falta de preparación, a la aparición de imprevistos que desestructuran nuestros planes. Factores físicos, emocionales y psíquicos que afectan de manera directa nuestra respiración. Lo maravilloso es que esta también puede afectarlos a ellos. Ella es una de las mejores armas con las que contamos para combatir el estrés en cualquier circunstancia.

Respiración y relajación van de la mano, como domingo y pantuflas, o mate con amigos. Cuando tenemos miedo comenzamos a hiperventilar, porque los músculos necesitan más energía. Cuando hay más oxígeno en los pulmones, el corazón incrementa su frecuencia para distribuirlo. Aumento de las pulsaciones y respiración más rápida y superficial son un ciclo inseparable, pero no imparable. La clave está en dominar al menos uno de los dos elementos involucrados.

El Rey Arturo fue un mítico gobernante de la antigua Bretaña, famoso por sacar la espada de la piedra, convertirse en el legítimo heredero al trono, contar con la inestimable ayuda del Mago Merlín y reunir a sus caballeros alrededor de la mesa redonda, donde todos tenían los mismos derechos y obligaciones, se reconocían como iguales y eran leales los unos a los otros, pese a que las malas lenguas dicen que la silla del rey era más alta que las demás y con una corona encima. Durante muchos años los más valientes caballeros pasaron por su servicio, y cada uno tuvo su lugar reservado en la mítica mesa. Sin embargo, una silla permanecía vacía pese al paso del tiempo. Finalmente llegó un hombre digno de ocuparla. De noble cuna, criado por las mismísimas hadas del bosque, quienes lo educaron en todos los conocimientos que un buen guerrero debía saber, y un poco más, Sir Lancelot fue recibido con sumo respeto por todos los habitantes de Camelot y presentado a la corte en pleno. Sus maestras le habían enseñado a curar sus heridas, a mantenerse firme ante cualquier enemigo, a no temer nunca e incluso a controlar el ritmo de sus latidos. Pero cuando Lancelot, a los pies del trono, levantó los ojos y se encontró con la mirada de la reina, su corazón se debocó y nunca más volvió a ser el mismo.

Si ni siquiera Sir Lancelot, con toda la ayuda sobrenatural de las viejas leyendas, pudo controlar su corazón. ¿Cómo esperaríamos hacerlo nosotros? Aunque percibimos las palpitaciones, ningún ser humano tiene la capacidad de alterar a voluntad su frecuencia cardíaca. Sobre lo que sí tenemos poder es el ritmo de nuestra respiración. Si la respiración se vuelve más lenta y profunda, todo el proceso de traspaso del oxígeno a la sangre se contagiará. Nuestro corazón comenzará a calmarse. Y nuestras emociones lo seguirán.

Hay ejercicios que podemos hacer antes de una presentación o situación atemorizante, durante o simplemente en cualquier momento, para aliviar el estrés, el temor y la ansiedad. Son extremadamente sencillos, muy efectivos y están al alcance de todos. De absolutamente todos.

Hay pocas cosas más irritantes que el que te digan "cálmate" cuando estás alterado. Es un consejo bastante inútil, a decir verdad. No podemos calmarnos sólo porque alguien nos sugiera que lo hagamos. Si así fuera, no nos hubiéramos alterado en primer lugar, porque nadie puede beneficiarse más de mi estado de serenidad que yo mismo. Sin embargo, muchas veces ese cálmate viene acompañado de otro consejo mucho más afectivo. "Respira profundo". Piensa en la dulce sensación del aire limpio entrando por la nariz, pasando por la garganta e inflando el pecho. Después de una buena y profunda inhalación nos sentimos más ligeros. Las funciones corporales se equilibran. El oxígeno nos llena de energía y podemos seguir adelante. Cuando notamos que comenzamos a estresarnos, o nos enfrentamos a una situación que sabemos que nos altera, relajar el cuerpo, recostarnos y respirar profundo le dice a nuestro cerebro que todo está bien, que no hay peligro. Envía un claro mensaje para desactivar los mecanismos del miedo, detener la oleada de neurotransmisores que nos hacen sentir mal y reemplazarlos por otros más amables. Lo ideal sería estar en un ambiente tranquilo mientras inhalamos y exhalamos. Si es posible, acostados o al menos recostados. Incluso si estoy rodeado de gente y de ruido, basta con cerrar los ojos, bloqueando la sobreestimulación visual, permitiendo a nuestra mente que se concentre sobre sí misma y su propio bienestar.

También puedes poner en práctica la técnica de Yoga conocida como *Nadi Shodhana* o respiración alternada por las fosas nasales. Ubícate en una postura cómoda y con el pulgar bloquea la fosa nasal derecha e inhala profundamente a través de la fosa nasal izquierda. Cuando hayas llenado tus pulmones, moviendo tu mano lo menos posible, tapa la fosa nasal izquierda con el anular y el meñique, libera la derecha y exhala.

Si tienes la posibilidad de estar a solas o en un espacio donde puedas sentirte cómodo y moverte con libertad, puedes practicar la amplitud de pecho, que ayuda a mantener alejados la ansiedad y el estrés. Apoya las palmas de las manos en los extremos de una barra o un palo de más o menos un metro. Súbelo por encima de tu cabeza abriendo bien tu pecho mientras inspiras y bájalo expirando lentamente. Repítelo unas diez veces. Luego, manteniendo la barra por encima de tu cuerpo, ladea el tronco hacia un lado y el otro de forma suave, sin desplazar las caderas, sintiendo cómo se movilizan las costillas.

Cuando el estrés ataca, una buena manera de contrarrestarlo es con "Los nudos". En esta técnica buscamos imprimir tensión a nuestro cuerpo, y luego liberarla con una potente exhalación. Cruzamos firmemente las piernas, apretamos ligeramente el abdomen y armamos un nudo con nuestros brazos, colocándolos paralelos, a la altura de los hombros, desplazando una mano sobre la otra, entrecruzando los dedos y juntando las palmas de las manos. Nuestras muñecas quedaran entrelazadas y toda la extensión del brazo tenso. Inhalamos. Retenemos el aire apenas unos segundos y lo soltamos liberando todos los nudos y aflojando el cuerpo. Repetimos las veces que haga falta, concentrándonos en la idea de que cada exhalación nos libera de nuestras preocupaciones, miedos y angustias.

Respirar profundo no siempre es suficiente. En algunos contextos, en los que necesitamos estar sumamente activos y enérgicos, cargados de adrenalina, dopamina, serotonina, relajarnos demasiado puede comprometer la velocidad de nuestras reacciones. Por eso hay otras prácticas respiratorias para lograr el efecto que necesitamos.

No hay cosa más común en una clase por la mañana temprano que notar ojos entrecerrados, cabeceos mal disimulados, semblantes agotados, voces adormecidas y miradas perdidas. No siempre es culpa de los estudiantes el estar cansados o quedarse dormidos. Como educadores tenemos que ayudarlos a sentirse mejor y buscar una manera de activar sus mentes. En yoga se practica una técnica que no sólo sirve para despertar a nuestros macilentos alumnos, sino que me ayuda a estar listo antes de esas presentaciones en las que hay que exudar energía. Se la conoce como *respiración de fuelle*: inhalamos por la nariz, mientras llevamos los brazos hacia arriba, con las palmas abiertas, como si quisiéramos tomar algo por encima nuestro. Luego, con un movimiento rápido, cerramos los puños y bajamos con fuerza los brazos, llevando los antebrazos y codos hacia las costillas y exhalando por la boca de manera sonora. El aire tiene que salir con fuerza, como empujado por el rápido movimiento de tirar hacia abajo. Subimos y bajamos velozmente los brazos con cada inhalación y exhalación, dedicando siempre un poco más de tiempo y profundidad a la primera e imprimiendo fuerza a la segunda. Para que realmente funcione debemos repetirlo unas cinco o seis veces, o hasta un minuto completo. Es un método tan efectivo que lo uso en mis noches de desvelo, cuando me quedo despierta hasta las tres o cuatro de la mañana investigando. El cansancio hace que las letras bailen ante mí y los párrafos se repitan sin sentido. Unas cuantas respiraciones de fuelle y mi cerebro está despejado y listo para la acción.

El problema de la respiración de fuelle es que, justamente, nos activa. En el mundo contemporáneo hemos invertido los tiempos biológicos de actividad y descanso. Las luces artificiales y el trabajo en horarios nocturnos causan confusiones en nuestro ritmo natural, que derivan en dificultades para dormir. Aquí viene la respiración para salvar nuestro sueño. De manera natural nos quedamos dormidos tras quince minutos de inactividad. Si somos capaces de permanecer quietos ese período, inevitablemente nos dormiremos. En el caso de no tener esa habilidad, necesitaremos un mayor compromiso de la mente. De hecho, vamos a comprometer a toda la UCCM. Nos colocamos boca arriba, las manos sobre el abdomen o a los costados del cuerpo. Tratamos de estar lo más cómodos posibles, mientras nuestra respiración se hace cada vez más profunda. Nos concentramos en las confortables sensaciones en que estamos inmersos. Y recorremos nuestro cuerpo con la imaginación. Sentimos nuestros pies. Meditamos sobre cada uno de los dedos. Imaginamos como la sensación de bienestar los colma, sube por las plantas, se esparce por todo el pie, va avanzando por el tobillo, el empeine, la pierna y la rodilla. Las rodillas están relajadas y la sensación continúa subiendo por los muslos, la pelvis y la cadera. Me concentro en cada una de mis partes e imagino una caricia relajante y gentil que me inunda. La sensación de bienestar sube por el abdomen y se concentra en el pecho. A partir de allí se regará a toda la parte superior. Las clavículas, los hombros, los antebrazos, los brazos, las muñecas, las palmas, los dedos y hasta las uñas. Sube por el cuello. Sentimos el agradable soporte de la almohada. Llega a nuestra cabeza, limpiándola de todas las preocupaciones que nos impiden descansar, relajando la mente y apaciguando las emociones. Seguimos respirando, cada vez más profundo, mientras experimentamos nuestro cuerpo como un espacio acogedor donde se realiza nuestro ser. Pronto nos quedaremos dormidos.

Después de una buena noche de sueño, aún tenemos que hablar ante ese público que nos aterra. Nuevamente atacan los nervios, poniendo en riesgo nuestra presentación. Nos hemos preparado durante semanas, o incluso meses, empoderando nuestra respiración.

Las disciplinas orientales ponen la respiración como uno de los ejes principales sobre los que se construyen sus técnicas, porque comprenden su valor. El *tai chi* es un arte marcial desarrollado en China y practicado por miles de millones de personas en todo el mundo. Se lo considera una instrucción físico-espiritual muy valiosa para mejorar la calidad de vida y el equilibrio mental. Su principio fundamental es la suavidad, el fluir de los movimientos y de la respiración en concordancia con ellos. Como tantos, lo practiqué en su momento y se convirtió en la influencia principal de uno de mis ejercicios favoritos de respiración. No sólo por su efectividad, sino por sus múltiples aplicaciones: librarnos de preocupaciones, dejar ir un mal recuerdo, reconciliarnos con nosotros mismos y hasta ayudarnos a superar el miedo. Depende de cómo concentremos nuestros pensamientos y lo que sintamos que necesitamos alcanzar en ese momento.

De pie, erguimos la cabeza de forma relajada, con el pecho hacia atrás y la espalda recta. Soltamos la región lumbar, distribuimos el peso del cuerpo sobre las piernas ligeramente separadas, dejamos colgando los codos y los hombros y respiramos. Vamos a elegir un pensamiento o una preocupación de la que queramos liberarnos o sobre la que deseemos sentir que tenemos más control. Por ejemplo, algo a lo que le tenemos miedo. Lentamente nos inclinamos sobre nosotros mismos y, sin dejar de mantener el cuerpo lo más relajado posible, tocamos el suelo. Si no podemos, es suficiente con agacharnos. Doblamos ligeramente las rodillas y, sin hacer contacto, recorremos lentamente nuestras piernas con las manos. Casi, casi rozándolas, vamos a ir subiendo despacio hasta el abdomen. Muchas de las emociones negativas o desagradables suelen manifestarse en él, así que las manos permanecen cerca de esa zona un poco más. Luego suben hasta el pecho y se encuentran sobre este unos segundos. Contornean la cabeza y se detienen a cada lado de la frente, juntos a las cienes. Depositamos nuestros pensamientos, preocupaciones o temores en nuestras manos, inhalando y exhalando acompasadamente, al ritmo de nuestros movimientos. Las manos suben y se van hacia el frente, como si sostuvieran una pelota. Esa pelota imaginaria representa nuestro miedo. Ahora tenemos control sobre él y podemos manipularlo. Lo movemos hacia un lado y hacia el otro, siempre con movimientos suaves, fluidos y envolventes. Lo alejamos de nosotros, de nuestro cuerpo. Lo conducimos según nuestra voluntad. Finalmente inhalamos más profundo. Y soltamos a la vez el aire y nuestra pelota imaginaria. Dejamos ir eso que nos afecta, nos duele o nos detiene con la exhalación. Lo soltamos y nos liberamos de él. Este no es un ejercicio mágico. No es metafísica ni una cuestión energética. Es nuestra mente aprendiendo de sí misma, comprendiendo que puede manejar a voluntad todo lo que está en su interior y librarse de aquello que no le es funcional.

Voy a cerrar este capítulo con el ejercicio que le enseñé a Cari ese día: Aprender a respirar con el corazón.

El siglo XXI está plagado de descubrimientos que nuestros abuelos ni siquiera pudieron soñar. Y muchos se están y seguirán haciendo en el ámbito de la medicina y las neurociencias. Uno de los más interesantes reveló que no solamente tenemos células nerviosas en todos los órganos de nuestro cuerpo, sino que reaccionan a las emociones de forma similar a las neuronas en el cerebro. El estómago es el órgano, fuera del sistema nervioso, que nuclea la mayor cantidad de las mismas. Por eso sentimos mariposas cuando nos enamoramos y un vacío cunado tenemos miedo. El corazón, por su parte, es especialmente receptivo de los sentimientos de gratitud. Ante cualquier situación que nos altere o haga daño, podemos calmarnos y sanar nuestras emociones cerrando los ojos, respirando profundo, y dedicando tres minutos a pensar en todo aquellos por lo que nos sentimos agradecidos. El efecto es instantáneo. Cuando abramos los ojos, estaremos listos para enfrentar lo que sea.

- 6 -

Empodera tu voz

Usted y yo somos diferentes, porque cuando usted quiere decirme lo que piensa, lo que siente, lo que sueña, tiene todas las palabras para decírmelo; en cambio yo **no encuentro en mi memoria las palabras** *para decirle lo que pienso, lo que siento cuando estoy sentado a las tardes cerca de mi casa mirando las formas de los árboles que nunca es la misma porque cae el sol, sopla el viento y todo cambia. Yo no puedo encontrar las palabras. Pero hay dos cosas que nos unen a usted y a mí: la voluntad y el sentimiento.*

Juan Mamaní [5]

Los ojos vidriosos se abrían grandes mientras miraba al frente. Las manos atrás, la espalda recta. Comenzó a hablar. Cada palabra estaba matizada por un inevitable temblor. A medida que continuaba su exposición, se iba poniendo pálida. Se veía tan frágil, como si fuera a caerse en cualquier momento. Y su voz se hacía más suave, casi inaudible. Hasta que la docente comprendió que era inútil someterla a una evaluación oral y la mandó a sentarse.

Este es uno de los recuerdos más claros que tengo de mi adolescencia. El pánico palpable de mi compañera de banco esa mañana, cuando la profesora la hizo pasar al frente. Pese a ser una chica inteligente, pese a haber estudiado concienzudamente la materia, no podía enfrentar la presión que significaba estar delante del curso. He visto esta escena tantas veces a lo largo de los años, que puedo adelantar, con sólo ver a una persona caminar hacia la parte delantera del salón, o subir al escenario, si sus nervios la vencerán. Quizás lo más curioso sea que todo inicia con el temblor de la voz. La mayoría comienzan a ponerse verdaderamente

---

[5]Peón de campo, nacido en Mala-Mala, zona de altas cumbres, Tucumán, Argentina (Requejo, 2009: 269)

nerviosas y a perder el control cuando perciben que su voz les falla. Si no logran volver a imprimirle confianza en ese momento, se desmoronan.

Al bajar de los árboles, los humanos primitivos perdieron su principal resguardo, renunciando a la flexibilidad de los pies y a la estabilidad de una cola prensil a cambio de una postura erguida que les permitía ver más lejos. Para poder estar de pie la pelvis se contrajo, lo cual causó que el tiempo de gestación fuera menor y el de maduración fuera del útero se ampliara considerablemente. Las mandíbulas se retrajeron a partir del descubrimiento del fuego, que permitió cocinar los alimentos y no tener que desgarrarlos con enormes dentaduras. Las garras se convirtieron en uñas y la cantidad de pelo que cubría a los primeros homínidos fue menguando. Esto, sumado al aumento del consumo de proteínas, hierro y carbohidratos, permitió al cerebro expandirse y desarrollar funciones neurológicas complejas. Cambió la posición inicial de la faringe y la laringe y nos dejó expuestos al riesgo de ahogarnos. Nos convertimos en el animal más inteligente de toda la creación. Y en el más desprotegido. Fue entonces que nuestros ancestros comprendieron la necesidad de formar comunidades para garantizar su supervivencia. Para afianzarlas, usaron el más original y distintivo regalo con la que la naturaleza los había dotado: la voz. Si alguno de los cambios en el proceso evolutivo hubiera sido distinto, aunque fuera el más mínimo, no seríamos seres provistos de lenguaje. Y, dado que la estructura de nuestros pensamientos está en gran medida determinada por el idioma que hablamos, sin lenguaje no seríamos capaces de pensar. Al menos no de la manera en que lo hacemos actualmente.

Lera Boroditsky en su conferencia *Como el lenguaje forma nuestra manera de pensar* demuestra esta vinculación profunda entre lengua y mente con el impresionante ejemplo de la comunidad Kuuk Thaayorre y su particular sentido de orientación. En esta tribu de Australia, la expresión para saludar a un conocido es "¿Hacia dónde te diriges?". Si estás desorientado, vagando sin rumbo, no puedes comunicarte más allá del saludo. De hecho, para ellos no existe la posibilidad de responder "No sé". Los Kuuk tienen un sentido de la orientación extremadamente preciso, a diferencia de la mayoría de los humanos contemporáneos, que necesitamos un GPS para saber dónde estamos parados. La precisión de este sistema deriva de las particularidades lingüísticas de la comunidad. Si tu lengua y tu cultura te orientan a hacer algo, afirma Boroditsky, de hecho, puedes hacerlo. O lo que es lo mismo, no hay límites cognitivos en el ser humano, sino limitaciones culturales.

En nuestra primera clase de metafísica en la universidad, el profesor nos aseguró que podía demostrar, sólo haciendo uso de la argumentación, que no existíamos.

- ¿Dónde estamos nosotros?

- En un aula - respondió un compañero.

- ¿Y dónde estábamos antes?

En el pasillo, en el patio, en la entrada de la Facultad, en nuestras casas, en el colectivo...

- Eso significa que nos podemos desplazar de un lugar a otro, que podemos estar en un punto y luego no estar en él.

- Sí - convenimos todos.

- Entonces estar es un estado transitorio -. Volvimos a asentir -. ¿Dónde estaban ustedes hace veinte años?

Ninguno de los presentes podía recordarlo con precisión. Todos teníamos menos de treinta, así que supusimos que en lugares como la casa de nuestros padres, el jardín de infantes, el colegio, la casa de los abuelos, el parque, jugando al fútbol, en la panza de nuestra madre.

- ¿Y dónde estaban ustedes hace cien años, hace quinientos años, hace mil años?

- No existíamos.

- ¿Se puede pasar del no ser al ser? ¿De la no existencia a la existencia?

Nos quedamos callados. Todas las teorías filosóficas que habíamos visto hasta entonces decían que no. Algo no puede comenzar a existir de la nada. Acabábamos de admitir que no éramos nada cien años antes.

- ¿Dónde vamos a estar en cien, mil, cinco mil años? -. Silencio. Sabíamos que en mil años ninguno iba a estar. - ¿Se puede pasar del ser al no ser?

Silencio. El profesor había demostrado, pese a toda evidencia, que ninguno de nosotros existía. Poco a poco comenzamos a reírnos y entender el truco en el que habíamos caído. Cuando el docente pasó cerca mío, le dije por lo bajo "Esa prueba no se puede hacer en inglés. Porque el verbo ser y el verbo estar son iguales". "Lo sé" me contestó el profesor, y siguió caminando entre los pupitres.

Para Chomsky venimos al mundo con una serie de circuitos básicos en nuestro cerebro, como si fueran interruptores, que al nacer están dispuestos en un punto cero de aprendizaje. A través de la experiencia esos interruptores se van posicionando, dando lugar a la adquisición de una lengua. Las similitudes entre los distintos idiomas se basarían, justamente, en que todos los seres humanos tenemos los mismos interruptores, sólo que la secuencia de encendidos y apagados sería diferente en cada lenguaje. El fenómeno que Chomsky intentaba explicar con esta teoría tiene una respuesta mucho más simple. Los idiomas humanos se parecen sencillamente porque son humanos. Aunque las palabras nos diferencien y hasta condicionen nuestra concepción del mundo, no dejamos de compartir esa primera realidad única y universal.

La neurología parece confirmar que hay ciertas áreas específicas del cerebro relacionadas a los procesos de comunicación, idénticas en todos los seres humanos, que funcionan a partir de ciertas regularidades. Distinguen centros puntuales para el lenguaje hablado, el escrito, la decodificación, la memoria y la interpretación de los mensajes no literales, metáforas, chistes, comentarios irónicos, etc.

Sin embargo, el lenguaje no está solamente en el cerebro. Su "materia prima", formas, relaciones, estructuras y contenidos, se halla afuera, en la realidad objetiva y en la historia y vida social del grupo de pertenencia. El lenguaje es cultural y requiere de *nexos fundantes activos y grupales* con el sujeto. La fuente de toda comunicación está en el entorno con el que nos vinculamos durante la infancia, cómplice en nuestro proceso de internalización de un idioma y de los íntimos y particulares significados que las expresiones pueden guardar para nosotros, para nuestra familia, nuestra sociedad, nuestra nación (Requejo, 2009: 37). Incluso cuando usamos las mismas palabras, no entendemos los mismos mensajes. Prueba decirle "capullo" a una mujer de Argentina, a otra de Venezuela y a una tercera de España. La primera te mirará raro, la segunda recibirá un elogio, la tercera te dará una cachetada.

El lenguaje es una conquista que no se puede llevar adelante sino es en el contexto de una sociedad específica. "El desarrollo de esta extraordinaria conquista de la especie humana, que designamos con los verbos "hablar - pensar - conceptualizar - explicar - argumentar" *es siempre posterior a la experiencia de la vida junto a otros*" (Requejo, 2009: 37 - 38). La lengua es algo vivo y las personas de orígenes diversos les prestan atención a diferentes cosas.

En inglés existe una expresión que cambia totalmente su significado al traducirla al español. "Lover". Una pareja de enamorados, paseando por las calles de Nueva York, puede mirarse a los ojos y decirse "oh, my lover". Una pareja argentina no se puede decir "lover" en público, porque la traducción literal de esta palabra es "amante". Y para un hablante de español, el amante es la persona con la que se sostiene una relación extraconyugal. En inglés es simplemente aquella persona que me ama, con la que sostengo un vínculo romántico. Mi marido, mi novio, mi pareja es mi "lover". Pero sería muy extraño decir de mi pareja que es mi amante. Los hispanohablantes utilizamos en su lugar la expresión "amado". ¿Qué quiere decir esto en relación a nuestras estructuras mentales? Para los angloparlantes la experiencia del amor tiene más que ver con "ser amado" ser objeto del amor de una persona y las manifestaciones de amor de él o ella hacia mí. En general, nociones como el amor no correspondido, o la posibilidad de amar y ser devoto a alguien que no comparte ese sentimiento, son vividas de una manera distinta. Para un hablante de español la experiencia del amor es una experiencia de amar al otro. Me sacrifico, me esfuerzo por demostrar ese amor, por lograr la correspondencia. Vivimos el amor mucho más desde lo que nosotros hacemos, desde un papel más activo y también más posesivo. Las expresiones que usamos afectan de manera directa nuestra manera de ser y estar en el mundo.

El significado de las palabras está determinado culturalmente. Los términos que usamos dependen de nuestra edad, nivel educativo, gustos y preferencias, nuestra experiencia, los modismos que aceptamos o rechazamos y nuestros antecedentes familiares. Pero también de nuestra forma única e individual de construir un léxico, de apropiarnos de las palabras, de darle peso a nuestra voz. El idioma es algo tan rico, que tenemos decenas de expresiones para la misma idea. ¿Por qué elijo "bajar" en lugar de "mermar", "menguar", "disminuir" cuando le reclamo a un amigo que la radio está muy fuerte? Nuestras elecciones van construyendo una identidad lingüística, que nos distingue de todos los demás.

Hablar de la voz es tomar un concepto extremadamente amplio. Nuestra voz no es sólo el sonido que escapa entre los labios, sino una construcción emocional y psíquica, donde entran en juego desde las palabras que elegimos, con sus correspondientes motivaciones, hasta el tono con el cual las manifestamos. La voz es un reflejo del estado mental, emocional y físico de una persona en un momento determinado, lleno de matices y particularidades. Empoderarla significa reconocer su valor, el de lo que tenemos para decir y de nosotros mismos para decirlo. Y es hora de tomar las riendas de nuestra propia voz.

El verdadero poder de la palabra

Las mujeres tenemos una extraña costumbre. Necesitamos hablar las cosas. No precisamos que nos ofrezcan una solución. Necesitamos hablar, que nos escuchen y nos demuestren interés. Descargamos lo que sentimos en un torrente de palabras y emociones. Una vez que nos hemos desahogado, somos capaces de encontrar una respuesta por nosotras mismas. La mayoría de las veces.

Por supuesto no todas las mujeres somos iguales. Y existen ocasiones en que, sin distinción de género, sentimos el impulso de liberar algo que tenemos atorado en el pecho. A fin de cuentas, hablar de las cosas no sólo nos da una sensación de alivio. Literalmente, nos hace bien. James Pennebaker, psicólogo de la Southern Methodist University, parece haber confirmado los beneficios de una buena descarga verbal al mostrar que hacer que la gente cuente los pensamientos que más la afligen tiene un valioso efecto médico. Pennebaker pidió a un grupo de voluntarios que, durante quince o veinte minutos al día, escribieran sobre las cosas que los estresaban, les causaban malestar o aquellos hechos de su pasado que consideraban traumáticos. Tras analizar los resultados, descubrió que hacerlo mejoraba la función inmunológica, disminuyendo considerablemente las visitas al médico en los seis meses posteriores, el ausentismo laboral, e incluso mejorando la función enzimática del hígado (Goleman, 2018: 215).

Los mensajes que nos decimos a nosotros mismos, y los que escuchamos de los demás tienen un efecto psicológico profundo. Nuestras palabras no sólo nos liberan. Ellas pueden fortalecernos y ayudar a convertirnos en quienes realmente debemos ser. Para ser sinceros, no existe una necesaria correlación entre ser el mejor orador y tener las mejores ideas. Pero, sin la capacidad de salir de nosotros mismos y comunicarnos con el público, esas ideas maravillosas no pasan de ser ideas. En el camino al éxito es imprescindible expresar nuestras metas a través de palabras, sin temores y sin censura. Nombrar algo le confiere entidad, lo hace más real, nos pone en camino de conseguirlo. Cuando un sueño tiene nombre, es algo más que un sueño. Está en proceso de convertirse en realidad.

La forma en que nos expresamos sobre ciertas cosas tiene más que ver con nuestra experiencia que con el significado o incluso con la realidad. El poder de los nombres que usamos para definir lo que sucede rebasa nuestra comprensión inmediata. Usar o nombrar mal nuestras experiencias nos aleja de la capacidad aprender de ellas y genera excesos de confianza innecesarios (Hernandez Avilés, s.d.: 44). Debemos ser cuidadosos y responsables con los mensajes que construimos. El cerebro está ordenado de tal manera que no entiende el humor, el sarcasmo o la ironía. Se le escapan los matices y cuando alguien nos dice "gordito", "tontita", "flaquita", o utiliza expresiones negativas enmascaradas con humor, inevitablemente mina nuestra estructura mental, dejando una huella. Un adolescente a la que toda su vida le habían dicho "gordo" en el colegio, dejó la secundaria y nunca quiso volver. Para él, el ámbito educativo era un espacio de dolor, incomprensión y soledad. La mayoría de sus compañeros no querían lastimarlo. Para ellos ese tipo de trato era normal, incluso en sus ambientes familiares. Somos responsables de lo que decimos. Críticas basadas en los principios de "hablar bien o mal" pueden contribuir a silenciar una voz, disociando la palabra de la vida.

Más aún, cuando hablamos no desplegamos solo nuestra propia voz, sino la voz y memoria de quienes nos precedieron. Una genealogía social de decir-pensar, un sentido de pertenencia. "Todas las lenguas maternas-paternas son cultas porque son la resultante de complejos procesos socio-históricos y culturales de los pueblos" (Requejo, 2009: 40). Nuestra voz es la manifestación de una identidad en cuya construcción han participado nuestros ancestros, cultura, sociedad y nación. Somos coautores del idioma y autores de cada frase que emitimos.

En su libro *Lingüística Social*, la dra. Isabel Requejo hace referencia a cuatro principios rectores a partir de los cuales se configura nuestra Identidad Lingüística:

- la base material-biológica (el cerebro y el sistema nervioso central);

- el Orden Sociohistórico y las condiciones concretas en las cuales estamos insertos (el nivel educativo, económico, el lugar geográfico donde nacimos y crecimos, etc.);

- nuestros Aprendizajes y Experiencias (desde un triple impacto: censo-motriz, es decir nuestra experiencia personal con el espacio en que nos movemos, lingüístico-comunicativo y socio-cultural);

- y las Tramas vinculares y representaciones psicosociales.

A partir de estos principios se sustenta la autoría de la palabra y el pensamiento. Conquistarla contribuye a sostener y dignificar nuestra condición humana y nuestro derecho a ser autores y no meramente usuarios, receptores o reproductores de un idioma. "Nuestra oralidad, entonces, nos identifica y posiciona empírica, histórica y subjetivamente, y en gran medida nos constituye como sujetos" (Requejo, 2009: 44). La oralidad es uno de los sostenes de nuestra identidad, memoria histórica y subjetividad. Reconocerse autor de las propias palabras es comprender que somos responsables de nuestras ideas y pensamientos, que el lenguaje no es ingenuo, que somos herederos de una historia lingüística, y dueños del poder para transformarla, transformando nuestra identidad, revalorizando nuestra voz. El lenguaje con el que uno adquiere y desarrolla la posibilidad de nombrar, comprender y transformar el mundo, forma parte del **patrimonio cognitivo identitario** de cada sujeto. Empoderar nuestra voz a través de la autoría de la palabra y el pensamiento es un derecho inalienable de cada ser humano y una conquista que posibilita desarrollar y expresar en libertad, sin censuras, humillaciones ni imposiciones, una identidad de múltiples facetas, lingüísticas, cognitivas, afectivas, políticas, socio-culturales. "Al posibilitar una toma de conciencia protagónica y una asunción de la propia identidad lingüística y socio-cultural para nombrar, interpretar y transformar lo real, la correlación entre lenguaje-pensamiento-subjetividad-aprendizaje-praxis social se amplía, enriquece" (Requejo, 2009: 33).

Entender que nuestras palabras son parte de nuestra identidad, que somos herederos de cientos y de miles de años de historia que confluyen en nosotros y nuestra voz, que quienes nos precedieron están en nosotros a través de la palabra y que podemos asumir su autoría y fortalecerla o incluso reconstruirla también nos muestra por qué ciertas expresiones pueden herir a la persona en lo más íntimo de sí misma o incluso condenarla al silencio. Toda forma de humillación hacia la expresión particular deja huellas negativas en la subjetividad. Usar expresiones como "bien" o "mal" para calificar a un ser humano pueden empujarlo a desarrollar todo su potencial o enterrarlo para siempre.[6]

¿Cómo equilibrar la necesaria revaloración de la propia palabra, íntima y a la vez social, con la necesidad de comunicarnos con los otros, de adecuarnos a los requerimientos del contexto, aunando en esa comunicación procesos de autorías diferentes? O, dicho de otra forma, ¿cómo me comunico con el otro sin dejar de ser yo? Esta dificultad aumenta cuando el problema se plantea en el ámbito de la educación. ¿Cómo enseñar a los alumnos a expresarse de la manera "correcta", sin censurar su lengua materna? Si se les reprocha su forma de hablar, se pierde el vínculo existencial con su historia, con su pasado y sus ancestros, pero si no se corrigen ciertas expresiones, se les cierran las puertas en los ámbitos académico y profesional.

¿Qué hacemos entonces?

Aprender idiomas.

Vivimos con la creencia de que existe el español, el inglés, el francés, como existe la verdad o la ciencia. En realidad hay más de veinte variedades de inglés en el mundo: británico, estadounidense, escocés, gales, el hablado por los negros en el Bronx, el del sur de Estados Unidos, el inglés con influencias indias, producto del largo tiempo de colonización, el de Cambridge, el de Oxford, el de los diccionarios, el spanglish, el inglés hablado por los cubanos que viven en Florida, el del norte, sur, este y oeste de Nueva York, el de la Reina Isabel, el que se habla en Gibraltar, en las

---

[6] "Cuando se rompe el nexo entre la "palabra" y el referente al que alude, la vida entera puede ser nada más que discurso verbal" (Requejo, 2009: 93)

Islas Malvinas, en las naciones que aún son colonia y las que dejaron de serlo en el siglo XX. Las variedades del español son aún más. No sólo hay un español con características particulares de cada país, región y hasta provincia. Hay variedades de ciudades y pueblos, de edades, de clases sociales y niveles educativos distintos. Aprender idiomas, viajar lingüísticamente es comprender que hay más de un mundo de representación allá afuera, que esos universos lingüísticos confluyen y chocan constantemente, que tenemos el derecho de educarnos, y educar a las futuras generaciones para que conozcan su existencia, los valoren igualmente, y puedan hacer uso del más apropiado para cada momento de sus vidas. El orador eficaz tiene que adecuarse a su audiencia sin dejar de ser fiel a sí mismo. Yo le hablo a mi público para que este pueda realmente comprenderme.

La comunicación tiene muchos niveles. Lo que decimos no siempre es lo que queremos decir. Y definitivamente lo que las personas interpretan dista de coincidir con el mensaje original que estaba en nuestra cabeza. Una de las mayores dificultades es entender cómo funciona esta compleja red de significaciones y cómo ser más asertivos y evitar malos entendidos en nuestras interacciones. Pocas veces somos conscientes del poder que las palabras tienen, y del efecto que pueden causar en los demás. Una palabra dicha en el momento justo puede salvar o destruir una vida. ¿Suena exagerado? Piensa en aquel compañero de trabajo que esa vez te dijo algo desagradable. Tal vez hayas olvidado su nombre y su rostro. Difícilmente olvidarás sus palabras. Y lo que te hizo sentir.

Pelando cebollas (o sobre qué queremos decir cuando decimos)

*Recuerdo un ejemplo de un manual de Historia de quinto grado que decía: "cayó el último foco de resistencia español…"; Juan Ignacio, 11 años, al reflexionar juntos sobre esta expresión me dijo que **"por supuesto la comprendía, ya que foco eran los focos** (de la luz) y la **resistencia,** era lo que lo hacía encender al foco, **el filamento interno…**; es decir que a los españoles se les había quedado el lugar a oscuras…*

Isabel Requejo

En una ocasión conocí a una mujer muy inteligente y capaz. Tenía todas las virtudes para ser exitosa. Pero carecía de confianza. Le costaba desenvolverse en público y no creía en sus habilidades, lo cual la había llevado a dejar de intentar muchas cosas. Dependía de los demás para trasladarse, porque nunca pudo aprender a conducir. Constantemente sufría accidentes, se tropezaba o se raspaba al pasar junto a algo áspero. De niña se caía mucho y tenía con frecuencia las rodillas raspadas. Sin embargo, ni su conducta ni su apariencia revelaban a una persona descuidada. Ahondando más en su infancia, recordaba la manera en que sus padres solían cuidarla, y sobre todo lo que su madre le decía cada vez que cometía un error. "Ay, hija, eres muy torpe". Esa palabra la sumía en la angustia. "Torpe", para ella, era una herida permanente que la hacía sentir incapaz, incompetente. Se había resignado a que ese defecto definiría por siempre su vida. Ella era torpe. Más bien, yo era torpe.

Como todos los niños, era muy inquieta. Una bebé gordita, de piernitas cortas y extremadamente curiosa. Normal que me tropezara, me cayera y mostrara cierta torpeza al manipular los elementos nuevos de mi entorno. Fui la primera hija, por lo que mis padres veían con alarma mis travesuras e intentaban cuidarme hasta de mí misma. No podían evitar ser sobreprotectores. Lo continúan siendo. Y a medida que crecía, y siempre que llegaba a casa con las rodillas raspadas, alguna costra arrancada, arañazos en las piernas o cualquier otra marca visible de mi incapacidad para estar quieta, mi madre se lamentaba de que fuera una niña torpe.

Tardé casi treinta años en realizar dos descubrimientos sorprendentes. El primero, yo no era bajo ningún concepto una persona torpe. El segundo, el mensaje secreto en las palabras de mi madre.

Que no soy torpe, se demuestra fácil. He practicado tantas clases distintas de disciplinas físicas, labores manuales y hasta artísticas, que sería excesivo enumerarlas. Además, aunque esté mal que yo misma lo diga, soy buena cocinera. Hago muy ricos postres. Mi torpeza no es tal, sino un efecto secundario de seguir siendo, como en mi infancia, inquieta, activa y curiosa, por lo que siempre corro de un lugar a otro y a veces no presto atención a las cosas que se me atraviesan. De hecho, esa es la imagen que mis amigos de la universidad conservan de mí. Una veinteañera cargada de libros corriendo por el pasillo, porque siempre llegaba tarde a la próxima clase.

El segundo descubrimiento lo hice luego de estudiar hermenéutica, lingüística y literatura. En una de mis clases me encontré con un escrito que hablaba sobre la noción del "hojaldrado textual" de Charles Grivel. El texto trataba la interrelación entre mito y literatura. Al exponer la teoría literaria, daba cuenta de cómo todos los textos, tanto orales como escritos, pueden ser interpretados en distintos niveles. Como una torta con muchas capas. O una cebolla que tenemos que pelar para llegar al interior. Cada nivel tiene sus significados y características y, al menos en lo que respecta al arte, los sentidos que podemos descubrir son infinitos.

A partir de ahí elaboré mi propia teoría del hojaldrado textual de la comunicación cotidiana. Según ella, en cada mensaje que transmitimos, aparecen tres capaz básicas de significación: "lo que quiero decir", "lo que digo", "lo que mi interlocutor entiende". Cada una de estas se corresponde con la posibilidad de interpretar al otro, e incluso interpretarme cuando hablo conmigo mismo, a partir de tres perspectivas: desde mi mismo y mis propios parámetros de comunicación, influidos por mis experiencias personales y mis creencias (y falsas creencias); a partir de mí en el otro, es decir de una proyección de mis posibles intenciones y valores en la intención comunicativa de mi interlocutor; y a partir del otro, a través de una escucha hospitalaria y del esfuerzo de reconocimiento de la persona que tengo delante. Cuando nos comunicamos, las palabras tienen un sentido profundo, que no siempre es percibido.

Mi mamá se quejaba "ay hija, sos muy torpe". Yo escuchaba "sos muy torpe" y sufría. Escuchaba "sos muy torpe" y de a poco iba creyendo que lo era, y actuando acorde a esta creencia. Mi mamá se quejaba al ver mis rodillas rojas, mis codos lastimados, el plato destrozado que se me había resbalado. Ella decía "Ay hija... sos muy torpe". Yo sólo entendía la segunda mitad de la oración. La capa superficial. "Sos torpe".

¿Qué decía mi mamá? Se lamentaba. Ella decía "Ay hija..." Mostraba preocupación o angustia por alguna razón. "Ay hija, sos muy torpe", la segunda capa. Una capa que muchas veces escuchamos incompleta, quedándonos sólo con una parte del mensaje. Una capa que en sí misma está incompleta, si no consideramos la intención real que entraña el mensaje.

¿Qué es lo que ella en realidad me quería decir? "Cuídate, hija". La queja de mi mamá y sus regaños, su lamento y su frustración, eran una expresión de dolor al ver lo que a me ocurría a causa de mi propia inquietud e imaginar lo que podría sucederme si no comenzaba a ser más cautelosa. Era la preocupación de una madre que quiere proteger a su hija y no sabe cómo. Una madre que se imagina a su hija herida, en peligro, pasando un mal momento, sufriendo por una "torpeza". "Cuídate hija, sos preciada para mí, no quiero que nada malo te pase". La última capa que no escuché hasta después de años de introspección. El significado real de las palabras, mucho más allá de lo que yo entendía.

No hay que ser ingenuos. No siempre el significado oculto en las expresiones de los demás es tan positivo. Pero no podemos ignorar que muchas veces las críticas pueden ser actos de amor que intentan ayudar. Esta es otra razón por la que es tan importante ejercitar la escucha hospitalaria. Nos permite comprender qué es lo que mi interlocutor quiere transmitir.

Más veces de lo que podríamos imaginar no expresamos lo quisiéramos. Somos irresponsables con las palabras, dejamos que un impulso tome el control y nuestra comunicación pierde efectividad.

"Estás engordando" debería ser "me preocupa tu salud, no quiero que te enfermes".

"Deja el teléfono y préstame atención" sería "nos comuniquemos más, hablar con vos es importante para mí".

"Podrías ayudarme, ¿no?", "no puedo hacerlo sólo, me siento sobrecargado y te necesito".

"Siempre el mismo...", "creo que cambiar esta conducta en particular produciría este efecto, mejorando esto, transformando esto...".

Tenemos que ser responsables de los mensajes que emitimos, darnos cuenta de cómo afectan a los demás. Entender cómo nos afectan a nosotros mismos. Las palabras que usamos, manifiestan quienes somos. Las que nos dicen y, sobre todo, las que nos decimos, nos hacen quienes somos.

¿De verdad mi voz suena así?

Es la cosa más común del mundo. Nos grabamos con el celular o escuchamos nuestra voz en un video y nos preguntamos ¿de verdad sueno así? La imagen mental que tenemos de nuestra propia voz no coincide en nada con la que nos devuelven las grabaciones. Hay una razón para este desconcierto auditivo. Al hablar, oímos al mismo tiempo los sonidos que salen de la boca y de las vibraciones internas del sistema fonador, lo que da como resultado un tono diferente del escuchado por nuestros interlocutores.

La voz es un elemento característico de la persona, que ofrece información sobre su actitud, estado de ánimo, cualidades, etc. Aun cuando pueden llegar a ocurrir confusiones, la voz es tan única como las huellas digitales. La verdad es que son muy pocos los que se toman el tiempo para conocer su propia voz. Pero, así como es importante observar nuestras palabras y construir nuestra propia identidad lingüística, debemos comenzar a prestar atención a esta herramienta fundamental de todo orador.

El aparato fonador está compuesto por tres tipos de órganos: respiratorios, de fonación y de entonación. Estos son los responsables de la producción de la voz a partir de la interacción de energía, fuente y filtros. El aire es el motor de todo el proceso sonoro, el origen de la energía utilizada en este proceso. La laringe constituye el espacio donde este proceso tiene lugar, hogar de las cuerdas vocales y, por tanto, la fuente del sonido. Los filtros son las zonas donde la voz se amplifica y proyecta. La lengua, los dientes, el velo del paladar, los labios, la mandíbula, los senos paranasales son todos filtros sin los cuales la articulación de las palabras sería imposible.

La laringe se encuentra situada en la parte media del cuello y está formada por una serie de cartílagos, articulaciones y músculos. Las articulaciones entre los cartílagos permiten que las cuerdas vocales se junten o separen, gestionando el paso del aire, y que se alarguen o acorten, generando distintas tensiones. La vibración de las cuerdas vocales origina las más variadas tonalidades humanas. Estás membranas musculares sufren más presión al articular una sola palabra que la mayoría de nuestros músculos en todo el día. Por eso necesitan cuidados especiales.

Antes de subirnos a un escenario, o cuando preparamos un discurso, es fundamental calentar. De hecho, todo esfuerzo muscular debe estar precedido por un correcto calentamiento. Hay cientos de técnicas efectivas para preparar nuestra laringe. Producir suaves sonidos guturales, tararear y cantar escalas son algunas de las más fáciles. Pero, sin lugar a duda, la manera más divertida de activar nuestras cuerdas vocales es riendo. La risa es un maravilloso ejercicio para los sistemas respiratorio y fonador y una amiga siempre eficaz para la salud de la voz. Puedes probar buscando un video o audio de la risa de un bebé. Sentado, coloca a grabación en repetición continua. Deja que tu risa surja espontáneamente y acompaña el sonido de la grabación. Ríete con ganas, sin forzar tus cuerdas vocales y tu garganta. Respira profundamente. Las cuerdas sufren si nos reímos muy fuerte sin el aire suficiente.

Otra manera de calentar es canturrear una *m* durante algunos segundos, en un tono que nos resulte cómodo y no requiera esfuerzo. Sin interrumpir el canturreo, transformarla en *n* abriendo los labios y pegando al paladar la punta de la lengua. Intercala la *m* con la *n* varias veces, manteniendo siempre la resonancia, como con la palabra *minino*.

El cuidado de la voz requiere de un enfoque integral. Además de ejercicios vocales de calentamiento y atender a los factores ambientales, como el frío, la humedad, la contaminación o el humo, necesitamos cuidarnos de ciertos malos hábitos y alimentos que podrían estar dañando nuestras cuerdas vocales. La mayoría de los alimentos que se deben evitar cuando vamos a hablar en público no provocan enfermedades, aunque causan irritación y sequedad, lo que afecta al habla.

1. Cafeína: presente en el café, té, gaseosas y hasta algunas variedades de chocolate, la cafeína deshidrata y reseca las cuerdas vocales. Existen mejores y más saludables métodos para mantenernos despiertos, como comer una manzana o tomar malta o bebidas más suaves. A pesar de eso, hay personas que no pueden sobrevivir al día a día sin su café de la mañana. Tal vez la mejor opción sea tomar descafeinado, o agregarle crema para suavizarlo. Y acompañarlo con un gran vaso de agua. Efecto similar tiene el jugo de naranja, a causa de su alto contenido en ácido cítrico, por lo que no es recomendable consumirlo justo antes de una presentación,

aunque si los días previos y posteriormente, dado que ayuda a mantenernos saludables gracias a la vitamina C.

2. Bebidas alcohólicas: tienen un efecto deshidratante en las cuerdas vocales, lo que las vuelve vulnerables. Los cantantes y oradores profesionales, sobre todo los de formación clásica, saben que el alcohol está prohibido. Aunque a veces se saltan un poco las reglas.

3. Lácteos: aumentan la producción de mucosa, dificultando la funcionalidad del sistema fonador. Aunque la laringe posee una mucosa natural que la protege, el exceso es perjudicial.

4. Alimentos salados, picantes o muy dulces: resecan la garganta y pueden provocarnos tos. Para evitar la irritación se recomienda beber una buena cantidad de agua o infusiones de manzanilla con limón.

El agua es un recurso fundamental para todo orador y es conveniente tener siempre cerca un vaso, una jarra o una botella cuando estemos delante de una audiencia. Sobre todo, si nuestra disertación va a extenderse más de veinte minutos. El sistema fonador es similar a un conjunto de engranajes. Para que funcione de manera eficiente, sin que las piezas se oxiden o rechinen, debemos mantenerlo lubricado. El agua conserva la humedad natural de la boca, la garganta y la laringe, permitiendo que las cuerdas vocales funcionen eficientemente. Previene la resequedad y, a diferencia de las gaseosas y la soda, no produce gases, reflujo, ni tiene azúcar, cafeína ni agentes ácidos. El agua es esencial para la salud de todo el cuerpo, por lo que se recomienda consumir de dos a tres litros diarios. Además, tiene un beneficio agregado, útil tanto para oradores novatos como expertos. Dado que el cerebro humano es el órgano que más energía consume, cuando estamos delante de una audiencia funciona a toda su capacidad y puede llegar a sobrecargarse. Es normal, cuando lo exigimos a ese nivel, tener pequeñas lagunas, momentos de confusión y hasta muletillas. De hecho, comparando el cerebro con una computadora, las muletillas serían la rueda de "cargando" que aparece cuando el internet falla. Son el ruido con el que el cerebro rellena las pausas que necesariamente debe hacer para pensar en lo que viene a continuación. Una gran manera de evitarlas es tomando agua. Esos segundos pueden ser cruciales para recuperar la información que debemos exponer a continuación, retomar el hilo después de una digresión o pensar una respuesta. Es una manera muy útil de producir pausas activas. Al llenar el silencio con una acción, no generamos la sensación de un corte brusco con nuestra audiencia, y componemos la voz para lo que sigue.

Algo viejo, algo nuevo

La Oratoria es una disciplina de larga data. Ya en la Grecia clásica, siglo V a.C. existían las primeras escuelas de Oratoria y se estimulaba a los jóvenes a aprenderla. En aquella época todo ciudadano tenía el derecho de usar la palabra en los espacios políticos y civiles. Podían acusar y defenderse en un juicio, ante el jurado compuesto por otros ciudadanos. Quien ganaba la contienda, quien triunfaba en los debates públicos, quien alcanzaba honores y riquezas no era el que llevaba el estandarte de la verdad, sino el que hablaba mejor, el que convencía a su audiencia y los conmovía. Sofistas, como Protágoras y Gorgias, filósofos de la talla de Sócrates, Platón y Aristóteles, políticos como Pericles y hasta Alejandro Magno cultivaron el arte de las palabras y lo utilizaron para cambiar la historia.

De Grecia, la oratoria pasó a Roma, donde fue perfeccionado por Marco Tulio Cicerón, un jurista, político, filósofo, escritor y orador romano del siglo I a.C. La notoriedad de Cicerón como orador en vida se extendía por todo el imperio y aumentó aún más tras su muerte. Cicerón llegó a elaborar una teoría romana de la elocuencia, descrita como vehículo de expresión e instrumento político. Escribió distintos diálogos sobre temas jurídicos, políticos, morales y educativos. Como jurista fue el mayor y más influyente de los abogados romanos de su época, usando sus aptitudes en retórica y oratoria para sentar numerosos precedentes que perviven hasta la actualidad. Como escritor, aportó al latín un léxico abstracto del que carecía, transvasó y tradujo numerosos términos del griego y contribuyó al idioma, transformándolo definitivamente en una lengua culta, apta para la expresión de los pensamientos más profundos. Como moralista, defendió la existencia de una comunidad humana universal más allá de las diferencias étnicas y la supremacía del derecho natural.

Incluso en Latinoamérica, mucho antes de la conquista, la habilidad de hablar en público era apreciada por las distintas naciones, sobre todo mayas y aztecas. Entre estos últimos, el emperador y los líderes políticos más influyentes, recibían el título de *Tlatoani*: "el que puede hablar", "el que habla con autoridad", "el orador". Desde muy jóvenes los hijos de la nobleza indígena, los jóvenes elegidos para el sacerdocio y aquellos que, sin importar su clase, demostraban dotes políticas, intelectuales o estratégicas sobresalientes, eran educados en el *Calmécac*, donde aprendían los misterios de la religión mexica, la estrategia y el arte de hablar. El rol social que pudieran llegar a conquistar dependía de qué tan bien manejaran estas habilidades.

La Oratoria ha seguido evolucionando a lo largo de la historia. En la edad media fue una herramienta de expansión política y religiosa, en manos de pocos privilegiados. Durante el Renacimiento, se la cultivó a la par de las artes y la ciencia. En el siglo XX vimos el nacimiento y ascenso de algunos de los más grandes oradores de la historia, Martín Luther King, Nelson Mandela, Gandhi, Malcolm X y también fuimos testigos del poder destructivo de las palabras en las manos equivocadas. Hitler, Stalin, Mussolini, Franco no hubieran sido lo que fueron sin su capacidad de arrastrar a las masas con sus discursos.

Durante el siglo XX, además, se cimentó el paradigma del orador experto: una persona impecable, de traje, fuerte, intenso, con palabras demoledoras, gestos contenidos, sin huecos en su argumentación. El orador perfecto no hacía silencio, no cometía errores, era imperturbable e inalcanzable. Pero fueron más los que tuvieron éxito rompiendo este modelo que siguiéndolo. Aún hoy es el tipo que nos presentan muchas escuelas de oratoria, sin darse cuenta de la enorme debilidad de esta figura: un orador perfecto es inhumano y, por lo tanto, no podemos conectarnos con él, no podemos reconocernos en él. Por eso, hacia fines de ese siglo, comenzó a abandonarse el estilo tradicional de presentación, vinculado a los nervios y el miedo, para migrar a otro que prioriza la conexión con la audiencia y que perpetúe el recuerdo del orador. Este nuevo estilo está ligado a un mejor uso de los recursos paraverbales y corporales.

El siglo XXI trajo dos grandes avances en el campo de la comunicación oral, con algo en común: una profunda y evidente humanidad:

1. la multiplicidad de canales disponibles para poner en circulación nuestras ideas y proyectos, convirtiéndolos en la nueva fuente de riqueza de las personas, comunidades y países,

2. la humanización de la figura del comunicador, dando origen a un nuevo estilo de Oratoria y a cientos de tipos distintos de oradores.

Los nuevos oradores que están conquistando el mundo a través de las redes sociales, los medios de comunicación y los eventos masivos (como TED o Fuckup Nigths) se caracterizan por su entusiasmo y buen humor. Son personas que se mueven, dejan libres sus manos, comunican con todo el cuerpo. Hacen partícipe a la audiencia, comparten el escenario, son dinámicos, muestran sus emociones. Son sinceros y transparentes. Y, sobre todo, son expresivos.

La voz es un factor clave para lograr estas cualidades, ya que nos permite transmitir entusiasmo, sinceridad, seguridad y dominio del tema. Nuestra voz es el medio a través del cual dejamos entrever nuestras emociones, gracias a la variedad tonal y rítmica impresa a los discursos.

Cuatro son los elementos de la expresión verbal: el ritmo (la velocidad con la que hablamos), el volumen o potencia (constituido por las variaciones en la intensidad de la voz), el tono y timbre (o sea las inflexiones graves o agudas), y las pausas (breves paradas para remarcar las palabras clave) (Gallo, 99 - 100). Sobre estos podemos actuar, logrando la sonoridad que necesitamos para conectar con cualquier audiencia.

Para dominar estos cuatro componentes debemos comenzar con una respiración eficiente, primer paso obligado de una mejor calidad tonal, y que, a su vez, no se puede lograr sin la postura adecuada. El aire se debe depositar en el abdomen, sirviendo de apoyo al sonido. Sin oprimir nuestro diafragma y cuidando nuestra espalda y cuello. Si se aprende a hablar desde el diafragma se incrementa la potencia de la voz y permitiéndonos jugar con el volumen. Utilizar la respiración profunda, además, alivia los nervios, hace que el cerebro se llene de oxígeno y aclara las ideas.

Ritmo, timbre y tono nos permiten imprimir emoción a nuestros discursos, evitando que sean monótonos y aburridos y contagiando de pasión a la audiencia. El timbre de la voz está ligado a las características anatómicas de las cuerdas vocales, por lo tanto, limitado por nuestra biología, mientras que el tono es una inflexión variable según la voluntad. Un mismo mensaje emitido con diferentes tonos, tiene diferentes connotaciones. No hay nada más tedioso que escuchar a un orador dar un largo discurso sin inflexiones, ni emoción, como una larga letanía. Este tipo de presentaciones son maravillosas para conciliar el sueño.

No podemos dominar el arte de hablar en público sin práctica. Muchos conferenciantes novatos cometen errores graves a la hora de presentarse, como exagerar la pronunciación de las palabras, utilizar un léxico demasiado rebuscado, reprimir o exagerar los movimientos y la intensidad de la voz o reducir la velocidad del habla, por lo que suenan poco naturales. Estos errores se evitan con un trabajo previo sobre la modulación, proyección, y el ritmo de nuestras presentaciones. Todas estas debilidades se corrigen a partir de la práctica, que crea y refuerza las vías neuronales. A medida que una persona se vuelve experta, ciertas áreas del sistema nervioso literalmente crecen.

Las zonas del cerebro relacionadas con el lenguaje, las que nos ayudan a hablar y a exponer ideas con mayor claridad, se vuelven más activas y eficientes cuanto más se ejercitan. Cuanto más hablamos en público, más cambia la estructura real del cerebro. Si hablamos en público con mucha frecuencia, se desarrollan más las zonas del cerebro asociadas al lenguaje (Gallo, 49)

La velocidad ideal para una propuesta de negocios, una conferencia o una presentación es de 190 palabras por minuto. Es una regla simple. Ciento noventa palabras por minuto mantienen al público atento y estimulado, sin sobrecargarlo. Entonces, podrías pensar, sólo hace falta ir contado las palabras mientras hablamos y asegurarnos de que lleguen al número mágico. ¿Quieres hacer una prueba? Cuando lo intentas, el ritmo de tu articulación y del pensamiento bajan drásticamente. Estamos siendo víctimas de la misma sobrecarga cognitiva que queremos evitar en nuestro público. La mejor manera de lograr el ritmo correcto es tener una conversación con nuestra audiencia. Charlar en lugar de monologar. Cuando hablamos con personas a las que les tenemos confianza, vinculándonos sinceramente en un intento de cooperación mutua, asumimos naturalmente la velocidad ideal, creando un espacio más ameno para los participantes. Puestos a elegir, siempre he preferido a los oradores rápidos a los lentos. Se corre el riesgo de que cueste seguirlos, pero su energía es contagiosa y transmite su mensaje a un nivel más emocional, logrando una mayor penetración en la audiencia.

Por otro lado, como ya adelantamos, es imprescindible hacer pausas. Aunque sean unos escasos segundos de silencio son suficientes para brindar un descanso al sistema fonador y permitir que los pensamientos se reordenen. La pausa no es sólo necesaria para el orador. Es incluso más importante para su audiencia, porque son momentos en los cuales el cerebro puede asimilar los lo que está escuchando, promoviendo un recuerdo más duradero y evitando la sobrecarga informativa. En promedio el cerebro de un adulto pesa solo unos mil trescientos gramos, pero es un acaparador de energía y consume una cantidad exorbitante de glucosa, oxígeno y flujo sanguíneo. Cuando recibe información nueva, millones de neuronas se activan al unísono. La mayoría de los presentadores muestran datos, bombardean a su público con una avalancha de números, gráficos e información, todo a la vez y a través de distintos canales. Esto causa confusión, aburrimiento y fatiga. Por muy bueno que sea el tema de una presentación, si no se brinda la información por bloques con pequeñas pausas en el camino, no será memorable.

¿Cómo introduzco una pausa de manera adecuada? Si es demasiado corta, demuestra ansiedad y precipitación. Demasiado larga, es antinatural y se siente vacía y forzada. Las pausas deben ser naturales y responder a lo que el discurso y el contexto nos van pidiendo. Conviene hacerlas después de una frase de alto impacto, a fin de subrayar su importancia y permitir que el público la asimile, o tras recibir una pregunta, mientras pensamos la respuesta. Si no queremos que una pausa se sienta vacía, la llenemos con una acción. Esto es lo que llamamos **Pausa Activa**. Por ejemplo, tomar agua, desplazarnos de un lugar a otro, escribir algo en el pizarrón, cambiar de diapositiva, mostrar un objeto o imagen, hacer una pregunta (y esperar a que el interlocutor realmente responda). Esta no es sólo una maravillosa manera de crear un silencio lleno de contenido, sino de hacer que nuestros interlocutores abandonen su pasividad y participen en la construcción del mensaje.

Desde hace cinco años que, cada sábado por la mañana, dicto el Taller de Oratoria y Escritura Creativa con mi socia y amiga. En este espacio comenzamos a desarrollar nuestras investigaciones sobre el miedo y el pánico escénico, crecimos, y pudimos ser parte del crecimiento de cientos de alumnos. Al realizar una capacitación de este tipo, lo ideal es mantener un cupo acotado, para poder trabajar de la manera más personal posible con cada participante. Pero en algunos cursos llegamos a tener más de setenta alumnos con sus historias y expectativas individuales, interactuando al mismo tiempo. Debimos encontrar estrategias para que todos adquirieran las herramientas que necesitaban y pudieran practicarlas en una clase semanal de sólo dos horas. El compromiso de la mayoría era admirable. El sólo hecho de estar a las nueve o diez de la mañana en el aula, con todo lo que implicaba, nos demostraba la voluntad para aprender y mejorar de nuestros estudiantes. Sería demasiado largo nombrarlos a todos y relatar las extraordinarias experiencias que compartimos en ese espacio. Entre los más destacados conservo en mi memora a una estudiante que quería convertirse en abogada para defender los derechos de las personas discapacitadas. Ella misma tenía problemas auditivos, por lo que debía usar audífonos. Sin embargo, la mayoría de los sábados llegaba a clase sin ellos. Había sufrido tal discriminación, sobre todo en el competitivo ambiente universitario, que no se sentía cómoda usándolos. Por eso, dentro del taller desplegaba una habilidad que le permitía suplirlos: podía leer los labios. Durante todo el curso nos aseguramos de cuidar la dicción de cada palabra y de hablar siempre mirando hacia los alumnos, buscando que, ni ella ni nadie, se perdiera de ninguna pieza información. Gracias a todo lo que aprendimos junto a ella nos convertimos en comunicadoras más competentes.

En nuestra labor como oradores siempre encontraremos públicos plurales, heterogéneos, y tenemos la obligación de incluirlos a todos en la comunicación. No sólo las personas con algún tipo de discapacidad se verán beneficiadas con una buena articulación. Toda la audiencia lo agradecerá. E incluso nuestro sistema fonador lo agradecerá. A mayor modulación, menos esfuerzo deben hacer las cuerdas vocales.

Hablando de vocales, nuestra articulación y la sonoridad de la voz se apoyan en tan sólo cinco letras: *a, e, i, o, u.* En todos los idiomas del mundo estas son las únicas que tienen sonido por sí mismas. Cuando las pronunciamos, las cuerdas vocales vibran. No así si hacemos una *p* o una *d.* En la primera solo lograremos una pequeña explosión de los labios. En la segunda vibrarán los filtros, no la fuente del sonido. El proceso de mejorar la dicción se afirma en las vocales. Practicar articulando cada una de manera exagerada afloja la musculatura facial y permite optimizar la forma natural de pronunciarlas, orientándose a un sonido claro y distinto.

Abre bien la boca, mueve los labios, no tengas miedo a que los movimientos se vean excesivos. Practícalos de esa manera para asimilarlos. La modulación se vuelve naturalmente más sutil en la comunicación. Cuando hayas dominado las vocales, puedes practicar palabras y frases con sonidos complejos para mejorar tu pronunciación. Utiliza, por ejemplo, esternocleidomastoideo, otorrinolaringólogo, desoxirribonucleico, ovíparo, paralelepípedo, supercalifragilisticoespialidoso. Practica lento, rápido, separándolas en sílabas. Puedes ejercitar frente al espejo o, mejor aún, grábate. Eso te permitirá analizar con detenimiento el video, escucharte y corregir.

Existe un ejercicio utilizado por los fonoaudiólogos para mejorar la fuerza y flexibilidad de la máscara facial, esto es, los músculos del rostro comprometidos en la articulación. Toma un lápiz o lapicera, preferentemente no muy ancho, muérdelo y sostenlo entre los incisivos. Sin dejar que caiga de la boca, intenta hablar. La lengua y los labios tendrán que esforzarse para compensar la falta de movimiento de los dientes y hacer inteligible el mensaje. Puedes usar expresiones cotidianas, palabras complejas, frases, refranes, trabalenguas y hasta pangramas[7]. Las primeras veces que realices esta práctica, descansa cada pocos minutos. Los músculos faciales no están acostumbrados a ejercitarse de esta manera, por lo que el rostro duele un poco. La sensación pasa casi de inmediato, pero los beneficios se prolongan en el tiempo.

Un último recurso para empoderar la voz. Aprende a proyectarla.

Es necesario diferenciar lo que es proyección de lo que es gritar. El grito es un aumento de volumen, mientras que la proyección lo es de intensidad. En el primero, los músculos del cuerpo y rostro se encuentran tensos y la voz se origina

---

[7] Un pangrama o frase holoalfabética es un texto que usa todas las letras posibles del alfabeto de un idioma, como por ejemplo *El veloz murciélago hindú comía feliz cardillo y kiwi. La cigüeña tocaba el saxofón detrás del palenque de paja.*

en la garganta, explotando sin control y pudiendo dañar severamente las cuerdas vocales. En la proyección los músculos están relajados, la voz se apoya en el diafragma y mantenemos el control del sonido, haciéndolo mucho más agradable al oído. La proyección mantiene la calidad de la voz, reduce el riesgo de daño en las cuerdas vocales, y permite llegar a una mayor cantidad de público con menos esfuerzo (Herrera de Alvaro, 2014).

El sonido es direccional. Hacia donde apunte tu cuerpo, ahí se dirigirá la voz. Para proyectar debes asumir la postura de eje, manteniendo el abdomen relajado y realizando la respiración diafragmática. En este proceso es esencial la parte mental. Antes de hacerlo con el sonido, necesitas proyectar la imagen de lo que quieres conseguir, a donde quieres llegar con las palabras. Imagina la voz como una flecha. Y lánzala hacia el público. Calienta la voz y apoya la respiración en el diafragma. Inhala profundo, visualiza la última fila de tu audiencia y a tu voz llegando a todos los espectadores. Cuando esta imagen sea lo suficientemente nítida, el cuerpo estará listo para hacerlo, sin necesidad de esfuerzos físicos excesivos. Sólo imagina que lanzas la flecha de mi voz. Y que da justo en el blanco.

- 7 -

Supera el miedo

Y sí, el miedo je, je, claro, la verdad está dentro de la cabeza, pero también está afuera... porque a mí, yo cierro los ojos y me hace así el corazón... o sea, que también está en el corazón el miedo ¿quenó? Bueno..., digamé, la verdad, pero la verdad, ¿usted no cree en los espantos?

Rosario[8]

El miedo está dentro nuestro, aunque no es parte de nosotros. Es la sensación de angustia provocada por la presencia de un peligro. Una alteración del sistema nervioso ante estímulos potencialmente peligrosos. Si eres humano, has sentido miedo más de una vez. De hecho, existen sólo seis emociones compartidas por todos los miembros de nuestra especie: alegría, desagrado, ira, sorpresa, tristeza y miedo. Pero, a diferencia de las demás, el temor es algo que no podemos aplazar.

Curiosamente, a tener miedo también se aprende. O, más bien, se aprende a qué tenerle miedo. Aunque la capacidad de temer es innata, su activación es diferente en cada uno. La provocan distintos detonadores, que tienen mucho más que ver con nuestras experiencias que con peligros reales. La manera de reaccionar también varía según cómo aprendimos a manejarlo. Además de la trayectoria personal, nuestra historia genética, la de nuestros ancestros (sobre todo las de aquellos con los que hemos tenido contacto directo), de amigos y hasta conocidos pueden condicionar las respuestas emocionales con que enfrentamos el mundo.

El miedo a ser juzgados por los demás, y el pánico escénico, que es una de sus consecuencias, es un sentimiento natural que todos compartimos y uno de los principales obstáculos con los que debe lidiar todo orador. Tiene su origen en el carácter social de nuestra especie. Imaginemos que somos cavernícolas, allá en la

---

[8] (Requejo, 2009: 196)

lejana era de las primeras comunidades humanas. Hemos perdido nuestro único refugio conocido: los árboles. ¿Dónde protegernos ahora de los depredadores que percibimos a la distancia? En el otro, en la comunidad.

Una de las principales herramientas con las que contamos para garantizar la ayuda del grupo es la construcción de una imagen positiva ante los otros. La posibilidad de que la misma sea vulnerada o destruida nos produce un rechazo visceral. Cualquier cosa que ponga en peligro los mecanismos de colaboración, pone en peligro al individuo y a toda la especie. Estudios llevados a cabo alrededor del mundo han demostrado que muchas personas tienen más miedo a hablar en público que a morir. En Argentina, más del 70% de la población sufre de miedo escénico y alrededor del 20% se paraliza completamente ante una situación de exposición oral.

Nuestra mente está conformada por redes instintivas y emocionales, configuradas por nuestro pasado. Los estímulos que percibimos producen cambios en estas redes, que reaccionan a patrones de pensamiento generados antes y durante toda nuestra vida.

Cuando algún rasgo de un acontecimiento parece similar a un recuerdo del pasado cargado emocionalmente, la mente emocional responde activando los sentimientos que acompañan al acontecimiento recordado. La mente emocional reacciona al presente *como si fuera el pasado*. El problema es que, sobre todo cuando la evaluación es rápida y automática, podemos no darnos cuenta de que lo que fue importante en algún momento ya no lo es (Goleman, 2018: 339).

Las redes instintivas y emocionales que nos conforman operan también por medio de la memoria genética y afectan los circuitos de Placer y Dolor, lo que nos produce un alejamiento o acercamiento de la fuente del estímulo. El proceso de aprendizaje genera nuevas variables de forma constante, creando uniones neuronales y permitiendo el autorreconocimiento y la reeducación.

El "productor" del miedo es nuestro cerebro. En su interior se encuentran las amígdalas, estación de medición y respuesta ante eventos amenazantes. Se trata de dos pequeños núcleos neuronales, uno en cada hemisferio, con forma de aceitunas. Las amígdalas son la primera línea en el procesamiento emocional, evaluando la magnitud de lo placentero o displacentero y ponderando su intensidad (Golombek, 2017: 142). Ante un peligro, se activan, actuando como una central de alarma e iniciando una respuesta involuntaria con la intención de protegernos.

Entonces, el culpable de todo es el cerebro ¿no? Vamos a hacer una gran revelación. Tambores por favor... No tenemos un solo cerebro. Tenemos tres. Al menos eso postula la teoría de Paul MacLean. Un cerebro triúnico funcionando coordinadamente, dentro de una sola gran estructura neuronal, lo que reconocemos como EL cerebro.

La capa más profunda a nivel estructural, y también la más antigua, es el Cerebro Reptiliano, encargado de las funciones instintivas. Su objetivo principal es asegurar la supervivencia del individuo y de la especie. De los tres, es el único que compartimos con todos los seres vivos dotados de sistema nervioso, y sus funciones son rudimentarias. No tiene en cuenta la memoria a largo plazo y representa sólo el 5% de la estructura total de nuestro órgano pensante. El cerebro reptiliano evalúa los estímulos que recibimos y clasifica lo conocido como seguro y lo desconocido como peligroso. Es rígido, repetitivo y reacciona negativamente al cambio. Regula las funciones básicas e inconscientes y las respuestas automáticas a estímulos del medio. También tiene una sensación innata de justicia, y es la base de necesidades humanas fundamentales, como la pertenencia al grupo social y las necesidades reproductivas.

El cerebro límbico, también llamado emocional, es el segundo filtro por el que pasa la información. Se encarga de distinguir los estímulos según causan dolor o placer. Permite que los procesos de supervivencia del cerebro reptil interactúen con elementos del mundo externo, dando como resultado las emociones. Es el punto de origen de la pasión, la motivación, el estrés y la cooperación. Procesa la memoria de forma particular, atendiendo al peso sentimental de los recuerdos y hasta pudiendo re escribirlos. Nos dice lo que nos gusta y lo que no, es decir, es el responsable de nuestras preferencias a nivel sensitivo. Compartimos el cerebro límbico sólo con los primates y algunos animales domésticos, como los perros y los gatos. Esto significa que las mascotas no sólo son capaces de experimentar dolor y placer, como cualquier animal, sino también emociones más complejas, como amor, devoción, rechazo, desconfianza. Otra manera de entender la frase "el mejor amigo del hombre".

La capa superior, sólo presente en los humanos, es el cerebro lógico-racional. En él tiene lugar la memoria operativa, el lenguaje, el razonamiento abstracto, las habilidades de lecto-escritura, las matemáticas, la ciencia, la filosofía, la apreciación lógica del arte, todo lo relacionado con la estructuración de pensamientos complejos. Representa la mayor extensión de tejido neuronal, pero no puede funcionar correctamente sin la interacción con los otros dos. En última instancia, todo en el hombre es integridad.

¿En cuál de los tres cerebros se encuentra la amígdala? Justo en el límite entre el cerebro reptiliano y el emocional. Por eso los mecanismos de miedo son tan intensos, profundos y persistentes. El miedo es una herramienta primitiva de conservación enclavada en lo más profundo de nuestra herencia evolutiva. Las señales sensoriales del ojo y del oído viajan primero al tálamo y luego, mediante una única sinapsis o conexión, a la amígdala. Mientras, una segunda señal se dirige a la neocorteza, el cerebro racional, por un camino mucho más lento, aunque todo el proceso no tarda más que milésimas de segundo. Esta bifurcación le permite a la amígdala empezar a responder antes que el cerebro lógico (Goleman, 2018: 36-37). Esto posibilita al individuo, entre otros beneficios, huir más rápidamente del peligro.

Las fobias tienen su origen en una vivencia traumática que se almacena en lo más íntimo de la psiquis. Incluso si el peligro fue sólo una impresión sin base real, para nuestra mente es una amenaza verdadera. Por más que todos en algún momento deseamos no sentir miedo, si nuestra amígdala estuviera dañada, nos expondríamos a situaciones extremas sin percibirlas. "La amígdala actúa como depósito de la memoria emocional, y así tiene importancia por sí misma; la vida sin amígdala es una vida despojada de significados personales" (Goleman, 2018: 34). El sistema nervioso aprende a tomar atajos para protegerse, reaccionando con temor ante situaciones similares a las que provocaron el recuerdo con carga emotiva original. Somos quienes somos por lo que hemos vivido. Borrar nuestras memorias negativas iría en contra de nuestra propia identidad. Superar el miedo no se trata de manipular las huellas del pasado, sino de asignar nuevas asociaciones emocionales a viejos recuerdos.

El papel principal de la amígdala es el procesamiento y almacenamiento de reacciones emotivas. No solo es la responsable de escapar de situaciones peligrosas, sino de conectar el sistema líbico con el resto del cerebro y procesar de forma primaria e inmediata los sentimientos. Es como un interruptor de activación emocional que impulsa la liberación de hormonas, según los estímulos recibidos, en distintas partes del sistema nervioso, incluyendo en ella misma. "Al verse irrigada por sustancias como el cortisol, la epinefrina y la norepinefrina, la amígdala modula sus conexiones con el hipocampo (área crítica para la consolidación de la memoria) y promueve la consolidación de recuerdos explícitos" (Golombek, 2017: 115). Retenemos mejor aquello con lo que nos vinculados emocionalmente. Un olor, un color, una palabra dicha al pasar, nos puede recordar nuestra infancia, la casa de nuestros abuelos, el vestido de nuestra muñeca favorita o los partidos de fútbol con los primos. Pero, si el nivel de estimulación es demasiado intenso y, sobre todo, si es estresante o traumático, corremos el riesgo de que nuestra capacidad de retención disminuya considerablemente, perdiendo fragmentos de información. Ante un estímulo violento la amígdala libera cortisol hacia el hipocampo, impidiendo la construcción de nuevos recuerdos. En algunas circunstancias esto preserva al cerebro de vivencias tan devastadoras que paralizarían completamente al individuo, impidiéndole llevar una vida normal, con el riesgo de ocasionar traumas inconscientes.

La emoción no es contraria a la razón, sino que la fortalece y guía nuestras decisiones. Recurrimos a los instintos para poder actuar eficientemente, según el abanico de reacciones que hemos aprendido. En muchas circunstancias no tenemos tiempo de analizar el mejor curso de acción, y los atajos del cerebro nos permiten ponernos a salvo o aprovechar una ventaja. A pesar de no estar perfectamente adaptado a la vida contemporánea, el instinto sigue siendo una herramienta fundamental. Nos permite elegir cursos de acción que la lógica por sí sola no sería capaz. ¿Qué sucedería si vamos en un vehículo auto tripulado y nos enfrentamos a una colisión inminente? Esquivarla podría significar que me estrelle, preservando la vida de las personas en el otro vehículo. Si choco, los mecanismos de seguridad de mi auto me mantendrían a salvo, pero no puedo garantizar que los tripulantes del otro tengan la misma suerte. ¿Y si hubiera niños a bordo? ¿O yo fuera acompañado?

¿Y si en lugar de chocar a otro auto, fuera un peatón? La paradoja de los autos inteligentes es que cuentan con un abanico limitado y pre establecido de decisiones. Sin emociones, son incapaces de contemplar todo el espectro de posibilidades. El cine está plagado de películas en las cuales la inteligencia artificial, programada para proteger a la humanidad, determina que esta es el mayor peligro para sí misma y trata de erradicarla o tomar el control del mundo. El auto inteligente atropellaría al peatón para preservar la integridad de su pasajero. Un piloto inteligente salvaría a ambos. O, al menos, causaría el menor daño posible.

Concebir al miedo y a la timidez como defectos es un gran error. El miedo sólo intenta mantenernos a salvo. La timidez, el temor al juicio social, tiene una función similar. Nos impide actuar de maneras que arriesgarían nuestra relación con los demás. De hecho, la introversión, que suele asociarse a esta, es una gran virtud que comparte más de la mitad de la población mundial. Permite desarrollar pensamientos complejos, obras de arte extraordinarias, teorías científicas revolucionarias y mejorar el funcionamiento de las instituciones con ideas innovadoras que sólo pudieron ser pensadas en la intimidad y el silencio. Así lo demuestra Susan Cain. Para ella la introversión no es la incapacidad para relacionarnos, sino la respuesta positiva a ambientes con menos estimulación, que permiten el contacto con uno mismo. ¿Significa eso que ser extrovertido es malo o que sólo los introvertidos tienen grandes ideas? Introversión y extroversión son, en realidad, virtudes complementarias. Lo ideal es saber colocar a cada individuo en la zona de estimulación más apropiada y promulgar interrelaciones sanas.

Uno de los ejemplos más antiguos de cómo funciona esta complementariedad está en la historia de Moisés. Pese a haber sido criado en el palacio, junto con los nobles, el libro del Éxodo dice que era una persona torpe para hablar, que no conocía la tradición hebrea y no contaba con la confianza suficiente para ser el líder que necesitaba este pueblo. Entonces, se apoyó en Aarón, su hermano, para que hablara en su nombre. Moisés era el profeta, Aarón era su voz. Entre ambos consiguieron lo que ninguno de los dos podría en soledad. No me cansaré de repetir, somos seres sociales, cualquier éxito es imposible sin nuestra comunidad.

Ni la timidez ni el miedo son malos. Excepto cuando se convierten en obstáculos para aquello que deberían garantizar: tu bienestar. La timidez comienza a convertirse en un problema cuando te lleva a no poder comunicarte, no pedir ayuda, ni reclamar ante algo injusto, ni arriesgarte en pos de tu crecimiento. Cuando la timidez se convierte en barrera, debemos hacer algo al respecto.

Tenemos, además, otro mecanismo que nos ayuda a preservar nuestra seguridad: la ansiedad. Mientras que el miedo es común a la mayoría de los animales, la ansiedad, el estado emocional negativo en el que se anticipa una amenaza futura, depende de habilidades cognitivas con las que sólo la especie humana cuenta: la capacidad de revisar el pasado y proyectar hacia el futuro (Manes, 2014: 271-272). Esta capacidad, cuando opera con normalidad, nos permite preservarnos de lo que podría acontecer. Pero ha degenerado en una de las enfermedades psicológicas más frecuentes en el siglo XXI, dado que las estructuras sociales y la tecnología han evolucionado mucho más rápido que nuestras estructuras neuronales. Una transformación biológica adaptativa tarda cientos de miles de años. Nuestra cultura se transformó drásticamente hace menos de seis mil, si tomamos como fecha de invención de la escritura, o menos de seiscientos, con el nacimiento de la imprenta. Durante la Edad Media los libros eran manuscritos y apenas el 10% de la población mundial sabía leer y escribir. Hace trescientos, todavía no existía la fotografía. La primera radio nació en 1894, el cine en 1895, la televisión recién en 1926. El teléfono en 1876 y el celular en 1973. El Internet en 1969, Google en 1996, Facebook en el 2004, WhatsApp en el 2009 e Instagram en el 2010. Ya no recordamos cómo era la vida antes de estos inventos. Pero nuestro cerebro sigue protegiéndonos como si un oso cavernario pudiera atacar en cualquier instante.

Los tacones del terror

Son más los profesores que buscan que sus alumnos se sientan cómodos y tengan éxito, que los que quieren imprimirles miedo. Existen, sin embargo, excepciones.

Incluso los mejores docentes pierden la paciencia. Y ella la había perdido con ese curso. Así que el día del examen quiso darles una lección. Buscó los tacones más ruidosos que tenía en su arsenal, y, durante la prueba, no dejó de caminar lentamente entre los bancos, mirando muy seria a los alumnos revoltosos, sin decir nada. En el aula solo se escuchaba el ruido de las lapiceras escribiendo frenéticamente y el "tac, tac" de los tacones yendo y viniendo, acercándose y alejándose. El omnipresente "tac, tac". Y a cada paso los alumnos se sentían más nerviosos. Más de uno quiso salir corriendo. Pero nadie podía abandonar el aula hasta terminar el examen. "Tac, tac". Parecía que no terminaba más. El tiempo se prolongaba y nadie se atrevía a levantar la mirada de su propia prueba. "Tac, tac, tac…"

A los minutos de comenzado el examen, casi podías escuchar el ritmo acelerado de los corazones de los estudiantes. Sus respiraciones eran cada vez más rápidas y los más nerviosos comenzaron a hiperventilar. Sus músculos estaban tensos y un calor inusual les recorría el cuerpo. Algunos se pusieron pálidos. Otros, colorados, comenzaron a sentirse sofocados y a sudar. El 90% del curso quedó con el cerebro en blanco. Incluso los que habían estudiado tenían dificultades para responder el examen. La profesora se convirtió en una presencia hostil en el aula.

Cuando la amígdala percibe un estímulo amenazante activa una serie de dispositivos neuronales conocidos como *Mecanismos de Lucha y Huida*. Ante ciertas provocaciones percibidas como riesgosas, el cuerpo entra en estado de emergencia. Se desencadenan cambios fisiológicos de adaptación. Los requerimientos energéticos aumentan, por lo que también lo hacen la frecuencia cardíaca y respiratoria. Necesitamos absorber más oxígeno y distribuirlo más rápidamente. Todos los procesos a largo plazo se detienen y la energía se desvía a los músculos. Algunos individuos se congelan. La mente responde instintivamente, eligiendo entre dos cursos posibles de acción: luchar contra la amenaza o escapar. Para evitar que el cerebro consuma energía que es necesaria en otros lugares, la parte lógica también se bloquea. No es momento de pensar, sino de actuar. Nuestros músculos se tensan y hasta el sistema inmunológico se posterga, pues se necesita que todos los recursos se pongan al servicio de superar el peligro.

A pesar del poder de autoconocimiento y sabiduría que nos brinda, nuestra primera reacción al miedo siempre será el rechazo. Biológicamente estamos programados para eso. Y somos capaces de casi cualquier cosa con tal de evitar lo que nos asusta.

El cerebro humano está plagado de particularidades. Dos, especialmente importantes a la hora de comprender por qué nos afecta tanto la sola idea de tener miedo, son su incapacidad de distinguir lo imaginario de lo real y el carácter egoísta de nuestro órgano racional. Incluso las personas más altruistas del mundo tienen un cerebro egoísta. E incluso los cerebros de los seres humanos más brillantes son incapaces de distinguir lo imaginario de lo real. Eso no significa que vivamos flotando en un mar de alucinaciones. Sino que, a nivel estructural e inconsciente, el cerebro no logra percibir la diferencia. Así como no entiende el humor, la ironía y el sarcasmo y los procesa como afirmaciones literales. Aunque para la mayoría de nosotros un perro no representa una amenaza, para el cerebro de alguien que sufre cinofobia el peligro es tangible y actúa en consecuencia. Así se trate de un chihuahua. El peso emocional de las experiencias personales es imposible de estimar objetivamente. Es tal el deseo de nuestro cerebro de evitar lo que le causa dolor, que a veces opera contra sí mismo.

Al hablar del cerebro como órgano egoísta nos referimos a su tendencia natural de buscar lo que le resulta placentero y evitar, por todos los medios posibles, lo displacentero. Y realmente seríamos capaces de lo que sea para evitar algo que nos incomoda. Esto lo sufren mucho los estudiantes. Cuando deben sentarse a preparar un examen, se detienen delante de la pila de apuntes y quedan mirándolos, sin decidirse a comenzar. Entonces recuerdan que tenían que lavar los platos. Al terminar, regresan a las temidas fotocopias. Pero primero deben ordenar el espacio de trabajo, no se puede estudiar en un lugar desordenado. Al acabar, los ataca el hambre, se acuerdan de que tenían que llamar a una amiga, se ofrecen a ayudar con alguna tarea urgente de la casa, completan la agenda, llaman a la dentista para pedir cita, alimentan a su mascota, riegan las plantas, cambian las sábanas, lavan la ropa… y cuando han terminado con todo, ya es muy tarde. Tendrán que volver a intentarlo mañana.

Como sistema de seguridad, el miedo busca mantenernos estables y en buenas condiciones físicas y emocionales, evitándonos vivencias desagradables. No solo alerta y paraliza, sino que también nos prepara para responder a lo que sigue con más potencia y alcance del que teníamos, buscando sacarnos del riesgo y llevarnos más allá (Hernández, 2017: 40 - 42). Al igual que la voluntad, es una fuerza muy poderosa que opera y funciona a partir de tu propia capacidad. Eso significa que, cuanto más grande sea el miedo, mayores son los beneficios que obtendremos al superarlo.

El miedo al fracaso

Sentir que un perro, un examen, una entrevista de trabajo o hablar con la persona que nos gusta pone en peligro nuestra existencia parece un poco extremo. Sin embargo, es bastante común y no carece de lógica.

¿Qué pasa en mi cerebro cuando una evaluación es vivida como una experiencia traumática? Nuestro inconsciente recorre un camino similar a este:

Si me va mal en el examen, me retrasaré en el cursado de la carrera. Si me retraso en el cursado, me recibiré después que la mayoría de mis compañeros. Si me recibo después, entraré tarde al mundo laboral, será más difícil conseguir un trabajo, quedaré desempleado, no podré valerme por mí mismo, no tendré recursos para sobrevivir.

Según nuestra preparación, existen tantas posibilidades de que me vaya bien como de que me vaya mal. Pero cuando se sufre de miedo al fracaso, esta última parece la única posibilidad.

El miedo al fracaso es una de las formas más conocidas de la ansiedad y suele presentarse principalmente en situaciones de evaluación, o aquellas donde nos sentimos juzgados. El estrés negativo que causa nos impide funcionar con normalidad y afecta nuestra capacidad de relacionarnos con el entorno, conduciendo a un sufrimiento psíquico considerable. El estrés en sí mismo no es malo. Todo el mundo experimenta algo de ansiedad cuando se siente evaluado o presionado por el entorno. En cantidades adecuadas, mejora nuestro funcionamiento, nos ayuda a estar más atentos, ser más eficientes y mantener altos los niveles de energía cuando necesitamos concretar una tarea importante. El miedo al fracaso, sin embargo, se caracteriza por un estrés negativo, en cantidades dañinas, que conduce a una ansiedad exacerbada y la sensación de que nunca se tendrá éxito. En el fondo subyace una profunda inseguridad, la sensación de no ser suficientes y el temor al rechazo.

Según el *Diagnostic and Statistical Manual of Mental Disorders* el miedo al fracaso no es una patología aislada, sino que puede formar parte de la ansiedad social o de la ansiedad generalizada. Una de cada doce personas lo sufre durante su niñez. Considerando lo que este trastorno le hace a quién lo padece y a su entorno, es una cifra altísima, que se incrementa aún más en la adolescencia, donde casi el veinte por ciento lo padece. A medida que la persona crece, crecen las exigencias a las que se ve sometida, y eso detona la patología.

Como enfermedad psicológica, el miedo al fracaso tiene síntomas intelectuales, físicos y de comportamiento. Entre los primeros se encuentran:

- Imagen negativa de sí mismo y autocrítica destructiva;
- Sentimientos recurrentes de culpa, incluso ante situaciones totalmente fuera del control de la persona;
- Dificultad para aceptar un cumplido;
- Ser demasiado exigente o demasiado inflexible con uno mismo, haciendo que aumente el nivel de autocrítica;
- Huir para evitar situaciones que provocan ansiedad;

Entre los síntomas físicos están:

- Ruborizarse, experimentar palpitaciones y transpiración;
- Sufrir dolores de estómago, intestinales y de cabeza;
- Hiperventilación (respiración acelerada);
- La pérdida momentánea de memoria o "mente en blanco".

Por otro lado, la persona que padece miedo al fracaso puede experimentar comportamientos de rechazo hacia sí mismo y hacia los demás, incluso ante sus seres queridos, un perfeccionismo extremo que no le permite desenvolverse normalmente, la necesidad de escapar de ciertas tareas para las que no se siente capacitado, y la recurrencia a soñar despierto, generalmente hundiéndose en proyecciones apocalípticas de su futuro, incapaz de concentrarse en el momento presente, de disfrutar el ahora o centrarse en una tarea específica en un lapso limitado de tiempo.

La ansiedad es una patología psicológica que puede llegar a tomar el control de nuestra vida y de la que no podemos salir solos. Necesitamos ayuda y no debemos avergonzarnos de pedirla. Después de todo, la colaboración es parte de la naturaleza humana, aunque a veces lo olvidemos. Incluso cuando existen personas que se dicen autosuficientes, precisan de los demás constantemente. Esta pretendida autosuficiencia no es más que una pose que busca colocarlos en un lugar de superioridad respecto al resto, garantizando otro tipo de asistencia del entorno.

El miedo al fracaso puede ser cognitivo, sentir que uno no es lo suficientemente inteligente; social, sentirse incapaz de ser aceptado; o motriz, sentirse inútil para las labores físicas y manuales. Imaginemos que deseamos hablar con una persona que nos gusta ¿Qué camino sigue la mente de alguien que sufre miedo al fracaso? Algo similar a lo que ocurre con los exámenes: Si me acerco, seguramente cometeré un error. Si cometo un error, me rechazará. Si me rechaza, habré perdido la oportunidad de tener una relación con esa persona, y quizás con cualquier persona. No podré formar una pareja, estaré siempre solo, mi capacidad de sobrevivir se verá afectada. Vamos un poco más allá. No podré tener hijos, y, si las demás personas en el mundo son como yo, la raza humana acabará por extinguirse. ¿Exagero? Parece, pero nuestro inconsciente no es muy sutil.

Si alguien hubiera preguntado a los alumnos durante aquel examen qué tan inquietos estaban, el número de sus preocupaciones hubiera predicho con bastante exactitud qué tan mal les iba a ir. Las preocupaciones acaparan una cantidad impresionante de energía. Los recursos dedicados a esta tarea cognitiva se restan de los disponibles para procesar la información, acceder a la memoria, resolver problemas y hasta comprender las preguntas de una evaluación (Goleman, 2018: 110). Si estamos absortos en la idea de que vamos a fracasar, dedicamos mucha menos atención a encontrar las respuestas. Nuestras inquietudes se convierten en profecías autocumplidas, empujándonos al desastre.

Las personas que tienen miedo al fracaso piensan a menudo que no son capaces de aplicar correctamente y con éxito sus conocimientos. Si sufren de miedo al fracaso social, temen ser objeto de marginación, una de las experiencias más dolorosas a las que puede someterse un individuo. Para todo ser humano, pero especialmente para los jóvenes, es importante pertenecer a un grupo, formar parte de algo. Esto contribuye a forjar su identidad y sus habilidades interpersonales a futuro. Ser dejado de lado por el grupo de pertenencia puede orillar a la persona a la depresión y el suicidio. No debemos minimizar los sentimientos de alguien que padece miedo, pánico o ansiedad. Abarcar su compleja vida interior es imposible y su sufrimiento es legítimo. Juzgarlo o menospreciar lo que experimenta empeora su estado, aislándolo emocionalmente, haciéndolo sentir incomprendido y agravando sus emociones negativas. No sabemos con qué tormentas están luchando las personas a nuestro alrededor. Por eso la empatía es una virtud fundamental.

Para ser verdaderamente exitosos, debemos arriesgarnos a fracasar. Pero en nuestra sociedad está prohibido fracasar. Creemos que el fracaso nos habla de la persona, de su competencia, de su responsabilidad y compromiso. No logramos separar el fracaso del "fracasado". Pocas cosas pesan tanto en la autoestima de un individuo como ser etiquetado con ese estigma. Hasta tal punto que hemos desarrollado patologías psicológicas alrededor del temor a equivocarnos, a no ser suficientes, a ser, de alguna manera, defectuosos. Caemos en la sobre exigencia, sentimos que nunca es bastante, no valoramos los pequeños éxitos cotidianos, tendemos a ver a las personas que admiramos como triunfadores y nos cuesta imaginarlos fallando. Sin embargo, muchas de las más grandes personalidades del arte, la cultura, la educación, la ciencia, la política han sido grandes fracasados y han hecho elogios del fracaso: "Dulces son los frutos de la adversidad" supo decir Shakespeare. "El éxito es la habilidad de ir de fracaso en fracaso con entusiasmo" afirmó Winston Churchill, una de las más trascendentes figuras políticas de la historia de Inglaterra. Charles Chaplin presumía del amor a sus fracasos: "Me gustan mis errores, no quiero renunciar a la deliciosa libertad de equivocarme". Y podemos seguir citando. Para Henry Ford el fracaso era más fructífero que el éxito. Y Samuel Beckett supo abrazarlo al decir "Lo intentaste. Fracasaste. No importa, inténtalo de nuevo. Fracasa otra vez. Fracasa mejor". Debajo del Fracaso está el mapa del éxito.

En México existe el Instituto del Fracaso, que se enfoca en analizar el fracaso empresarial y determinar sus causas. Sus investigaciones han llevado a una transformación del mercado de inversiones de ese país y a convertir cientos de experiencias de fracaso en miles de posibilidades para el éxito. Extrapolando sus conclusiones al ambiente personal, la mayor causa de fracaso es no contar con los suficientes recursos. La falta de preparación, la incapacidad de pedir ayuda, la falta o exceso de confianza entrarían dentro de este punto. Además, existen factores externos sobre los que no tenemos ningún control y, por lo tanto, no deberíamos culparnos cuando acontecen. La falta de medios, las crisis económicas y sociales, los problemas personales de quienes nos rodean pueden hacernos tropezar en la búsqueda en nuestras metas. A la falta de recursos le siguen factores como la poca claridad en los objetivos y la ausencia de un análisis previo. Estar mal enfocados, no tener un plan, no tener un motivo suficientemente intenso y definido, intentar saltar pasos, o no haber construido una base suficientemente firme sobre la que afianzarnos nos puede hacer caer.

Después de años de análisis, el Instituto ha obtenido además un perfil de las personas que fracasan: el 66% cuentan con una carrera, el 54% son solteros, el 66% son hombres y el 39% jóvenes (de 23 a 30 años). Todos factores que comúnmente creemos son claves para el éxito. Cultural y económicamente los profesionales, los solteros, los hombres y los jóvenes gozan de mayores recursos, más tiempo y más posibilidades para alcanzar sus metas. Y, sin embargo, estas facilidades no pueden compararse con el empuje de sus contrapartes. La personalidad y la motivación son, en realidad, más importantes para alcanzar el éxito que cualquier factor cuantificable.

Existen muy pocos organismos en el mundo similares al Instituto del Fracaso. Aún en los espacios académicos, el estudio de las historias de éxito representa casi el cien por ciento de los casos analizados. No estamos preparados para enfrentar el fracaso y esto nos lleva a desarrollar técnicas para evitarlo, como dejar de intentarlo. Si no hacemos nada nuevo, nunca vamos a fracasar. Y si lo hacemos y fallamos, le echamos la culpa a alguien más o lo silenciamos. Esto no sólo es un error, sino que es peligroso. El fracaso es un signo de que algo debe ser revisado, una señal de alerta, no una marca roja sobre el individuo. Negarlo y convertirlo en un motivo de vergüenza es generar culturas mediocres (Maruri, 2017) y minar la autoestima individual y colectiva, pues en lugar de aprovechar sus enseñanzas, lo borramos y nos limitamos. El castigo no es un buen método para reforzar el aprendizaje. Causa sufrimiento y, con tal de evitarlo, nuestro cerebro es capaz de abandonar todo esfuerzo en esa área. Debemos ser nuestro primer aliado, no esconder los errores, ni huir de cada situación que me genere contrariedad, dolor o ansiedad. Recordar que todo el poder que le doy a mis limitaciones, me pertenece, familiarizarme con los ejercicios de relajación y recordar que mi voz, que mis palabras, son poderosas y tienen valor. Todos los seres humanos, sin excepción, fracasamos en algún momento. Y, como decía Truman Capote, esto se convierte en el condimento que da sabor al éxito.

Una buena estrategia para comenzar despotenciar al miedo, el estrés y la ansiedad es cambiar la manera en que pensamos sobre lo que nos afectan. A veces algo tan sencillo como modificar como nombramos las cosas tiene un tremendo impacto. No se trata de reprimir las emociones negativas, ni minimizar su importancia, sino de aprender a encaminarlas hacia una resolución positiva a través del poder de las palabras. En lugar de decir que tenemos "problemas", podemos superar los **desafíos**, transformar el "miedo" en un **indicador** o asumirlo como una **señal de precaución** en lugar de "peligro". Dejar de "prohibir" y de "poner límites" y comenzar a construir espacios **seguros** y **zonas de descubrimiento**. Cambiar los "no" por **¿por qué no?** y el "estrés" por **motivación**. La ansiedad es una señal de que nos "preocupamos", pero la mejor manera de responder a ella es **ocuparnos**, y si no hay nada que podamos hacer al respecto, aprender a **soltar**. El modo en que las cosas son, no es el modo en que **pueden ser**. Las cargas pesadas se vuelven **ligeras** si incluimos un poco más de **flexibilidad** en nuestras vidas, dejamos de arrastrar culpas, nos animamos a **perdonarnos** y a **comenzar de nuevo**. El deber no puede anular tus propias **elecciones**. Erradica palabras como "resignarse", "rendirse", "congelarse", "temer", "impotencia" de tu vocabulario. Cámbialas por palabras poderosas como **perseverar**, **vencer**, **resolver**, **triunfar**, **crecer**, **superar**, **éxito**, **esperanza**, **valor**, **fuerza**; y recuerda: el poder del miedo es mi propio poder ¿cuántas cosas extraordinarias podrías hacer si se lo quitas y lo enfocas en otra cosa?

Quitándole poder al miedo

Este es uno de los mejores consejos que alguien te podrá dar: Prepárate para el fracaso. No hay otra ruta más segura al éxito. Prepararse para el fracaso significa estar preparados para todo, para enfrentar obstáculos, para superar dificultades, para sentir miedo, incluso para no ser exitoso. El fracaso, los errores son parte del proceso para vencer las limitaciones. En realidad, el fracaso no existe. Lo que llamamos fracaso son solo resultados inesperados que debemos evaluar y resolver. El miedo puede enseñarnos mucho más sobre nosotros mismos que una victoria fácil.

Prepararse para el fracaso es también prepararse para el éxito, poder aceptarlo, disfrutarlo, reconocernos por haber llegado hasta ahí, ser capaces de recordar el camino recorrido, las lecciones aprendidas, el tiempo invertido y entender que lo que hayamos logrado, merecíamos lograrlo. Es también comprender que ni el éxito ni el fracaso son el final del camino. Siempre hay un escalón más.

No hay un solo método para superar el miedo. Es un proceso que requiere tomar conciencia de nosotros mismos y aislar mentalmente los elementos o situaciones que nos inquietan. Reconocer qué es lo que nos da miedo y poder decirlo en voz alta es comenzar a recuperar nuestro propio poder, restándolo de aquello que nos asusta. Sea nuestro temor un compañero constante, o una alerta ocasional, debemos desafiar activamente los pensamientos inquietantes. De lo contrario, seguiremos hundiéndonos en ellos, recomenzando constantemente una espiral de preocupación que puede agravar los síntomas en cada vuelta. Necesitamos adoptar una postura crítica sobre las ideas que nos causan ansiedad: ¿Cuántas posibilidades reales hay de que lo que temo se concrete? ¿Cómo puedo evitarlo? ¿Sirve de algo volver sobre estos mismos pensamientos ansiosos una y otra vez? ¿Qué puedo hacer para controlar las situaciones que me causan temor?

Aunque todos los individuos son diferentes, hay algo que las madres a lo largo del mundo parecen compartir. Una especie de super poder para encontrar las cosas. No importa cuánto lo hayamos buscado, cuanto hayamos revuelto la habitación, ella vendrá y lo encontrará exactamente en el lugar que acabamos de revisar. Si hiciéramos un sondeo en Latinoamérica sobre las frases más usadas por las madres, "¿Qué pasa si voy yo y lo encuentro?" entraría cómodamente en el top five.

Nuestro cerebro cuenta con diversos mecanismos de protección contra los niveles elevados de estrés. Cuando ponemos demasiado empeño en recordar algo, generamos respuestas químicas estresantes, causando que nuestra memoria lo bloquea. El cerebro cree que el recuerdo que intentamos recuperar es una fuente de sufrimiento y trata de anular la respuesta fisiológica eliminando el origen. Como nuestra madre no está experimentando la misma angustia, su cerebro se encuentra en estado óptimo para hallar lo que le solicitamos. Mientras que nosotros podemos tener la palabra en la punta de la lengua, el celular justo frente a nuestros ojos y hasta acordarnos de la imagen de la hoja donde estaba la respuesta del examen y, aun así, no somos capaces de acceder a esos datos. Para solucionarlo, ayuda enfocarse en los detalles alrededor de la información elidida, desviando la atención de nuestra mente. Cuando hacemos un esfuerzo por recordar algo distinto, se bloquea la nueva fuente de estrés, desbloqueando el conocimiento que necesitamos. Comprender el funcionamiento de nuestro cerebro es una excelente manera de desarrollar las herramientas eficientes para superar los obstáculos. Si algo nos asusta, enfocarnos en otro pensamiento más poderoso o atractivo desactivará las reacciones instintivas de la amígdala.

Así como aprendemos a tener miedo, podemos desaprenderlo. La exposición repetida a un estímulo amenazante, sin la presencia real de la amenaza, elimina de forma gradual el temor (Golombek, 2017: 146). Estamos delante de un perro inofensivo, nos acercamos lentamente, nos atrevemos a tocarlo, el perro nos lame o juega con nosotros y se muestra simpático. La reiteración de este tipo de experiencias puede llevar a superar la cinofobia.

En base a este conocimiento y los descubrimientos que hice en el aula de clases, desarrollé un método llamado "Proceso de inmunización". Opera de una manera parecida a la de las vacunas. Para prevenir la enfermedad, la vacuna inserta en el organismo el virus, manipulado para que no pueda reproducirse ni infestar a la persona. El cuerpo reacciona como si fuera una enfermedad real y desarrolla anticuerpos para combatirlo. En ocasiones la persona experimenta como consecuencia fiebre, debilidad, hinchazón en la zona donde se inyectó. Sin embargo, no se encuentra enferma, es sólo un efecto secundario del proceso. No hay peligro. Después de unos días el virus es eliminado, y el cuerpo queda protegido permanentemente.

Imaginemos que estamos delante de una audiencia que nos muestra su apoyo y comprensión. Todos son compañeros en la misma situación que nosotros. Podemos reconocernos en ellos y compartir nuestras emociones sin sentirnos juzgados ni evaluados. ¿No disminuye considerablemente la presión? Ahora pensemos qué pasaría si esta práctica se extendiera por un par de meses y, poco a poco, fuéramos haciendo pequeñas pruebas en otros contextos, con otros públicos, que también reaccionan favorablemente. El proceso de inmunización consiste en exponernos a lo que tememos en ambientes seguros y controlados, donde no vamos a recibir ningún tipo de daño, generando así "anticuerpos" contra el miedo. Se trata de que nuestro cerebro construya nuevas memorias y nuevas formas de reaccionar, inhibiendo las anteriores, separando el estímulo de la sensación de peligro. Cada vez que lo hacemos, se crean y refuerzan conexiones neuronales, hasta que el miedo se extingue. Irónicamente, usé este método para superar mi propio miedo a las inyecciones.

Familiarizarnos con los desafíos que enfrentamos es una manera muy eficaz de vencer al miedo. Lo esencial es practicar y confiar en las posibilidades. Si lo que nos asusta es fracasar en una tarea determinada, para superarlo debemos desarrollar habilidades técnicas y confiar en nosotros mismos. Nadie nace sabiendo. Nadie es experto en todo.

Mantén tu mente enfocada en lo positivo e interrumpe los pensamientos negativos recurrentes. Al comienzo no es fácil. Usualmente cuando queremos evitar algo no lo perdemos de vista. Caminamos directo hacia el poste de luz pensando "no lo voy a chocar, no lo voy a chocar" y cuando nos damos cuenta tenemos un chichón en la cabeza. La orientación de nuestros pensamientos dirige nuestra atención. Cambiemos el rumbo, busquemos sentencias afirmativas en lugar de tantos "no", nos mantengamos activos, trabajando con todo el cuerpo, sin evadirnos, pero sin vivir en función del miedo. Si algo falla, debemos recordar que los errores son una fuente poderosa de autoconocimiento y aprendizaje que me acerca más al éxito.

Nuestro control del mundo exterior es limitado, temporal y muchas veces ilusorio. No podemos cambiar las condiciones externas. Podemos trabajar en nuestro interior. Por eso, prácticas como la meditación son tan beneficiosas para contrarrestar las emociones negativas. Nos dan un fondo de tranquilidad que soporta las tormentas. Meditar y ejercitar la respiración nos permiten reducir la agitación fisiológica, equilibrando las respuestas del organismo. No podemos controlar la secreción de neurotransmisores desde la amígdala, la activación de los mecanismos de lucha y huida ni la frecuencia de nuestro corazón. Pero enfocando nuestros pensamientos y trabajando sobre la respiración, logramos asumir un estado de calma y seguridad.

Hay ejercicios muy simples que ayudan a superar la ansiedad. Uno muy efectivo está basado en los mismos principios que "Los nudos" y consiste en recostarte en una silla, sillón o cama y cerrar los ojos. Esta sencilla acción bloquea los estímulos visuales que pueden funcionar como disparadores de la ansiedad y disminuye la fatiga ocular. En esta posición, inhalar profundamente, llevando todo el aire al estómago y retenerlo mientras se tensan los músculos. Al tomar aire, nos concentramos en la sensación de este entrando por la laringe, llenando los pulmones y la cavidad toráxica. Bastan unos segundos. Luego se exhala por la boca, soltando poco a poco tanto el aire como las tensiones físicas. Con la expiración, dejamos ir todo lo que nos hace daño. La palabra clave es "soltar".

Dormir bien, escribir los conflictos o emociones en un papel para liberar tensiones y favorecer el descanso y hacer actividad física son otras maneras de brindar salud y bienestar a nuestro cuerpo, relajarnos y prepararnos para las situaciones con las que tenemos que combatir día a día. Hablar o escribir sobre mis miedos me permite apoderarme de ellos, ponerlos bajo mi control, sacarlos fuera, dejarlos ir.

Pose poderosa

A los diecinueve años, Amy Cuddy tenía todo lo necesario para triunfar en la vida. Era una joven bonita y agradable, catalogada como niña prodigio, en una de las mejores universidades de Estados Unidos, con un brillante futuro esperándola.

Hasta que salió disparada de un auto en movimiento. Tras el terrible accidente, despertó en rehabilitación, sin carrera, sin su alto coeficiente intelectual, sin futuro, sin identidad. No había olvidado quién era, pero las consecuencias del choque parecían haber truncado quién podía llegar a ser. Pese a todas las puertas que se cerraron, no se rindió y encontró en su camino personas, como Susan Fisk, dispuestas a confiar en sus capacidades y en su voluntad. Hoy, Amy Cuddy es psicóloga social, profesora de Harvard y el segundo rostro más conocido de toda la familia de oradores TED, gracias a su charla del 2012: *El lenguaje corporal moldea nuestra identidad.* Sólo en el canal oficial de TED, su video tiene más de 16000000 visitas. ¿Por qué es tan poderosa su presentación? Porque enseña como transformar nuestra vida en dos minutos. Cuddy, junto con su equipo, descubrió que el principal receptor de los mensajes que emite el lenguaje corporal es la persona misma. Y que el impacto de esta retroalimentación es tal, que variando nuestra postura por un lapso de dos minutos podemos alterar nuestras emociones, nuestra actitud y hasta el funcionamiento de nuestro cerebro. Mientras el miedo, la ansiedad, el estrés, la impotencia, todas las emociones asociadas a la debilidad y la sensación de minusvalía, desatan oleadas de cortisol, la seguridad genera una disminución de este neurotransmisor y un aumento considerable de testosterona, la hormona del poder. Una postura poderosa posibilita un cerebro poderoso.

El cortisol se produce en la glándula suprarrenal y sirve para aumentar el nivel de azúcar en la sangre. Se libera ante estímulos amenazantes o negativos y es fundamental para activar los mecanismos de lucha y huida. Cuando se produce en exceso, puede desencadenar estrés crónico, depresión, aumento de peso, insomnio, debilitamiento del sistema inmune y del sistema óseo. Al ser distribuido por la sangre causa que el cuerpo reacciona preparándose para el peligro y concentra todos sus recursos y energía en algunos sistemas vitales, desprotegiendo al resto. Como consecuencia del aumento del requerimiento energético, fija las grasas a modo de reserva, principalmente en la zona abdominal. Cuando convivimos con el miedo, el cortisol deja de ser un mecanismo de protección y nos vuelve más vulnerables.

La testosterona, por otro lado, está presente en mamíferos, reptiles y aves, y es esencial para la salud y el bienestar. Fortalece los músculos y huesos, nos ayuda a sentirnos más poderosos, enérgicos y capaces. Colabora con la regulación de los mecanismos de lucha y huida, manteniéndolos bajo control. Como todo, en exceso es mala. Puede hacernos demasiado osados, temerarios e irritables, causando incluso problemas de salud.

Tener niveles de cortisol y testosterona normales, e incluso elevar los niveles de esta última en situaciones de estrés, contribuye al bienestar físico y emocional del individuo. Permite superar la ansiedad, reducir el impacto del miedo en nuestras vidas y sentirnos más competentes ante los desafíos. ¿Todo esto se logra con cambiar de postura? Según lo ha demostrado Cuddy, sí. Encogernos sobre nosotros mismos, en una posición que resguarda los órganos vitales, llevando los hombros hacia adelante y empequeñeciéndonos es una conducta típica de las personas inseguras. Ahora sabemos que estas conductas además contribuyen a acrecentar esa inseguridad en un proceso de *feedback* constante. Para contrarrestarlo, basta asumir una postura poderosa. Abrir el pecho, llevar los hombros atrás, plantarnos en el piso, ocupar el mayor espacio posible, estirando nuestras extremidades, buscando una posición cómoda y dominante. Hacer esta postura en privado, antes de una reunión o de una situación difícil, nos prepara para afrontarla con mucha más seguridad y posibilidades de éxito.

Esta manera de plantarnos ante el mundo puede transformar completamente la forma en que nos sentimos y nos percibimos. Funciona porque somos una UCCM, conectados con nosotros mismos. Todo lo que le hagamos a una parte de la unidad, resuena en el resto. Si nuestro cuerpo transmite seguridad, nuestro cerebro lo escuchará fuerte y claro.

Desapareciendo el miedo por arte de magia

Hasta ahora no conozco a nadie que haya recibido su carta Hogwarts y he comenzado a preguntarme seriamente si los magos son tan buenos para ocultarse o en realidad no existen. Tampoco me he topado nunca con alguien a quien Gandalf invitara a una aventura, o fuera señalado por Merlín como el nuevo rey de Bretaña, ni llegara a ningún lado a través de un armario. Me decepciona que los mutantes sigan sin revelarse al mundo y los superhéroes sólo atiendan en Estados Unidos y ocasionalmente en Europa. Tal parece que vivimos en un mundo en que la magia y los poderes extraordinarios no se manifiestan como nos enseñaron los libros de cuentos ni las películas de Hollywood, en que las dietas milagrosas no funcionan y donde ninguna pastilla te hará adelgazar, formar tu figura, conseguir pareja y detener el envejecimiento sin que te levantes del sillón. Si estamos convencidos que las respuestas mágicas no existen para la mayoría de los problemas de la vida, ¿por qué creemos que vencer el miedo será distinto? La verdad, ponemos demasiada presión sobre nuestros hombros.

El miedo es una emoción. Por tanto, una inteligencia emocional bien entrenada nos garantiza contar con estrategias para enfrentar con éxito las situaciones en que se presenta. Si tuviéramos que resumir las cualidades emocionales que influyen directamente en el éxito y la superación de obstáculos, seguramente la lista sería similar a esta:

- empatía,

- expresión y comprensión de los sentimientos,

- control del carácter,

- independencia,

- capacidad de adaptación,

- simpatía,

- capacidad de resolver los problemas de forma interpersonal,

- persistencia,

- cordialidad,

- amabilidad,

- respeto.

Yo agregaría una más: buen humor.

En el tercer libro de la saga de Harry Potter, *El Prisionero de Azcaban*, se presenta a los Boggart, criaturas mágicas que asumen la forma del peor temor de la persona que los contempla. La única manera de combatirlos es forzarlos a convertirse en algo risible, usando el encantamiento *Ridículus*[9]. Como en casi todos los libros infantiles, esta pequeña muestra de sabiduría esconde una verdad enorme.

---

[9] Adjetivo latino, de la cual deriva la palabra española, "que causa o motiva risa, gracioso, cómico."

Existen dos falsas creencias repetidas hasta el cansancio en nuestra sociedad: *no existe el éxito sin sacrificio* y *el éxito sólo es para unos pocos*. Aclaremos algo: no existe el éxito sin esfuerzo, pero la palabra *sacrificio* tiene una gran carga simbólica, asociada al dolor y el sufrimiento. Pensar que es necesario sacrificarse puede provocar que minimicemos el valor de nuestras victorias y subestimando a las personas se dedican a lo que aman. Nos negamos el reconocimiento de nuestro esfuerzo si este no implica privación, abandono, renuncia y padecimiento. Y pensamos que quienes no atraviesan estos pasos no han hecho nada meritorio, o pertenecen al grupo de los privilegiados, dotados de dones divinos, nacidos bajo una estrella afortunada, mientras el común de los mortales nacimos estrellados. Sólo a ellos están reservados los triunfos más grandes, la memoria y el agradecimiento de la humanidad, la capacidad para cambiar el mundo. ¿Estos pensamientos no parecen demasiado serios, demasiado lóbregos?

Nuestra salud mental exige que nos relajemos, que nos vinculemos emocionalmente con aquellas actividades a las que dedicamos más tiempo, que incorporemos más humor a nuestros días.

Entre los mejores oradores que he escuchado, sin duda destaca Mark Gungor. Este pastor / piloto de aviones / consejero matrimonial tiene una serie de conferencias llamadas *Laugh your Way to Better Marriage* (*Rían su camino a un mejor matrimonio*) que se volvieron virales. En ellas juega con el humor como recurso fundamental para decir cosas que son duras de escuchar. Encuentra la manera de que su audiencia no se siente atacada ni cuestionada y puede asimilar mensajes delicados con más facilidad. Hablar a hombres y mujeres que están atravesando dolorosas crisis de pareja y lograr que vuelvan a reír juntos, que compartan un momento de diversión y comprensión íntima, que puedan conectarse de manera positiva con sus propios sentimientos y los de su compañero parece una tarea tiránica. Marc lo hace con una sonrisa permanente en el rostro.

Las memorias que vienen a nosotros dependen de nuestro estado de ánimo, de modo que cuando estamos contentos recordamos acontecimientos más positivos y actuamos en consecuencia. Al hacer planes, enfrentar dificultades o tomar decisiones, las personas que están de buen humor tienden a ser más comunicativas y positivas en su forma de pensar.

Un estudio descubrió que las personas que acababan de ver por televisión un video de *bloopers* resolvieron mejor un rompecabezas que los psicólogos utilizan hace tiempo para evaluar el pensamiento creativo. En la prueba se da a las personas una vela, fósforos y una caja de chinches, y se les pide que sujeten la vela a una pared de corcho para que arda sin que la cera caiga al suelo. La mayor parte de las personas a las que se plantea este problema incurren en una «rigidez funcional», y piensan en utilizar los objetos de la forma más convencional. Pero aquellos que acababan de ver el video de los *bloopers* - comparados con otros que habían visto una película sobre un tema de matemáticas, o que habían trabajado en ellas - tuvieron más probabilidades de encontrar una solución creativa. (Goleman, 2018: 111-112)

Cuando pensamos en los pros y los contras de una elección mientras nos sentimos bien, la memoria influye en nuestra evaluación de las evidencias en una dirección positiva, haciendo que resulte más probable que hagamos algo creativo o ligeramente arriesgado, aumentando los beneficios y las posibilidades de éxito.

Hablando de éxito...

Tradicionalmente, en el mundo de las historias gráficas de superhéroes, DC ha sido la compañía más exitosa, creando personas icónicos y atemporales como Superman, la Mujer Maravilla, Batman y Robin, Linterna Verde, etc. Sin embargo, en nuestro siglo, Marvel ha tomado la delantera llevando a la pantalla grande no sólo personajes interesantes, sino creando todo un universo en el que cada héroe, civilización y arco argumental ocupan su lugar. El Universo Cinematográfico de Marvel (UCM) resucitó una compañía al borde de la quiebra y ofreció al mundo una manera totalmente nueva de ver a los superhéroes. ¿Por qué el UCM superó tanto en la crítica como en la taquilla al Universo Cinematográfico DC? No es sólo por los geniales e inesperados cameos de Stan Lee. Sino porque Marvel logró crear tramas con conexiones complejas e interesantes entre sus personajes e historias, vinculando de manera más profunda a sus protagonistas, tomándose el tiempo para desarrollar la historia y motivaciones de cada uno, mostrando guiños argumentales a un universo más grande y en constante expansión, autorreferencial por un lado y conectado al mundo real de los espectadores por el otro. Marvel entendió y explotó el poder de crear vínculos. Pero no sólo eso. Marvel derrotó a DC en el cine por su manejo del humor. Nos trajo personajes humanos, falibles, con defectos, que se reían de sí mismos de una manera natural incluso en situaciones peligrosas, rompiendo la tensión del momento, permitiendo un respiro a su audiencia, una sonrisa cómplice, una carcajada liberadora que despejaba el miedo y el suspenso y los volvía más receptivos en momentos claves del guion.

En una de las escenas finales de *Capitana Marvel*, del 2019, Carol Danvers, la superheroína de la cinta, se enfrenta cara a cara con el villano. Él no sólo representa su antagonista, sino todas las barreras emocionales y culturales con las que Carol ha tenido que luchar, el miedo, la impotencia, la negación de su lado más humano. "Siempre te dije que estarías lista cuando pudieras derrotarme sin tus poderes. Este es el momento de que me demuestres de qué eres capaz" la desafía su oponente, poniéndose en guardia. Todos en el cine contienen la respiración, a la espera de la épica batalla final. Carol lo mira y lo derriba con un rayo de fotones. "No tengo que demostrarte nada" y se acabó.

Más allá de todo, la clave para superar definitivamente el miedo es no desistir. Anticiparnos a un hipotético desastre no nos permite evitarlo. Los caminos que recorremos no son iguales para todos. Aceptar nuestras propias decisiones y aferrarnos a las metas que nos hemos propuesto nos permiten romper el miedo y conquistar nuestro propio poder.

- 8 -

Apre(he)nde tus fortalezas

- El ejercicio es el siguiente - cuarenta personas miraban expectantes, mientras afuera se hacía de noche -. Cada uno debe escribir una lista con veinte virtudes y veinte defectos propios -. Los brazos se descruzaron. Las quejas comenzaron tímidamente.

- Yo no sé si tengo tantos.

- ¿Si o si tienen que ser veinte?

- ¿Es individual?

- Veinte es mucho, profe.

Risas nerviosas, miradas cómplices. Se notaba que el ejercicio era un desafío para el grupo.

- Pueden ser cualidades físicas, mentales o emocionales -, les dije, intentando orientarlos -. Cosas que les gusten y que no les gusten de ustedes mismos. Pueden escribir, por ejemplo, tengo una linda sonrisa, soy muy amable, soy inteligente, tengo poca paciencia. No vale poner cosas materiales, ni pertenencias, como "tengo ropa muy linda", pero si algo como "tengo buen gusto para elegir ropa o para vestirme". Sin repetir y sin soplar. Y sin preguntarle a nadie. Este es un ejercicio de autoconocimiento individual. Tienen veinte minutos.

Los cuarenta alumnos clavaron los ojos en la docente, con sus lapiceras suspendidas a milímetros de los cuadernos. Algunos rostros reflejaban desconcierto. Otros se pusieron a escribir inmediatamente. Un par, inclusive, tenía una expresión de angustia. Mientras se ocupaban de las listas, yo caminaba por el aula y observaba sus reacciones. A los diez minutos, varios comenzaron a levantar la cabeza, mirarse entre ellos y susurrar. A los quince, más de la mitad había dejado de escribir. A los veinte se dio por terminado el trabajo y llegó el momento de compartir. Ninguno quiso ser el primero. Ninguno logró terminar la lista.

La escena se repite de manera muy parecida en los diferentes grupos. Por lo general, con los mismos resultados. Me alcanzarían los dedos de las manos para contar a los alumnos que a lo largo de todos estos años de enseñanza han logrado completar este desafío en los veinte minutos establecidos. En el 70% de los casos, son más los defectos apuntados que las virtudes.

A ningún observador de las dinámicas sociales le sorprendería este resultado. Culturalmente se nos ha enseñado a prestar mucha más atención a nuestras cualidades negativas que positivas. Está mal visto que uno se enorgullezca públicamente de lo que hace bien o de aquello para lo que tiene más habilidad. Subrayamos los defectos con ánimo de corregirlos, de integrarnos con la masa social o de mantener nuestra autoestima bajo control. Pese a que el mundo contemporáneo exige de nosotros una autovaloración elevada y un desempeño excelente, en todos los niveles educativos e incluso en el ambiente familiar se nos enseña a minimizarnos, a ser obedientes, sumisos y humildes.

La humildad es, por supuesto, una virtud por demás deseable en un orador. Una persona soberbia, egocéntrica o presuntuosa no nos conecta. Por el contrario, causa rechazo y desagrado. Queremos oradores sencillos en su expresión, profundamente humanos. Pero también sujetos excepcionales. Tendemos a alejarnos cada vez más de la media y destacar la creatividad, la originalidad, la capacidad de superación y la peculiaridad como elementos predominantes en los productos que consumimos, los artistas que admiramos, las modas que elegimos y los oradores que escuchamos. El paradigma del siglo XXI es alejarnos de los grises, de la rutina, de lo que es común para abrir paso a lo extraordinario.

No siempre fue así. Durante el siglo XX las instituciones educativas estaban dominadas por el arquetipo de la uniformidad, de la producción en masa, cuyo origen se remonta a la Revolución Industrial. Los operarios de las fábricas eran piezas intercambiables. El mejor obrero era el que podía hacer su labor de manera constante y rutinaria. Si una figura se destacaba era inmediatamente sofocada por sus mismos compañeros, que lo percibían como un peligro potencial. En una industria donde cada uno debía cumplir con una cuota diaria de producción, que alguien lo hiciera mejor, significaba un aumento en las exigencias del conjunto. Se buscaba la repetición por sobre la innovación. Sir Ken Robinson lo resume perfectamente, advirtiendo como la educación estandarizada aniquila la creatividad.

Hasta hace cincuenta años, era seguro permanecer dentro los límites de la normalidad. Ser parte de la masa garantizaba al sujeto un trabajo estable, cierto nivel de comodidad, una vida sin sobresaltos. Pero la realidad ha variado a un ritmo impresionante desde la Revolución Industrial. Los modelos que funcionaban hace diez años se han vuelto obsoletos. Nada ni nadie ha podido prepáranos para los desafíos que nos toca enfrentar actualmente y, sin embargo, los conocimientos priorizados en la curricula siguen siendo matemáticas, lengua y ciencias, cuando el mundo afuera es cambiante, de bordes imprecisos y necesidades imposibles de predecir. Las escuelas, sin quererlo, enseñan que siempre se exige más de lo que el individuo puede dar, así que los estudiantes se acostumbran a dar menos, para tener un margen de seguridad. Se nos ha enseñado a ser humildes, no por lo que esta virtud realmente representa, sino porque la cabeza que se asoma sobre el resto corre el riesgo de ser cortada. La imposición constante de esta serie de mensajes termina convenciendo al hombre de que verdaderamente es limitado y lo coloca en un lugar de inferioridad respecto a sí mismo. Somos menos de lo que podríamos ser, en parte porque nos han enseñado a tener miedo de ser más.

El acceso a las redes sociales ha convertido al planeta en una gran tribuna expectante. Contamos con más oportunidades para ser escuchados, y a la vez menos posibilidades. Hay tal cantidad de información circulando, tantas voces entrecruzándose a través del globo, que la nuestra puede perderse en medio de esa inmensidad. "¿Cómo vamos a competir con el celular en nuestras aulas? Si los alumnos pueden acceder a toda la información que quieran, cuando quieran, donde quieran. Tienen una fuente casi inagotable de entretenimiento en sus manos. ¿Qué ganas van a tener de prestarnos atención a nosotros?" se quejaba un docente.

Sean cuales sean nuestras metas, no podremos conseguirlas si no encontramos una manera de diferenciarnos y sobresalir. ¿Qué nos vuelve únicos, irrepetibles, distintos, memorables? ¿Qué nos separa del resto de la marea humana? Nuestras cualidades. Nuestras características personales, que no se repiten en ninguna otra persona del presente, pasado o futuro. Nunca habrá alguien igual a ti.

Por eso debes mostrar quién eres. Y, para hacerlo, debes poner en juego todas tus fortalezas.

Descubriendo oportunidades

La matriz o análisis FODA es una herramienta que revolucionó el mundo de las estrategias empresariales en los años setenta. Hoy en día se la aplica tanto a negocios, como instituciones y personas. Sirve para conocer el estado real del objeto en el momento del análisis, sus cualidades positivas y negativas y las estrategias a desarrollar para un crecimiento y transformación efectiva. Una buena aplicación de esta matriz puede ayudarte a responder interrogantes sobre tu presente, planificar tu futuro y optimizar la toma de decisiones. Aprender a hacer un FODA es una excelente manera de poner en claro tus virtudes, asumirlas y prepararte para alcanzar tus metas.

Para que este método funcione, debes ser muy realistas y honesto. Nadie te juzgará por lo que escribas, ni sabrá su contenido. No es un currículo ni una evaluación. No necesitas exagerar, ni tampoco crucificarte. El único requerimiento para llevarlo a cabo es la transparencia. Incluso se permite pedir ayuda.

El FODA es una herramienta funcional, por eso se comienza definiendo una meta: ser un excelente orador, conseguir un buen trabajo, mejorar mi relación con mi pareja, hacer que mi negocio crezca, o simplemente conocerme en profundidad. Luego, traza un eje vertical y uno horizontal, de manera que queden cuatro cuadrantes. Las Fortalezas y Debilidades, ubicadas en los dos espacios superiores, son los aspectos internos, los más relacionados con quién eres, con tus objetivos, qué te motiva y qué te detiene. Sobre ellos tienes pleno control y puedes transformarlos. Las Oportunidades y Amenazas, en los espacios inferiores, son elementos externos que pueden beneficiarte o perjudicarte de alguna manera. No puedes cambiarlos, pero sí decidir cómo enfrentarlos.

La manera de encarar cada uno de estos puntos depende de ti mismo. Algunas preguntas, sin embargo, son de ayuda para comenzar:

Fortalezas	Debilidades
¿Qué me gusta de mí mismo? ¿Cuáles son mis destrezas o virtudes? ¿En qué áreas me destaco? ¿Cuáles son mis habilidades más útiles? ¿Y las que más destacan o elogian mis amigos? ¿Cuáles son mis objetivos y sueños? ¿Qué me motiva a alcanzarlos? ¿Con qué recursos cuento para hacerlo? ¿Cuáles son mis mejores hábitos?	¿Qué no me gusta de mí? ¿Cuáles son mis defectos? ¿Cuáles son las áreas que más me cuestan? Si pudiera cambiar algo de mí, ¿qué sería? ¿Qué actitud mía desagrada a las personas a mi alrededor? ¿Qué hábitos me impiden alcanzar mis objetivos? ¿A qué le tengo miedo? ¿En qué puedo mejorar? ¿Qué debería dejar de hacer?
Oportunidades	**Amenazas**
¿En qué lugares me siento cómodo? ¿Quiénes son las personas que me hacen sentir bien conmigo mismo, me motivan, me apoyan y ayudan? ¿Con qué instituciones cuento para alcanzar mis objetivos? ¿Qué recursos tengo a mi disposición? ¿Qué elementos externos pueden ayudarme a aumentar mis fortalezas?	¿Qué lugares y personas me hacen sentir incómodo, mal conmigo mismo o me causan algún tipo de temor? ¿Qué elementos externos podrían perjudicarme o impedirme alcanzar mis metas? ¿A qué recursos necesarios no tengo acceso? ¿Qué límites siento que me imponen?

Pongamos el ejemplo de una persona que está intentando superar su miedo escénico y convertirse en un gran Orador para terminar su carrera universitaria. Su FODA podría ser algo así:

Fortalezas	Debilidades
Una gran voluntad y determinación para alcanzar mis metas. Una vocación definida. Facilidad para el estudio. Buena memoria. Fuerte deseo de autosuperación. Compromiso con mis sueños. Nunca me rindo.	Demasiada autoexigencia, lo cual lleva a índices muy altos de estrés y baja tolerancia a la frustración. Miedo al fracaso y baja autoestima. Temor a cometer algún error importante delante del público. Falta de preparación para situaciones de exposición.
Oportunidades	**Amenazas**
Cursos, talleres y material didáctico sobre miedo y pánico escénico a mi alcance. Material virtual (videos, PDFs, Blogs, etc.). Tutoriales de YouTube y cursos online. Espacios habilitados para hablar con profesores y ganar seguridad. Apoyo de amigos y familiares.	Falta de tiempo para prepararme. Dificultad para saber con qué material debería empezar y como estructurar mi agenda de estudio. Profesores intimidantes. Competitividad en el ámbito académico y profesional.

Cuanto más exhaustivo sea el análisis, más clara será la imagen que te formes de ti mismo y los pasos a seguir a continuación. Cuando el FODA esté listo, podrás elegir con confianza tu próximo curso de acción, comenzando a desarrollar estrategias concretas y prácticas que conviertan las debilidades en oportunidades, las oportunidades en fortalezas y las amenazas en trampolines. Nuestro hipotético estudiante podría acudir a un consejero para aprender a gestionar su tiempo, organizar un grupo de estudio con sus amigos o compañeros, ir a cursos donde le enseñen técnicas de estudio y de oratoria, pedir ayuda a un profesional para mejorar su autoestima, etc. Lo fundamental es que las herramientas que elijas sean accesibles, realistas y progresivas, y que te pongas plazos para alcanzar cada objetivo. Eso te mantendrá enfocado y te brindará una sensación de éxito y realización.

¿Por casa cómo andamos?

Al hablar de aprender nuestras fortalezas es inevitable referir la importancia de la autoestima. Como ya dijimos, somos el resultado de nuestras experiencias, y esto también determina la manera en que nos miramos y valoramos a nosotros mismos. La autoestima no es innata, no es hereditaria, ni viene programada en nuestra mente. Su construcción comienza incluso antes de tener consciencia de nosotros mismos. Algunos especialistas han demostrado que las emociones que siente la madre durante la gestación pueden tener efectos en el desarrollo psicológico posterior de la persona. Nunca acabamos de desplegar nuestra autoestima, porque nuestra identidad es cambiante y la manera en que valoramos diferentes aspectos de nosotros mismos varía con el tiempo. En la juventud una virtud como la seriedad puede no ser muy apreciada, en la adultez es valorada de manera mucho más positiva. Aunque está fuertemente influenciada por el contexto, podemos modificar nuestra autoestima en cualquier momento de la vida conforme a nuestras decisiones personales, aspiraciones y deseos.

Una autovaloración sana es imposible sin la previa aceptación de nosotros mismos. Debes ponerte de tu lado, incluso aprender a ser sanamente egoísta. Valorarte no es sólo una manera más positiva de estar en el mundo, es un derecho innato de todo ser humano. E implica la plena aceptación de tus emociones, pensamientos, sueños y sentimientos, experimentándolos no como algo lejano o externo, sino como parte de tu esencia. Debes ser compasivo contigo mismo, atreverte a expresar tu interioridad sin autocensurarte. Nada de esto niega la realidad, sino que indaga dentro de ella, para buscar una visión más auténtica, profundizar las causas, comprender y comprenderte a otro nivel. Esto te permitirá, además, tomar control de tu propia vida, sin desentenderte de tu entorno, haciéndote responsable de tus actos y sus consecuencias, de tus éxitos, de tu bienestar. Te posiciona activamente frente a tus circunstancias.

Las causas de una baja autoestima se encuentran en las creencias limitantes que muchas veces se alimentan inconscientemente. Estas giran por lo general alrededor del "no puedo". Creer que "no puedo" se transforma en una descripción de tus capacidades ahora y en el futuro, programando tu cerebro hacia el fracaso e impidiéndote encontrar tus verdaderas capacidades. "No puedo", "no soy", "no tengo" son enunciados absolutos, que no se limitan a un momento específico de tiempo. No es lo mismo decir "estoy soltera" que "soy soltera". Lo primero hace referencia a un estado momentáneo que puede, si así lo quiero, modificarse. Lo segundo, a una característica inseparable de mí, a una manera de existir.

Una buena metáfora para entender el efecto de las falsas creencias es comprender la forma en que funciona el ojo de las ranas. Una rana es capaz de percibir casi todo en su entorno, pero interpreta como alimento únicamente las cosas que tienen determinada forma y se mueven. Como sólo objetos negros en movimiento son reconocidos como comida, la rana muere de hambre encerrada en una caja llena de moscas muertas (O'Connor, 2000: 132-133). Estamos rodeados de posibilidades excitantes y llenos de talentos extraordinarios, sin embargo, unos y otros se desperdician si no podemos asumirlos.

Aunque la timidez y la introversión no son defectos, la baja autoestima si lo es. Justamente uno de los síntomas de la baja autoestima es sentirnos defectuosos. Una autopercepción herida puede llevarte a elegir mal a tu pareja, quedar atrapado en una profesión que no te hace feliz, no lograr organizarte bien en el trabajo, ser incapaz de disfrutar del éxito, comer y hasta vivir destructivamente, no alcanzar tus metas, sufrir de ansiedad o depresión, tener un sistema inmunológico débil, un pobre rendimiento en tus actividades y un hambre insaciable de amor y aprobación de los demás. Buscamos afuera lo que no podemos darnos a nosotros mismos.

Construyendo mi actitud

"La verdad, yo no sería amiga de alguien que me dijera las cosas que me digo a mí misma". La persona de quien lo escuché había comenzado su proceso de reconciliación consigo misma, y esta afirmación fue el paso para descubrir una catarata de fortalezas de las que nunca había hecho uso por sus problemas de amor propio. Aprehender nuestras cualidades implica un proceso de autoafirmación que no solo afecta los sentimientos, sino todo el cuerpo, todo el ser de cada uno.

En 1974 el psicólogo Robert Ader descubrió, en el laboratorio de la Facultad de Medicina y Odontología de la Universidad de Rochester, algo que reescribió el mapa bilógico del organismo. Ader y su equipo revelaron que el sistema inmunológico, al igual que el cerebro, podía aprender. Hasta entonces se creía que sólo el cerebro y el sistema nervioso central respondían a las experiencias cambiando su manera de comportarse. Este hallazgo condujo por nuevos rumbos las investigaciones neurológicas, demostrando como el sistema nervioso central y el sistema inmunológico se comunican por miles de caminos distintos. Sendas biológicas por las que la mente, las emociones y el cuerpo se relacionan íntimamente (Goleman, 2018: 199). Esto no sólo cambió la manera de concebir la medicina humana, sino que ayudó a comprender los vínculos entre enfermedades como la depresión y deficiencias en el sistema inmunológico. De hecho, múltiples estudios confirman que los índices de depresión que sufre un paciente enfermo son pronosticadores mucho más exactos de sus posibilidades de sobrevivir que cualquier otro factor médico. De cien personas que habían recibido trasplantes de médula en un mismo hospital, 12 de los 13 que se habían sentido deprimidos murieron durante el primer año posterior, mientras que 34 de los restantes 87 seguían vivos dos años más tarde. Y en pacientes con fallo renal crónico que estaban recibiendo diálisis, aquellos a los que se les diagnosticó depresión grave tenían más posibilidades de morir dentro de los dos años posteriores. En este último caso la conexión entre las emociones y el cuerpo no era meramente biológica: los pacientes deprimidos eran mucho más incumplidores de su régimen médico, lo cual los colocaba en un mayor riesgo (Goleman, 2018: 210).

No sólo la salud puede verse afectada por la depresión. Existen otros factores, asociados a un estilo de vida cargado de negatividad y a una baja autoestima, que tienen una fuerte incidencia en la supervivencia humana. Estudios llevados a cabo durante décadas sobre más treinta y siete mil personas alrededor del mundo muestran que el aislamiento social, la noción de que no se tiene con quien compartir los sentimientos, la falta de contacto, la incapacidad de confiar en otros y relacionarse sanamente duplican las posibilidades de enfermedad o muerte.

¿Deberíamos entonces estar alegres todo el tiempo, ser perpetuamente positivos, rodearnos constantemente de personas y sentirnos siempre bien? No. Para empezar, no sería realista e implicaría la represión de los estados negativos naturales en el ser humano, como la tristeza o la ira, que también cumplen funciones emocionales, sociales y biológicas. Aumentaría los niveles de exigencia personal, empujándonos a desarrollar estrés y ansiedad y agravando los síntomas de la depresión si los tuviéramos. En el mejor de los casos nos llevaría a desarrollar conductas ingenuas y poco equilibradas, ineficientes para alcanzar nuestros objetivos y lidiar sanamente con los demás.

Entonces, debe haber otros elementos a tener en cuenta a la hora de poner en funcionamiento nuestras cualidades y construir una autoestima apropiada. El escritor y conferencista español Víctor Kupers propone una fórmula infalible a partir de la cual se puede determinar el valor de una persona:

$$V = (c + h) * a$$

Que debe leerse así: el Valor de un individuo es igual a sus conocimientos más sus habilidades, multiplicadas por su actitud. Los conocimientos suman, las habilidades suman. La actitud, multiplica. Lo fascinante es que la actitud es siempre una elección. Ser una persona positiva, asumir nuestras fortalezas, mejorar nuestra vida, es una cuestión de decisión. Es una actitud que no niega los problemas, que no reprime las emociones negativas, sino que elige cómo responder a ellos según quién somos y quién queremos ser. La teoría del Neuroliderazgo de Christian Elger demuestra que la mejor manera de alcanzar resultados óptimos es activando el sistema de recompensa de nuestro cerebro, implementando los principios de justicia y retroalimentación en nuestras interacciones, influir en nosotros mismos y en los demás a través de la información y no de la crítica. La recompensa refuerza la repetición de una conducta, provocando la liberación de neuroquímicos asociados al placer. Los mecanismos de recompensa son focos en el sistema nervioso central que obedecen a estímulos específicos y naturales. Regulados por neurotransmisores, permiten que el individuo desarrolle conductas aprendidas que responden a hechos placenteros o de desagrado. Primitivamente se activan ante estímulos que tienen que ver con la supervivencia y las funciones fisiológicas básicas. Comer, dormir, reproducirse. Este mecanismo es extremadamente poderoso y, mal estimulado, da origen a la adicción y la dependencia.

Hay miles de estímulos saludables que pueden poner en funcionamiento el sistema de recompensa. Recibir un elogio, realizar actividad física, escuchar música, comer chocolate, estar cerca de personas que amamos, incluso podemos activarlo sólo con el pensamiento. Una memoria agradable, un pensamiento feliz, una pieza de imaginación alegre o meditar sobre proyectos que nos apasionan ponen en funcionamiento los circuitos neuronales asociados al bienestar. Esta es una de las razones por las el libro *El secreto* fue tan exitoso. Haciendo uso de la PNL, enseñaba a las personas a construir sus pensamientos de manera distinta, enfocándose en enunciados positivos, en metas deseables, provocando acciones orientadas a cumplirlas. Pensar positivamente puede alterar la vida de las personas y llevarlas a un estado de bienestar que tal vez nunca sospecharon.

Entre todas las conductas capaces de activar el sistema de recompensa, las más interesantes son las acciones prosociales. El trabajo en equipo no sólo beneficia a la especie. Resulta que, además, puede hacernos sentir el mismo bienestar que la comida o el sexo.

Diversas estructuras frontales anticipan y predicen los pros y contras de la cooperación, a la vez que regulan las emociones asociadas. El cíngulo funciona como una alarma ante la violación de normas sociales y ante el distanciamiento de la opinión del grupo. La ínsula responde a la empatía, la desigualdad y la reacción no altruista. La amígdala promueve la aversión a la inequidad (o la inhibición de la confianza por amenaza). Estos mecanismos trabajan bajo el efecto de sus propios elíxires, sustancias que participan en las charlas entre las neuronas: la serotonina (que promueve la conducta social), la testosterona (que incrementa la competencia), la oxitocina (que induce confianza, empatía y generosidad) y la dopamina (que nos tiñe de placer) (Golombek, 2017: 33-34).

Las conductas prosociales atenúan el estrés en el cuerpo y la mente. La empatía, la comunicación y las habilidades sociales son más importantes aún de lo que habíamos imaginado. La empatía se construye sobre la conciencia de uno mismo. Cuanto más abiertos estamos a nuestras propias emociones, más hábiles seremos para interpretar las de los demás. Por lo tanto, no debo reprimirlas, sino aceptarlas, creando una imagen más real de mí mismo y reforzando positivamente mi autoestima.

Eligiendo un destino

Además de la experiencia y de la interacción con el entorno y el grupo social en el que nos desenvolvemos, existen otros factores fundamentales a la hora de determinar nuestras fortalezas: el temperamento y el carácter. Dos conceptos muy distintos y a la vez relacionados, que reglan nuestra tendencia hacia ciertas conductas.

El carácter está compuesto por los rasgos, cualidades y circunstancias que participan de la naturaleza, la manera de ser y pensar de un individuo, distinguiéndolo de los demás. En su conformación intervienen las funciones psíquicas y la acción del ambiente. A partir de esos elementos se desarrolla el particular modo de reaccionar y enfrentar la vida.

El temperamento es la base biológica del carácter y está determinado por los procesos fisiológicos y los factores genéticos que inciden en las manifestaciones conductuales. Nos es dado en el nacimiento, forma parte de la lotería genética que tiene una fuerza apremiante en el desarrollo de la vida (Goleman, 2018: 251). El temperamento no cambia, está en nuestra biología. Determina que seamos más irritables o simpáticos, optimistas o pesimistas, testarudos, introvertidos, ruidosos, activos, etc. Sin embargo, no pasa de ser una inclinación.

Mientras que el temperamento depende de cuestiones biológicas y heredadas, el carácter tiene una carga voluntaria. Podemos decidir hacer caso a nuestras tendencias naturales, aprender a redirigirlas hacia objetivos mejores, o incluso ignorarlas. El temperamento no es el destino. Aunque las circunstancias sean desfavorables o tengamos un temperamento contrario a nuestros deseos, existe siempre la posibilidad de transformación y mejora. Para que esto ocurra, debe haber una decisión personal y un trabajo constante y consecuente. No se puede forzar el cambio. Toda variación en la conducta de una persona que provenga de una coacción externa se extinguirá en cuanto cese esta. Nuestras metas y nuestro deseo de cambiar o persistir en un carácter responderán a la percepción que tengamos de nuestras necesidades y a nuestra motivación.

¿Qué hace que nos levantemos por la mañana? ¿a qué elegimos dedicar nuestro tiempo? ¿qué nos mueve a hacer lo que hacemos? Abraham Maslow, uno de los fundadores de la psicología humanista, trató de dar respuesta a estas preguntas con su teoría de la Jerarquía de las Necesidades Humanas. Maslow determinó que el ser humano actúa para conseguir aquello de lo que carece. Es decir que obramos para cubrir una carencia, que, por definición, nos causa incomodidad, dolor y aflicción. Así mismo, estableció que todas las personas tienen en sí la capacidad de ser exitosas y sentirse realizadas, a partir de la satisfacción de sus necesidades. Una necesidad es algo que debe ser, sin posibilidad de negociación. Debe ocurrir, hacerse, existir o tenerse para la supervivencia, la actividad o el correcto estado o funcionamiento de alguien o algo. Este psicólogo ordenó las necesidades humanas en una pirámide con distintos niveles, que representan estadios de la motivación, y donde no se puede acceder al grado superior sin haber cubierto una insuficiencia anterior y más básica. Esto no significaba que hay necesidades superiores a otras, más o menos valiosas, más o menos necesarias. Sino que la satisfacción de aquellas ubicadas en los sectores más altos no puede atenderse, y en algunos casos ni siquiera considerarse, sin resolver primero las anteriores. Podríamos resumir toda su teoría en una de sus frases más célebres: "Es muy cierto que el hombre vive sólo de pan, cuando no hay pan. Pero ¿qué sucede con los deseos del hombre cuando hay un montón de pan y su vientre esta siempre lleno?"

Los dos primeros niveles son los más elementales para la vida y donde más incidencia tiene lo material. En la capa inferior de la pirámide se encuentran las necesidades fisiológicas básicas. Comer, tomar agua, descansar. Todo lo fundamental para garantizar la supervivencia física del hombre. Se trata de bienes materiales primordiales cuya ausencia hace imposible cualquier otra acción de mejoramiento de las condiciones del individuo. Representa, en general, lo primero que nos viene a la mente cuando escuchamos la palabra "necesidad".

El segundo escalón lo constituye la seguridad. Esta incluye la preservación de la integridad personal, la salud y la familia como realidad material y necesidad insustituible, sobre todo en los primeros años de vida. También son fuente de seguridad los recursos como un techo y un lugar donde resguardarse y descansar. La necesidad de seguridad incluye, como un punto muy importante que nos lleva a avanzar hacia requerimientos superiores, la necesidad de protección.

Hace algunos años se vivió una experiencia terrible en la Facultad a la que yo asistía. Una muchacha fue violada a pocas cuadras del lugar y los responsables la dejaron, golpeada y en shock, dentro del predio de la universidad antes de huir. Recuerdo que al enterarme quedé perpleja y aterrada. Mis compañeras y yo caminábamos dos o tres veces por semana por el lugar donde la atacaron. En el mismo momento en que la encontraron, yo estaba en clase. El incidente nunca se aclaró completamente, pero poco tiempo después hubo un segundo caso a menos de una cuadra. La gravedad de la cuestión fue tal que los estudiantes terminaron tomando las aulas durante semanas. Mientras no hubiera seguridad, cualquier otra prioridad, incluso ir a clases, rendir exámenes y recibirse, quedaba en segundo plano. Sin las necesidades básicas satisfechas, el ser humano no puede continuar su progreso ni desarrollar todo su potencial.

Un poco más arriba tenemos la necesidad de afiliación. Ya en el escalón anterior aparecía la familia como uno de los elementos principales para el bienestar material del individuo. Todo ser humano instintivamente busca ser parte de algo más grande, afirmándose en un sentido de pertenencia. Amistad, amor, raíces, relaciones sociales, no sólo nos ofrecen felicidad, sino que nos ayudan a desarrollar plenamente todo nuestro potencial individual. Buscamos, consciente o inconscientemente, formar parte de una comunidad. Cuando nos reconocemos en los otros, cuando encontramos alguien que comparte nuestros gustos, pasiones, nuestra perspectiva de la vida, nos sentimos realizados, comprendimos, contenidos, acompañados, satisfechos. En esto consiste el Sentimiento de Grupo. Aunque es una necesidad de carácter principalmente simbólico, tiene en su origen componentes biológicos esenciales, que aparecen en distintos momentos del crecimiento de la persona.

Con el desarrollo puberal, el cerero aumenta los receptores de oxitocina. Esta hormona es mucho más conocida por ser la que secretan las madres para la eyección de la leche materna ante el estímulo de succión del bebé. La oxitocina actúa fomentando el vínculo entre personas, fundamentalmente en el reconocimiento emocional de los pares. Lo interesante es que esta podría ser la base neurológica de la necesidad de reafirmación de los adolescentes; en otras palabras, la toma de riesgos en ellos está dada, parcialmente, por la necesidad mayor de reconocimiento por parte de sus allegados como forma de recompensa (Golombek, 2017: 145).

Movimientos sociales y culturales a lo largo de la historia demuestran lo poderosa y movilizante que puede ser esta necesidad. El nazismo, por ejemplo, surgió como consecuencia del pobrísimo estado en que quedó la sociedad alemana después de la Primera Guerra Mundial, canalizando el descontento y la angustia de la gente y aprovechándose de la necesidad de volver a reunirse bajo una bandera que englobara los valores perdidos de una Alemania grande y próspera. Su llegada al poder y el nivel de afiliación que tuvo en los primeros años, antes de que el pueblo comprendiera realmente lo que estaba sucediendo, se explica a partir de un requerimiento no satisfecho de pertenencia en lo que había sido la clase media antes de la Gran Guerra. El sentimiento de grupo también ha estimulado grandes movimientos a favor de los derechos humanos, la democracia, la ecología y la educación. Cuando Martin Luther King pronunció su discurso *I have a dream* el 28 de agosto de 1963 desde las escalinatas del Monumento a Lincoln durante la Marcha en Washington por el trabajo y la libertad, fue un momento definitorio en el Movimiento por los Derechos Civiles. Los cientos de miles de personas que lo escucharon podían sentir que eran parte de ese sueño, que compartían el deseo de un mundo diferente, que algo más grande que ellos los convocaba.

Si el sentimiento de pertenencia es tan poderoso y motivador, no lo es menos la necesidad de reconocimiento o necesidad de autoestima. Sobre ella se asienta la confianza en uno mismo. Se alimenta del respeto, los logros, el prestigio y el éxito. Curiosamente, Maslow reconoce dos tipos de estima. La estima alta, que hace referencia al respeto a uno mismo, confianza, competencia, maestría, independencia, libertad, y la estima baja construida sobre el reconocimiento externo, la atención, el aprecio, el estatus, la dignidad y la fama.

En la cima está la necesidad de Autorrealización. Es a partir de ella que se desarrollan la creatividad, espontaneidad, y el liderazgo. La persona que, habiendo satisfecho todos los otros estadios, se dispone a ocuparse de este, desarrolla una visión global de la realidad, una percepción diferente de las necesidades y los fines. Los seres humanos que se encuentran en el punto cúlmine de la pirámide suelen ser inconformista, personas con un sentido del humor no hostil, con buena aceptación de sí mismos y de los demás sin ser pretensiosos ni artificiales. Aceptación, no resignación. La motivación por el deseo de autorrealización conduce a vivir cada experiencia con una intensidad distinta, apreciando no sólo sus matices y efectos inmediatos, sino todo lo que tienen de simbólico, profundo, complejo y rico.

Al avanzar de un escalón de la pirámide a otro nos mueve una sensación de carencia. Cada vez que obtenemos una cierta satisfacción, se abren nuevos horizontes ante nosotros, nuevos destinos posibles, nuevas motivaciones para seguir progresando. El proceso nunca se detiene y tiene múltiples espacios de acción. Cuando nuestras necesidades materiales están satisfechas, nos atrae irremediablemente la satisfacción de las emocionales. Cuando al fin logro sentirme realizado en algún aspecto de mi vida, encuentro muchos otros en los cuales aún no he alcanzado el máximo escalón. No es un movimiento consciente, es una motivación profunda, íntima e irrefrenable. Nunca alcanzo todos mis deseos, y es sano que no lo haga, porque su búsqueda me mantiene activo y motivado. Siempre persiguiendo un nuevo horizonte, sin que eso implique algún tipo de infelicidad. Encontramos satisfacción en movernos a lo largo de la pirámide, desarrollando nuevas habilidades y descubriendo nuevas posibilidades.

No todos buscamos el último nivel. El éxito y la felicidad no significan lo mismo para cada uno. Es probable que haya individuos que desarrollen un estado lo suficientemente placentero cubriendo sólo tres o cuatro escalones. No necesitan llegar al último, aunque saben que a su alrededor hay personas sí que lo buscan.

No todos buscamos el último nivel. Pero algunas personas ni siquiera saben que existe. Personas que, por sus situaciones particulares, no conocen más posibilidades que las inmediatas, no saben que tienen la oportunidad de ser más, de lograr más, de alcanzar una sensación de plenitud imposible de concretar para quienes viven los primeros escalones como una trampa. Como lo demuestra el trabajo de Marian Diamond, algunas veces la posibilidad de avanzar en la escala no depende de nuestros talentos, inteligencia o voluntad. Sino de si somos "ratas ricas" o "ratas pobres". El impacto que ejerce la experiencia en los seres vivos quedó demostrado en un experimento con cual se buscaba medir el desarrollo cognitivo de dos grupos de roedores según los estímulos a los que se veían expuestos. Las ratas "ricas" vivían en pequeños grupos, en jaulas con variadas piezas de entretención, como escalas y ruedas. Las ratas "pobres" vivían en jaulas parecidas, pero vacías.

Durante un período de varios meses, la neocorteza de las ratas ricas desarrolló redes mucho más complejas de circuitos sinápticos que interconectaban las neuronas; en comparación, el circuito neuronal de las ratas pobres era escaso. La diferencia era tan grande que el cerebro de las ratas ricas era más pesado, y - cosa tal vez poco sorprendente - ellas eran más inteligentes para resolver laberintos que las ratas pobres (Goleman, 2018: 261).

¿Significa eso que no podemos escapar a las condiciones de nuestro entorno? Miles de casos en el mundo nos dicen que no. Otros miles parecieran decirnos que sí. Ni nuestro temperamento, ni nuestras condiciones sociales, económicas y culturales, ni nuestras habilidades o limitaciones físicas pueden determinar nuestro destino. El éxito puede pronosticarse con mucha mayor precisión a partir de parámetros emocionales que meramente económicos. Ser seguro de uno mismo, mostrar un genuino interés hacia los demás, desarrollar la inteligencia emocional son factores mucho más determinantes que el lugar donde nacimos o los recursos a los que tuvimos acceso los primeros años de vida.

Hay un papel que la aptitud emocional juega por encima de la familia y las fuerzas económicas: puede ser decisiva para determinar en qué medida un niño o adolescente cualquiera ha sido perjudicado por estas dificultades, o si ha logrado hallar un núcleo de resistencia y capacidad de recuperación para sobrevivir a ellas. Estudios a largo plazo de cientos de niños crecidos en medio de la pobreza, en familias abusivas o con un padre que padece una severa enfermedad mental, mostraron que aquellos que pueden recuperarse a pesar de enfrentarse a las más penosas dificultades, tienden a compartir las claves de su destreza emocional. Éstas incluyen una sociabilidad ganadora que atrae a los demás, confianza en ellos mismos, una actitud persistentemente optimista ante el fracaso y la frustración, la habilidad de recuperarse tras un revés, y una personalidad fácil de llevar (Goleman, 2018: 296).

Un informe del Centro Nacional para Programas Clínicos Infantiles de Estados Unidos presenta una lista de siete ingredientes clave para el éxito a cualquier edad:

1. *Confianza*. La sensación de controlar y dominar el propio cuerpo, las emociones y el entorno. La confianza nos permite apostar a nuestro propio éxito, descansando en la amabilidad y colaboración de las personas a nuestro alrededor.

2. *Curiosidad*. La impresión de que descubrir es positivo y conduce al placer.

3. *Intencionalidad*. La capacidad de producir un efecto deseado en el entorno y de actuar al respecto con persistencia. Está relacionado con una sensación de competencia o eficacia.

4. *Autocontrol*. Dominar las propias acciones, emociones y pensamientos acorde al temperamento, la edad y el nivel de desarrollo saludable de cada uno.

5. *Relación*. Comprometerse con otros, a partir de la confianza y comprensión mutuas.

6. *Capacidad de comunicación*. La comunicación está relacionada de manera directa con la confianza y el placer que nos inspira entrar en contacto con quienes me rodean.

7. *Cooperatividad*. La capacidad de equilibrar las propias necesidades con las de los demás en una actividad grupal (Goleman, 2018: 228 - 229).

Todas estas habilidades se desarrollan de manera óptima en entornos saludables, donde las personas tienen satisfechas la mayor parte de las necesidades de la pirámide de Maslow, o al menos las estrictamente materiales. Pero también pueden florecer en espacios conflictivos cuando el sujeto asume sus propios deseos y capacidades y se decide a trascender el contexto. Las fortalezas latentes en cada ser humano le permiten superar los obstáculos y alcanzar nuevos niveles de bienestar, éxito, felicidad, tranquilidad y desarrollo. Para todo esto es necesario un enfoque que privilegie los estados positivos de pensamiento y las acciones conscientes y orientadas hacia metas definidas.

Cuando nos concentramos en lo que realmente nos apasiona y para lo que tenemos habilidad, podemos incluso anular nuestras percepciones del entorno, causándonos una ceguera atencional. Todos nuestros recursos están al servicio de concretar un objetivo y entramos en lo que los norteamericanos llaman "la zona", o lo que psicólogos y neurocientíficos han denominado "estado de flujo", una disposición particular que nos hace super eficientes en el desarrollo de tareas determinadas. Según Howard Gardner, el psicólogo de Harvard que desarrolló la teoría de las inteligencias múltiples, el estado de flujo es un estado interno que significa que un individuo está ocupado en una tarea adecuada a sus capacidades y motivaciones. En su trabajo *Fluir: La psicología de las experiencias óptimas*, Mihaly Csikszentmihalyi esboza su teoría de que la gente es más feliz cuando está en ese estado, absorta completamente en la actividad o situación en la que se encuentran. La experiencia se convierte en una vivencia óptima de motivación intrínseca y se caracteriza por una sensación de libertad, gozo, compromiso y habilidad. Cuando fluimos las sensaciones temporales desaparecen. El ego desaparece. El tiempo vuela. Todo tu ser está allí, y estás aplicando tus facultades al máximo. Para alcanzar ese estado, debe lograrse el equilibrio entre el desafío de la tarea y la habilidad de quien la realiza. Si la tarea es demasiado fácil o demasiado difícil, no logramos entrar en la zona. Un estado en el que la atención, la motivación y la situación se encuentran, dando como resultado una especie de armonía. Esto permite optimizar procesos complejos que van desde tareas manuales al aprendizaje y dominio de cualquier disciplina.

El aburrimiento o el exceso de estrés, dos polos enemigos de la eficacia, llevan a la persona a sentirse incapaz o impedido de dominar una tarea para la que en realidad puede estar maravillosamente dotado. Uno aprende de forma óptima cuando tiene algo que le interesa y obtiene placer ocupándose de ello.

Explotando la creatividad

La creatividad es una rara virtud que solemos asociar a la genialidad, al arte, al descontrol, a la ruptura de los límites y hasta a la inspiración divina. Sir Ken Robinson la define como el proceso de tener ideas originales que tienen valor. Cuando pensamos en personas creativas imaginamos a excéntricos autores encerrados entre lienzos, acrílicos, planos de estructuras fantásticas, pilas de hojas desechadas, máquinas de escribir, partituras rayadas o bloques de mármol. Lo cierto es que la rareza de la creatividad está más en los ojos del espectador que en su naturaleza. Hay cuatro mitos sobre la creatividad que vamos a desmontar ahora mismo.

1. Para comenzar, la virtud de la creatividad puede estar presente en cualquier ámbito de la acción humana. Es decir que no es propiedad exclusiva de los artistas. Se puede ser creativo hasta en la manera de ordenar una habitación. La creatividad es intrínseca al ser humano y nos permite sobrevivir allí donde no sabemos o no podemos responder de la manera en la que generalmente lo haríamos.

2. El segundo mito afirma que la creatividad implica descontrol. Todo lo contrario: la creatividad necesita límites. De hecho, sólo florece allí donde hay una barrera que puede ser traspasada, o un espacio cerrado, dentro de cuyas fronteras debe lograr lo que pareciera no tener lugar allí. En *The Laws of substraction*, Mattew May explica, con fundamentos científicos, como la creatividad eclosiona cuando se la somete a restricciones inteligentes. "Contra la creencia popular, estudios recientes han constatado que el evento principal de la imaginación - la creatividad - no requiere una libertad ilimitada, sino que prefiere límites y obstáculos" (Gallo, 2017: 220). Algunas de las piezas de arte más extraordinarias de la historia tuvieron que ceñirse a reglas y patrones tan estrictos, que en la actualidad nos sería imposible replicarlas. Las obras de Leonardo Da Vinci, por ejemplo, respondían al canon clásico y renacentista, sin despegarse de la forma y estructura que estos establecían, y aun así rebosan de creatividad. Cuando Miguel de Cervantes escribió el Quijote, no hizo más que apegarse a los modelos de la literatura caballeresca, con tal exactitud que mostró toda la ridiculez de su aparato y logró superarla. En Argentina, Liliana Bodoc se dedicó a escribir novelas épicas con un modelo que ya había quedado por demás establecido por J.R.R. Tolkien. Pero dentro de ese espacio restrictivo encontró un manantial de expresión no explorado, mostrando las luchas de los pueblos originarios contra la conquista, la destrucción de sus raíces y la pérdida de sus espacios sagrados en una novela infanto-juvenil.

3. Tercer mito: la creatividad es cosa de genios. Bill Gates contó en una entrevista cuál era su método para resolver los problemas más complejos: pedirle a la persona más perezosa del equipo que se hiciera cargo. Así, se aseguraba de que la respuesta siempre fuera la más sencilla y eficiente. Todos tenemos momentos creativos en nuestra vida cotidiana. Incluso la falta de experiencia puede ser una gran fuente para la originalidad. Una persona que no sabe que algo no se puede hacer, no sabe que no se puede. Parece un trabalenguas, pero algunos límites están

más en nuestros prejuicios que en la realidad. Los inexpertos, al no conocer el manejo de cierto campo, pueden llegar a tener ideas totalmente fuera del contexto previsible, y estás pueden ser geniales. El que no sabe, no tiene prejuicios, y por lo tanto puede pensar más creativamente.

4. El último mito: la creatividad es cuestión de inspiración. Para los griegos la inspiración consistía en un rapto que los dioses hacían del artista, apoderándose de sus sentidos, insuflándole las palabras, tomando posesión de su alma durante el tiempo que durara su desempeño. En realidad, esto no es más que el estado de flujo que ya hemos descripto anteriormente, donde la maestría y el dominio de una persona sobre un campo llega a tal punto que puede separarse del mundo en el momento de ponerlo en práctica, a veces con resultados extraordinarios. No hay magia ni fuerzas sobrenaturales en el proceso creativo. Hay mucho trabajo, esfuerzo, compromiso, dedicación y perseverancia. La magnificencia de la capilla Sixtina es indiscutible. Se trata de una obra verdaderamente extraordinaria. A pesar de la inspiración divina que Miguel Ángel sentía correr por sus venas mientras avanzaba en su labor, le tomó cuatro años cubrir los 460 metros cuadrados. Para hacernos una idea, esa es la superficie de una casa pequeña. Otro ejemplo, para producir cada minuto de la película "El Extraño Mundo de Jack" se necesitó en promedio alrededor de una semana de grabación. Todas las virtudes humanas pueden ser desarrolladas con tiempo, compromiso y pasión.

¿Cómo despertar nuestra creatividad? Partimos del carácter egoísta del cerebro humano. La búsqueda del placer es la base de la motivación, el principio que nos pone en movimiento. Como muestra la pirámide de Maslow, el placer y la satisfacción pueden significar cosas distintas para individuos distintos. Nuestro cerebro encuentra placer y se enfoca con mayor facilidad en estímulos dotados de ciertas características. Si utilizamos estos para enfocar un problema, inevitablemente surgirá la creatividad. Nos estimula lo nuevo, el movimiento, los cambios en el entorno (aunque sean sutiles como una variación en el tono de voz), lo conocido presentado de forma novedosa, las conexiones y las historias. Además de eso, una de las cosas más movilizantes que se nos pueden presentar son las preguntas. Las preguntas nos activan porque necesitamos completar el vacío. La falta de información, la angustia que produce la curiosidad, es un gran combustible para las ideas, las soluciones creativas, la motivación y la acción.

La creatividad está en nosotros como una fortaleza de la que generalmente no somos conscientes. Para asumirla y liberarla en todo su potencial, hay que comprender que contamos con ella y aprender a desarrollarla según nuestras propias necesidades. Tomar las oportunidades que se nos presentan, convertir las dificultades en desafíos estimulantes y transformar nuestra forma de ver nuestras propias cualidades.

Conoce los canales que te acercan a tu público

¿Nunca te has sentido exasperado ante un "ok" o confundido a la hora de terminar una llamada, sin saber muy bien cómo despedirte? ¿No te ha pasado acabar en un mensaje de texto con "hablamos luego" cuando en realidad deberías haber puesto "nos leemos luego"? ¿Por qué a veces mensajes inocentes son malinterpretados, generando disputas entre amigos, familiares y parejas? Cada audiencia es en sí misma heterogénea. Y no sólo las audiencias son distintas, sino que las formas en las que interactuamos con estas son incontables y ofrecen limitaciones y posibilidades más allá de nuestra imaginación. En el mundo contemporáneo, donde la manera de comunicarnos evoluciona más rápido que en ninguna otra época de la historia, debemos saber cómo manejar los distintos medios a través de los cuales nos vinculamos con nuestro auditorio.

Lo cierto es que cada vez contamos con más canales a través de los cuales comunicarnos, pero intentamos conducirnos en todos con las mismas reglas. No somos conscientes de sus complejidades individuales, ni de la manera de utilizarlos estratégicamente para lograr comunicar lo que realmente queremos comunicar. Y esto es un importante asunto para un orador.

Tomemos el caso de las indirectas en redes sociales. Las mismas tienen una larga historia. Ya en tiempos del extinto MSN se solían ver estados aparentemente cargados de segundas intenciones debajo del nombre de usuario. En muchos casos los inocentes internautas elegían letras de canciones o frases graciosas o llamativas para representar su ánimo. Sin embargo, era casi imposible evitar la catarata de comentarios de los presuntamente aludidos. La posibilidad de comunicar pensamientos, compartir imágenes, representar emociones y lanzar indirectas se expandió a todas las otras redes, dando origen a un fenómeno comunicativo totalmente nuevo: los memes. En una publicación de Facebook se podía ver uno de en un hombre escondido detrás de un árbol, con la frase "Como cuando miras mis publicaciones y no comentas nada". La intención del mensaje estaba subrayada por el paratexto que lo acompañaba: una manito señalando la palabra "vos". Debajo de la publicación, decenas de reacciones de casi todos los amigos del emisor del mensaje, menos del destinatario.

La mayor dificultad al interactuar a través de las redes sociales es que en ellas no hay gestualidad ni entonación. Y dado que la mayor parte de la comunicación humana depende del lenguaje no verbal, se constituyen es espacios donde la información llega incompleta, dejando aún más margen a la interpretación. Hemos desarrollado algunos rudimentos para intentar resolver esta limitación, como EL USO DE LAS MAYÚSCULAS para indicar que algo es importante, o incluso para representar un grito; la incorporación de ciertas onomatopeyas y frases hechas, como Ahhhhhh, jajajajaja, OMG, LOL; y el uso de los emoticones a fin de incluir algún tipo de gestualidad. Pese a todo, no parece ser suficiente. Ver un montón de Jajas no nos garantiza que la otra persona se sienta divertida o realmente esté riendo. Los íconos visuales también pueden ser mal interpretables. Un inicuo "ok" puede desatar la tormenta.

La comunicación cara a cara sigue siendo nuestra principal y más completa forma de interacción, transmisión de información y fuente de aprendizaje. Por eso YouTube mantiene su popularidad, mientras otros medios han bajado en el ranking de uso de los más jóvenes. Por eso la mayoría de las compañías se esfuerzan en proveer a sus clientes de experiencias interactivas, tutoriales, espacios de consulta con seres humanos de carne y hueso. Asimilamos el mundo a través de nuestros sentidos, y cuantos más sentidos estén involucrados en una situación, más impacto tendrá esta sobre nosotros y nuestra memoria.

¿Qué hace una profesora de Oratoria enseñando hip hop a un grupo de niñas? Probablemente nunca nadie se hizo esta pregunta antes del verano del 2019, cuando me pusieron a cargo de la clase infantil de la Academia de baile donde estudiaba. Algo que pocos saben sobre mí y aún menos imaginan es que soy instructora de ritmos. Al contrario que los académicos que describe Sir Ken Robinson, me encargué de educar no sólo mi cabeza, sino también mi cuerpo. Después de todo, mente sana en cuerpo sano. Ejercitarnos y escuchar música mientras lo hacemos es una gran manera de liberar el estrés y equilibrar las emociones, manteniéndonos saludables, lo cual contribuye a una autoimagen sana. Además, la danza optimiza el manejo del cuerpo y, sobre todo, influye en la coordinación. Convertirme en instructora me permitió ampliar mis conocimientos de anatomía y desarrollar nuevos ejercicios de Oratoria que incorporaran el movimiento. No me cansaré de repetir, y espero que quién esté del otro lado no se canse de leer, que somos una Unidad Cuerpo, Cerebro, Mente. Necesitamos poner toda la unidad a punto para alcanzar el éxito.

Por pedido de un amigo, el director de la Academia, acepté una pasantía enseñando baile a un grupo, más numeroso de lo que esperaba, de niñas entre los tres y los doce años. Uno de los públicos más aterradores que he enfrentado en mi vida. Antes del primer día de clases sentía una acumulación nerviosa que no había experimentado en años. Las semanas previas no podía dormir pensando en qué música sería apropiada y qué tipo de coreografía podría hacer. Me preguntaba si vendría alguien, si serían muchos, si cometería algún error. Y me cuestionaba ¿quién me mandaba a meterme en semejante problema?

¿Por qué había aceptado en primer lugar? Para desafiarme a dar clases a un público nuevo, distinto, que me asustaba, que requería un tipo muy específico de atención. Quería aprender a comunicarme con una audiencia totalmente diferente y extraer de esa experiencia toda la práctica posible que me ayudara a convertirme en una mejor oradora.

Hablando diferentes idiomas o las maravillas del sistema VAK

Cada vez que nos paramos delante de una audiencia ponemos en juego todo lo que somos, nuestro cuerpo, nuestras emociones, nuestro conocimiento. Y vamos a ser recibidos a través de la vista, el oído, el olfato, y pasar por el filtro de las emociones, experiencias y conocimientos de los demás. En resumen, exponernos ante un público es exponernos a ser sentidos.

Platón habla, ya en sus diálogos, de los sentidos. Los juzgaba como la forma más baja y primitiva de conocimiento. Descartes dudaba de ellos, considerándolos poco confiables. Nunca pensó que tal vez era su propio pensamiento el que lo engañaba. O que las incoherencias que atribuía a su vista se debían a leyes físicas que todavía no habían sido enunciadas. A lo largo de la historia del pensamiento occidental nos hemos ido alejando de lo que nos dicen nuestros ojos, manos y oídos. Sin embargo, estos siguen siendo los únicos caminos de acceso al mundo. ¿Por qué entonces esa desconfianza? Porque los sentidos no son un criterio unificado de percepción. Cada uno siente con distintos matices. La comida que es para unos deliciosa, para otros es desagradable. Distintos tipos de música nos gustan o disgustan, distintos volúmenes nos resultan demasiado altos o bajos. Y, así como experimentamos el universo de maneras diferentes, demostramos preferencias por algunos sentidos sobre otros, condicionando cómo nos relacionamos y respondemos al mundo. Este presupuesto es el origen de la teoría VAK, que parte del criterio neurolingüístico según el cual la vía de ingreso de la información determina la manera en que la asimilamos.

Tenemos tres grandes sistemas para representar los datos que recibimos del entorno: el Visual, el Auditivo y el Kinestésico. Es decir, los ojos, los oídos y el movimiento y las emociones. La mayoría de los seres humanos los utilizamos de forma desigual, potenciando unos sobre otros. Por lo tanto, nos constituimos como personas visuales, auditivas o kinestésicas. La inclinación hacia un sistema no es innata. Se despliega a lo largo de nuestra vida y puede cambiar según los ambientes en que nos movemos y la cantidad de información que recibimos a través de cada sentido. Y, cuanto más usamos alguno de los componentes del VAK, más se desarrolla este. La metodología educativa que se utiliza en la mayoría de las universidades, por ejemplo, privilegia lo visual, poniendo lo auditivo en segundo lugar y dejando de lado la kinesis, pero ciertas profesiones, como la danza o la enseñanza de educación física, colocan estas percepciones en el centro de la escena. Solemos conectarnos más fácilmente con aquellos que manejan el mismo sistema, y nos cuesta más relacionarnos con quienes utilizan uno distinto. Se estima que un 40% de los sujetos son visuales, un 30% auditivos y un 30% kinestésicos. Cada uno de estos sistemas tiene sus características, las cuales complementan la personalidad del individuo:

- El sistema de representación visual se manifiesta siempre que recordamos en imágenes, tanto concretas como abstractas. Quienes lo tienen como predominante aprenden mejor lo que ven o leen, prestan más atención a los colores, las formas, la apariencia de las cosas, la simetría y los matices.

Cuando pensamos en imágenes podemos traer a la mente mucha información al mismo tiempo. Por eso la gente que utiliza este procedimiento tiene más facilidad para absorber grandes cantidades de datos con rapidez. Esta información se procesa en bloque, atendiendo a la comprensión más que a la repetición. Imaginar nos ayuda además a establecer relaciones entre distintas ideas y conceptos. La capacidad de abstracción y de planificación están directamente relacionada con la capacidad de visualizar.

¿Cómo conseguimos captar el interés de nuestra audiencia, establecer una conexión emocional y hacer que presten atención sin que se distraiga? Gracias al efecto de superioridad en las imágenes. Los textos y las listas de putos son las maneras de comunicar que dejan menos recuerdo (Gallo, 2017: 255). Los científicos han acumulado una enorme cantidad de evidencias que demuestran que es más probable que los conceptos se retengan cuando se presentan en forma gráfica. Tres días después de haber escuchado una información, sólo recordaremos alrededor de un 10% del total. Pero si le añadimos una imagen, el porcentaje de eleva hasta el 65%. Para ponerlo en perspectiva, una ilustración nos ayudará a recordar seis veces más que el mero hecho de escuchar las palabras (Gallo, 2017: 245 - 246). Una recomendación importante para todos los que se desempeñan como comunicadores es utilicen ejemplos concretos e ilustraciones siempre que puedan, porque el cerebro no está diseñado para comprender conceptos abstractos.

En el 2017 me convocaron para brindar charlas de Orientación Vocacional a estudiantes de diferentes instituciones en un evento de la Universidad. La mejor manera que encontré para ayudarlos en su proceso de elección de carrera, fue mostrarles el mío. Ante un aula llena de jóvenes de 17 y 18 años puse en juego mi historia personal, acompañando algunas partes con dibujos y fotos llamativas. En un momento les hablaba sobre mis sueños de niña, de la primera vez que se manifestó mi deseo de ser docente y entonces apareció en la presentación detrás de mí el retrato de una maestra que sin duda todos conocían: Edna Krabappel, la icónica profesora de Los Simpson. La cantidad de información que podemos transmitir con una sola imagen es inmensa. De nuevo la sabiduría popular muestra estar en lo cierto cuando afirma que una imagen dice más que mil palabras.

Las personas visuales suelen ser más ordenadas, observadoras y tranquilas en su desempeño cotidiano. A fin de percibir todo lo que ocurre a su alrededor, se elevan sobre los demás, lo cual les da una postura erguida y un tono de voz más fuerte. Se preocupan por su aspecto y, dentro de su estilo particular, suelen combinar muy bien colores, texturas y formas. Sienten a los demás a través de los ojos y son muy expresivos. Su rostro los delata.

Su sistema de representación predominante también afecta la manera de expresarse de estas personas, que prefieren verbos como *veo*, *observo*, *imagino*, *percibo*.

- Los auditivos toman como estímulo predominante las voces, la música, el ruido y hasta los silencios. Dado que el sonido es siempre una construcción secuencial, la manera en la que los auditivos recuerdan también lo es. Los alumnos que pertenecen a este sistema aprenden mejor cuando reciben las explicaciones oralmente y pueden hablar y exponer esa información a otra persona. En un examen, el estudiante que ve mentalmente la página del libro podrá pasar de un punto a otro sin perder tiempo, porqué está procesando toda la información a la vez. Sin embargo, el alumno auditivo necesita escuchar su grabación mental paso a paso. A causa de esto, son personas con excelente memoria, que recuerdan textualmente la información. Su mayor desventaja es que olvidar una parte de la secuencia puede convertirse en una imposibilidad para continuar avanzando. Como una sinfonía a la que le falta un compás. O como cortar la cinta de una casete[10]. El sistema auditivo no permite relacionar ideas o elaborar conceptos abstractos con la misma facilidad que el sistema visual y no es tan rápido. Es, sin embargo, fundamental en el aprendizaje de los idiomas, la comunicación y, naturalmente, la música.

Las personas auditivas reflexionan en voz alta y en ocasiones se distraen con facilidad. A veces mueven los labios al leer y tienen habilidad para la palabra, incluso

---

[10] El avance tecnológico nos ha dejado sin algunas preciosas metáforas, como está, que es prácticamente incomprensible para los menores de 20 años.

si son tímidos o reservados. No son especialmente atentas a su apariencia, pero si a los tonos y calidad de la voz, y pueden modularla con eficacia. Utilizan expresiones como *te escucho, digo, en otras palabras*. Para ellos lo central es la palabra y cómo esta ha sido emitida. Por eso es el medio que eligen con mayor frecuencia para manifestar sus emociones y sentimientos. Al charlar, los auditivos te prestan el oído, mientras los visuales te miran con atención.

Mi hermano como estudiante era profundamente auditivo. Lo cual causaba que cada vez que tenía un examen, la familia saliera huyendo. Siempre estaba a la caza de alguien a quien pudiera explicarle el tema que debía rendir. La dificultad residía en que necesitaba que realmente lo escucharan, no era suficiente con estar ahí.

- El sistema de representación kinestésico se manifiesta al procesar la información asociándola a nuestras sensaciones y movimientos, a nuestro cuerpo. Se suele creer que sólo se aplica en el aprendizaje de deportes o actividades relacionadas con lo físico, pero lo usamos cuando escribimos en la computadora o el celular sin detenernos a mirar las letras, cuando recorremos un camino sin pensarlo, al tocar un instrumento musical e incluso al dibujar. Todas estas actividades ponen en juego la memoria muscular y despiertan las percepciones kinestésicas en nosotros.

Aprender utilizando el sistema kinestésico es más lento y más profundo. Es normal memorizar una lista de palabras y no recordarlas al día siguiente, pero cuando se aprende a andar en bicicleta, no se olvida nunca. Una vez que sabemos algo con nuestro cuerpo, que lo incorporamos a la memoria motora, es muy difícil que se nos olvide.

Las personas que utilizan preferentemente el sistema kinestésico necesitan, por tanto, más tiempo que los demás y son más inquietos. Piensan en movimiento. Y asimilan haciendo. Son más perceptivos a los sabores, las texturas y los sentimientos. Están más conectados con sí mismos a un nivel emocional. A veces esto causa que su voz sea más suave, baja y profunda, y su postura retraída. Responden a las muestras físicas de cariño y prefieren experimentar el mundo con todo el cuerpo, así como expresar sus emociones con el movimiento. Sus expresiones más comunes suelen ser *haceme pata, dame una mano, siento, lo tengo, lo capto*. Al hablar con alguien, sobre todo alguien de confianza, el kinestésico sujetará su mano, lo tocará, lo abrazará, buscará el contacto. Esto desespera a los visuales, que necesitan tener despejado su espacio de visión y sienten que no les están prestando atención. Si no lo miran, no lo escuchan.

Sir Ken Robinson suele contar la maravillosa historia de cómo Gillian Lynne encontró su vocación. Ella es una de las coreógrafas más importantes de la actualidad, responsable de las coreografías de obras como Cats y el Fantasma de la Ópera. Aunque ahora es famosa y multimillonaria, cuando iba a la escuela era bastante problemática. Al punto de que sus maestras aseguraron que tenía algún tipo de trastorno de aprendizaje. Preocupada, su madre la llevó a un especialista, que después de escucharla por más de media hora, se sentó junto a la niña. "Gillian, he escuchado todas estas cosas que tu madre me ha dicho, y necesito hablar con ella en privado. Espera aquí, volveremos pronto" le prometió. Antes de salir de la habitación, él encendió la radio. Al minuto de abandonar la sala, Lynne ya estaba de pie, moviéndose al ritmo de la música. Después de mirarla unos instantes, el especialista dijo a su madre: "Señora Lynne, Gillian no está enferma, es una bailarina. Llévela a una escuela de danza."

"Ella lo hizo. No puedo decirle cuán maravilloso fue. Entramos en esta sala y estaba llena de gente como yo, gente que no podía sentarse quieto. Gente que tenía que moverse para pensar".

La inteligencia es dinámica, diversa y distintiva. Se manifiesta de maneras muy diferentes en cada individuo.

No hay que olvidar que estamos hablando de generalidades, que no siempre aparecen en todos los que pertenecen a una categoría, o al menos no de la misma manera. Incluso puede suceder que la práctica haya llevado a que, en actividades concretas, hayamos desarrollado un modelo sobre otro, aunque en la vida cotidiana no sea el predominante.

A veces cuando hablamos con una persona y sentimos que nos habla en un idioma distinto, tal vez sea efectivamente así. Porque tener un sistema de representación diferente, es tener una imagen del mundo diferente.

Un visual, un auditivo y un kinestésico entran a un bar...

Imaginemos que, al día siguiente, les preguntamos qué tal les fue durante la cena.

El visual podría decirnos "el ambiente era muy agradable, las luces suaves. Estaba todo muy limpio y las mesas, sillas y manteles combinaban maravillosamente. La comida tenía una apariencia deliciosa".

El auditivo, "Horrible. Había un bebé que no paraba de llorar, la música estaba muy fuerte y no se podía conversar a gusto. No podía escuchar al mozo mientras hablaba y tuve que preguntarle tres veces lo mismo. El lugar era demasiado ruidoso y realmente no me gustó".

¿Y el kinestésico? "Me sentí muy bien. El ambiente era acogedor, la compañía genial. El mozo era muy amable y la comida sabía deliciosa. Fue una cena estupenda".

Al enfrentar a cualquier tipo de audiencia, el orador debe tener en cuenta que tendrá personas visuales, auditivas y kinestésicas frente suyo y que debe dar su presentación para todos. Por eso necesita manejar estratégicamente los tonos de voz, el movimiento, las imágenes que lo acompañarán y la forma de utilizar los predicados, mezclándolos para incluir a todos:

Deje que los visuales vean lo que dice. Deje que los pensadores auditivos le escuchen alto y claro, y dese usted de sí para que los pensadores cinestésicos puedan sentir los mensajes. De otra manera, ¿por qué tendrían que escucharle? Está usted arriesgándose a que dos terceras partes de la audiencia no sigan su explicación si se limita a exponerla en un solo sistema representativo (O´Connor, 1995: 67).

Nuestras palabras afectan la estructura y el contenido de nuestros pensamientos y la manera en que vemos el mundo. Nuestra experiencia única e irrepetible es la que da forma a esas palabras y nos lleva a desarrollar ciertas actitudes y habilidades para relacionarnos. Incluso las experiencias negativas pueden ser una fuente insustituible de aprendizaje. Solo debemos saber cómo canalizarlas.

Cada cosa que decimos afecta a las personas de modos que no podemos imaginar. La manera en la que las decimos tiene el mismo peso. Los gestos que acompañan a lo que decimos llegan a ser incluso más importantes.

El lenguaje corporal

Los gestos, el pensamiento y el lenguaje están conectados. Una estadística muy popular, resultado de las investigaciones de Albert Mehrabian, sostiene que el 7% del significado en la comunicación viene de las palabras que utilizamos; el tono, el volumen y la entonación representan un 38% y el lenguaje corporal, (gestos, expresiones) un 55%. Estas cifras, explica su mismo autor, son falsas, pero no irrelevantes. Reducir a números tan simples la complejidad de la comunicación es irresponsable. No se puede establecer con exactitud cuánto afecta el lenguaje no verbal al significado de los mensajes emitidos. Sí podemos afirmar, con total seguridad, que es un factor determinante para comprender el sentido de la totalidad de nuestras expresiones orales. No es lo mismo decir "Ayer vi a tu amiga" con un tono sincero y simpático y un lenguaje corporal abierto y franco, que decir "Ayer vi a tu amiga" con gestos burlones, tono sarcástico y un lenguaje corporal hostil. Las palabras son exactamente las mismas, el significado opuesto.

Los gestos, el movimiento, el tono, las pausas, son parte del lenguaje no verbal y constituyen un canal que bajo ninguna circunstancia debemos dejar de lado a la hora de enfrentar a una audiencia. A través de estos elementos podemos alcanzar una comunicación óptima con los distintos individuos. Los gestos mantienen a los visuales atentos a cada palabra, los distintos tonos y el manejo estratégico de las pausas conservan a los auditivos al borde de sus sillas, el movimiento atrae a los kinestésicos, que no nos quitarán los ojos de encima.

El lenguaje corporal, que es sólo una parte del no verbal, es un reflejo externo de la condición emocional de la persona y tiene su complejidad intrínseca. Podríamos escribir un libro completo de este tema. Aquí nos centraremos en sus cinco características básicas:

1. **El lenguaje corporal es histórico - cultural**. Durante el proceso de evolución cultural humana, las distancias que separaban a las diferentes sociedades, sus características específicas y los contextos donde les tocaba desenvolverse hicieron que desarrollaran gestos particulares cargados históricamente. Por ejemplo, en occidente, a raíz de la peste, nació la costumbre de cubrirse la boca con un pañuelo y sonarse la nariz. En algunos lugares de oriente, por el contrario, la flema es expulsada escupiendo, incluso en espacios públicos. Al servirnos una comida deliciosa, los miembros de las culturas latinas acaban el plato y agradecen, demostrando que han disfrutado hasta el último bocado. En los ambientes más tradicionales de Japón es una ofensa para el anfitrión terminar todo lo que nos han servido, porque significa que no nos han brindado suficiente alimento, y en China se indica que estuvo delicioso eructando abiertamente. En las culturas nórdicas se privilegia el sentido de la vista mucho más que en las latinas, los espacios personales son más amplios y el trato aparentemente más frio y formal. En Latinoamérica, donde predominan climas cálidos, los espacios personales son más reducidos y la gestualidad demostrativa. En Francia y España se saluda con dos besos, en Argentina con uno al aire, en Inglaterra dando la mano, y los abrazos se reservan para amigos muy cercanos y familiares en situaciones privadas.

Paul Ekman utiliza la expresión *reglas de demostración* para el consenso social acerca de qué sentimientos pueden mostrarse adecuadamente y cuándo. Las culturas a veces varían enormemente en este sentido. Por ejemplo, Ekman y sus colegas de Japón estudiaron las reacciones faciales de alumnos ante una horrenda película acerca de la circuncisión ritual de adolescentes aborígenes. Cuando los estudiantes japoneses vieron la película en presencia de una figura de autoridad sus rostros mostraron sólo reacciones leves. Pero cuando creyeron que estaban solos (aunque estaban siendo filmados por una cámara oculta) sus facciones se contrajeron en vívidas mezclas de aflicción angustiada, temor y disgusto.

Existen varias clases básicas de *reglas de demostración*. Una es minimizar las muestras de emoción: esta es la norma japonesa para los sentimientos de aflicción en presencia de alguien con autoridad, que los alumnos estaban siguiendo cuando ocultaron su perturbación con una expresión inmutable (Goldman, 2018: 141).

Existen sólo seis emociones universales, presentes en absolutamente todos los seres humanos, cuyas manifestaciones son casi idénticas a nivel gestual y totalmente idénticas a nivel fisiológico. Fue Charles Darwin en 1872, en su libro *La expresión de las emociones en humanos y animales*, quien postuló por primera vez la presencia de estas, compartidas por homínidos y animales. Paul Ekman retomó estos postulados, demostrando que estas emociones existen en diferentes culturas, inclusive en aquellas que no han recibido influencias occidentales (Manes, 2014: 189 - 190). Aun así, algunos de los gestos que las acompañan tienen particularidades que delatan el origen de su emisor:

- El *miedo* causa que la sangre vaya a los músculos, facilitando la huida, mientras que el rostro palidece al reducirse la circulación en él, creando la sensación de que la sangre se hiela. Los circuitos de los centros emocionales del cerebro desencadenan un torrente de hormonas que pone al organismo en alerta y la atención se fija en la amenaza, evaluando la respuesta. Cuando sentimos miedo la boca está abierta y retraída, los ojos se agrandan, las cejas se alzan y las pupilas se dilatan, para brindarnos más información sobre lo que está pasando

- Cuando experimentamos *felicidad* crece la actividad en la zona del cerebro responsable de inhibir los sentimientos negativos, favoreciendo un aumento en la energía disponible. Nos sentimos eufóricos, fortalecidos, llenos de empuje. Los pensamientos inquietantes, las preocupaciones, el estrés y la ansiedad disminuyen hasta casi desaparecer. La felicidad nos ayuda a recuperarnos más rápidamente de estados emocionales dolorosos y promueve una sensación generalizada de tranquilidad, descanso, buena disposición y entusiasmo. Cuando nos sentimos felices la reacción más natural es la sonrisa e incluso la risa. Pero esta última no se manifiesta igual en distintas culturas. En Latinoamérica se valora la risa franca, abierta, ruidosa, con todos los dientes a la vista. Se considera este un gesto sincero. En Japón, donde el valor estético predominante es la sutileza, se aprecia más a quienes saben reír cubriéndose la boca con delicadeza, sin estridencia.

- Todos los seres humanos alrededor del mundo manifestamos el *desagrado* con idénticos gestos. Y el significado de estos es también universal: algo nos disgusta o tiene un olor o sabor repugnante. Cuando sentimos esto nuestro labio superior se levanta, ligeramente torcido a un lado, y la nariz se frunce. Según Darwin esta expresión sería un intento rudimentario de bloquear las fosas nasales para evitar un mal olor o de escupir un alimento perjudicial.

- La *sorpresa* nos hace levantar las cejas, ensanchando nuestra capacidad visual y proveyendo con más luz a la retina, para aumentar la cantidad de información sobre el acontecimiento inesperado. Un gesto auténtico de sorpresa dura una fracción de segundo.

- La *ira* hace fluir la sangre a las manos, lo cual facilitaba a nuestros ancestros manipular un arma o golpear a un enemigo. El ritmo cardíaco se eleva y se liberan hormonas como la adrenalina, ampliando la disponibilidad de energía del cuerpo.

- A pesar de lo doloroso que es enfrentarse a ella, la *tristeza* tiene efectos psicológicos y fisiológicos fundamentales para ayudarnos a adaptarnos ante una pérdida significativa o una decepción muy grande. Cuando esta emoción nos invade, nuestro nivel de actividad decrece y hasta el metabolismo se hace más lento. La introspección que la acompaña crea la oportunidad de descargarse a través del llanto u otros gestos de pesar, reconectarnos con nosotros mismos, evaluar nuestros planes a futuro y tomarnos el tiempo necesario para asimilar la pérdida que nos ha generado dolor antes de seguir adelante. La disminución de energía que acompaña a la tristeza pudo haber fomentado la creación de lazos sociales entre los primeros humanos, obligándolos a permanecer cerca unos de otros, formando grupos donde estaban más seguros contra las amenazas del entorno (Goleman, 2018: 25 - 26). Aún hoy, la tristeza nos permite afianzar relaciones, aprender a ser más empáticos y sentirnos más vinculados a quienes nos rodean.

2. **El lenguaje corporal es inconsciente**. A todos nos ha pasado conocer a alguien que instantáneamente nos cae bien, o nos cae mal. No podemos explicar por qué. Más allá de que tuviéramos sistemas de representación opuestos, generalmente estas sensaciones de comodidad o rechazo inmediato se deben a una contradicción entre lo que comunica verbalmente esa persona y lo que dice su lenguaje corporal. Percibimos que hay una incoherencia y eso nos ocasiona desconfianza, o sentimos

que la persona es coherente y nos da una impresión de sinceridad. Para demostrar que se es íntegro, los gestos deben estar alineados.

Si uno no cree en lo que dice, sus movimientos serán forzados y poco naturales. Por mucho que lo practique, a menos que sea un agente de espionaje debidamente formado o un psicópata, no lograría superar esa incongruencia entre las palabras y los actos. Si no cree en el mensaje, no puede obligar a su cuerpo a actuar como si creyese (Gallo, 2017: 109).

Todos los seres humanos somos lectores naturales del Lenguaje Corporal. Con más o menos habilidad. Biológicamente evolucionamos para atender a los cambios en el entorno e interpretar el lenguaje no verbal de los otros humanos, a fin de garantizar nuestra supervivencia en comunidad. Culturalmente hemos sido educados para descifrar los gestos, la mímica, los movimientos voluntarios e involuntarios de quienes nos rodean. Todos sabemos lo que significa una sonrisa, un ceño fruncido o el tamborileo rítmico de un pie contra el suelo. Incluso somos capaces, a nivel inconsciente, de diferenciar una sonrisa verdadera de una falsa, aunque no comprendamos qué es lo que está mal con ese chico que nos mira al otro lado del salón. Dato curioso, las mujeres son más perceptivas que los hombres. Es una cuestión educativa y no biológica. A las niñas se les enseña a ser más atentas y estar más conectadas con sus emociones, respondiendo con mayor empatía a los demás.

El instinto es nuestro mejor aliado y nuestro peor enemigo a la hora de interpretar el lenguaje corporal de quienes nos rodean. Nos indica cuando hay una incongruencia, pero no nos muestra cuales son los pensamientos que se esconden detrás. En estudios sobre la estructura psicológica del bullying los investigadores descubrieron que los estudiantes que tenían conductas violentas a menudo estallaban contra sus compañeros al malinterpretar gestos en sí neutrales. Más allá del peso de sus condiciones familiares, sociales y económicas, en la gran mayoría de los casos las reacciones agresivas estaban motivadas por una percepción de hostilidad en expresiones que no la tenían (Goleman, 2018: 312). La dificultad reside, por lo tanto, que medimos inconscientemente a los demás a partir de nuestros propios parámetros y estado de ánimo.

Los verdaderos expertos en Lenguaje Corporal toman las señales intuitivas como alertas que les indican que hay algo a lo que deben prestar atención, y a partir de allí analizan lógicamente las peculiaridades en la comunicación de la persona a fin de leerla de manera integral. La clave para interpretar el lenguaje del cuerpo está en ser capaz de comprender la condición emocional del sujeto, escuchar simultáneamente lo que dice y percatarse de las circunstancias bajo las que lo dice (Pease, 2006: 21). No se trata de renunciar al instinto, sino de reeducarlo.

3. Inconsciente no significa innato. De hecho, como lo demuestra el punto 1, el lenguaje corporal se aprende siempre en un contexto social determinado y según las características propias de este. De hecho, **El lenguaje corporal es contextual** en más de un sentido.

Existen muy pocos gestos que parecen estar determinados por nuestra biología, como sonreír, llorar o el reflejo de succión, que aparecen en todos los bebés del mundo sin que hayan recibido ningún tipo de educación previa. Así como aprendemos a hablar por imitación de los adultos que nos rodean, vamos aprendiendo el lenguaje corporal y lo vinculamos de manera profunda y subconsciente a las distintas emociones. No elegimos deliberadamente cuando ni como sentir ni manifestar una emoción. Por el contrario, lo común es que experimentemos las vivencias emocionales pasivamente e incluso, en el caso de las más negativas, contra nuestra voluntad. Cuando el estímulo aparece, se manifiesta el comportamiento que hemos aprendido como respuesta.

El lenguaje corporal se adapta al entorno donde nos desenvolvemos y reacciona ante él. Normalmente las personas cruzan los brazos cuando están cansadas, aburridas o molestas. Pero también lo hacen cuando experimentan frio o al sentirse intimidadas, como un modo de protegerse. Cualquier análisis tiene que tomar en cuenta el entorno donde se está produciendo la comunicación para poder hacer una interpretación adecuada. Muchas veces hemos oído que las personas que mienten se tocan la nariz. Cuando alguien dice una mentira y se siente mal o culpable, se produce un incremento en el ritmo cardíaco. Los pequeños capilares dentro de la nariz reciben mayor irrigación, lo cual produce micro picores, pero no en todas las personas y no con la misma intensidad. En un espacio cargado de alérgenos, en ciudades con mucha polución, o en determinadas épocas del año, los factores ambientales hacen que tengan las manos en sus narices sin poder evitarlo. Alguien puede manifestar una postura débil y retraída al sentirse inferior a la persona que está hablando, pero también si su asiento es incómodo o tiene alguna dolencia o malestar físico. En ningún tipo de conversación, por ninguno de los canales por los que esta se produce, debemos dejar de lado el contexto. Sin contexto, no hay significado.

4. **El lenguaje corporal es direccional**, cualidad en que coincide con la voz. Hacia donde apunte nuestro rostro, hacia donde dirijamos la voz, allí llegará el sonido. Hacia donde dirijamos nuestro cuerpo, ahí estará el foco de nuestra atención.

Uno de los elementos que más información revela y es a la vez uno de los más desatendidos son los pies. Nuestros pies siempre señalan nuestro destino. Si hablamos con alguien y realmente estamos comprometidos en la conversación, ambos pies estarán apuntándole. Si comenzamos a sentirnos fastidiados o tenemos prisa por irnos a otro lugar, sutilmente comenzarán a alejarse, señalando hacia la puerta o a un punto lejano a nuestro interlocutor. Si nuestro torso y nuestras piernas no indican al mismo lugar, es un claro signo de que nuestra atención está dividida. Cuando estamos sentados, los pies retraídos son una muestra de inseguridad. Cuando están demasiado juntos manifiestan a una persona cerrada y centrada en sí misma, o a un sujeto inseguro. Si se posicionan demasiado separados, una postura agresiva que se prepara para una confrontación. Si una persona está sentada con los pies apoyados en el suelo, uno detrás del otro, mientras su cuerpo se inclina hacia adelante, ha asumido lo que se conoce como la postura del corredor o posición de largada. Lista para pasar a la acción, sea esta tomar una decisión, llevar adelante determinada conducta, o salir corriendo lo más rápido posible. Es muy difícil saber cuál es la intención real, incluso haciendo una buena lectura del lenguaje corporal. Debemos observar a nuestro interlocutor como integridad: su voz, sus palabras, sus gestos. Sólo así podremos comprenderlo.

Es fundamental, para tener una óptima conversación que, sin importar con cuanta gente estemos hablando, nuestro cuerpo apunte a nuestra audiencia. Si nos hacen una pregunta, no sólo debemos mirar, debemos realmente dirigir al interrogador nuestra atención. Cuando nos sentimos dispersos o tenemos la sensación de que estamos perdiendo el hilo de una disertación, veamos si nuestro cuerpo está siendo congruente. ¿A dónde apuntan mis pies?

5. Las experiencias de vida son totalmente diferentes en cada individuo. Incluso dos gemelos idénticos aprenden, experimentan y comprenden el mundo de manera desigual. Por lo tanto, su **lenguaje corporal es personal**, único e irrepetible. Aunque no irreproducible, como demuestra el arte de la imitación. De hecho, para hacer una correcta impresión de un sujeto, no basta sólo con copiar su apariencia, sino que debemos estudiar con su manera de actuar, su vocabulario y sus gestos. Cuanto más conocemos a un individuo, mejor somos leyéndolo. Por eso las madres, con solo observar el rostro de sus hijos, y las novias y esposas, al mirar a sus parejas, se dan cuenta de las desconexiones entre las palabras y gestos y comienzan a preguntar "¿qué te pasa?". En cambio, los hombres, que en general no son educados para prestarle atención a los detalles, preguntan "¿te pasa algo?". Casi siempre la respuesta es "nada", lo cual los deja satisfechos, mientras su pareja se siente cada vez más enfurecida. Y es que muchas mujeres creen que su compañero debería detectar, a través de los claros indicios que emite su gestualidad, que están molestas, cansadas, tristes, decepcionadas, y experimentan frustración cuando no reciben la atención que necesitan. Al ser hábiles lectoras del lenguaje corporal, piensan que los demás tienen la misma capacidad, sin percatarse de que lo mejor es exteriorizar sus problemas no sólo con sus actitudes, sino con sus palabras.

Si nos sentáramos en un bar y miráramos a través de las ventanas la conducta de los peatones, descubriríamos cosas asombrosas. Una muchacha que se ha detenido frente a una vidriera se arregla constantemente el flequillo. Esto podría significar es un poco vanidosa y le importa mucho su imagen personal. Si la conociéramos sabríamos que es la primera vez que usa flequillo en años y que le molesta, por lo que todo el tiempo intenta acomodarlo, o que se dirige a una cita importante, o que es un gesto natural de ella, motivado por la manera en que su madre le arreglaba el cabello de niña. El lenguaje corporal es una marca individual que nos habla de la identidad y la historia del prójimo.

Todo el cuerpo juega un papel protagónico a la hora de poner en movimiento nuestra gestualidad. Pero los elementos con los que más contamos y sobre los que tenemos mayor control son la mirada, el rostro y las manos. Por eso vamos a ver algunas pautas específicas para optimizar cada uno.

La mirada

Los ojos son las ventanas del alma. Un análisis atento de la mirada nos revela mucho sobre alguien: sus intenciones al establecer la comunicación, sus emociones, sus deseos y hasta su personalidad. El análisis de las pupilas o la dirección de la mirada al contestar una pregunta puede, inclusive, ser usado por los especialistas para determinar si la persona miente, oculta algo, experimenta culpa, excitación, remordimiento, enfado, vulnerabilidad o inocencia.

Existen muchos mitos relacionados con la mirada en el campo del Lenguaje Corporal. Quizás el más conocido es que las personas que mienten no miran a los ojos. Los mejores mentirosos, en realidad, lo hacen porque necesitan comprobar los gestos de su interlocutor para comprobar si está creyendo su engaño. Al ser interrogados, los seres humanos naturalmente desviamos la vista, pensando la respuesta, recordando el hecho sobre el que se nos interroga, intentando disminuir los niveles de ansiedad y buceando en nuestro interior.

La duración e intensidad de la mirada tienen efectos psicológicos en nuestra audiencia. Mantenerla fija en alguien demasiado tiempo suele interpretarse como un gesto intimidante o un intento de seducción. En cualquiera de los dos casos, después de unos segundos el otro comenzará a sentirse incómodo y reaccionará apartando la vista, o desafiándonos con un lenguaje corporal hostil y una disminución del diámetro de las pupilas, lo cual representa estados emocionales negativos como la ira y el desagrado. El tiempo requerido para provocar estas reacciones varía entre culturas. Para los occidentales suele ir de los cinco a los siete segundos. En el caso de los orientales, tres. En Japón se considera una enorme falta de respeto mirar fijamente a un superior, y sólo aquellos que detentan jerarquías elevadas en distintos ambientes, jefes, docentes, padres, gobernantes, hermanos mayores, pueden observar con detenimiento a sus subordinados sin incurrir en una falta social.

Además de ventanas, los ojos son puentes. Son la manera más inmediata y certera que tenemos de establecer una conexión con las personas que forman nuestra audiencia. La atención que les ofrezcamos y el tipo de mirada que reflejemos tendrá un peso fundamental en la interacción. Para el común de la gente, sobre todo para los visuales, el contacto ocular es la manera de demostrar atención e interés. Y podemos utilizarlo para vincularnos con el público estimulándolo positivamente.

Cuando me encuentro frente a frente con una persona a la que deseo causar una buena primera impresión, lo recomendable es mirar a los ojos con naturalidad al momento de saludar, mantener esa mirada unos cuatro segundos, y luego desviarla para darle la oportunidad de observarme sin sentirse incómodo ni violento. Esta actitud es especialmente aconsejable en entrevistas de trabajo. Puedo bajar los ojos buscando los papeles que voy a necesitar, repasar la oficina de mi entrevistador para hacerle un cumplido, acomodar la silla o mirar su escritorio. Lo importante es que la interacción sea lo más natural posible, que no intimide a mi acompañante con una mirada impasible, pero tampoco lo esquive, mostrando inseguridad, timidez e inexperiencia.

Si tu intención es demostrar algún tipo de superioridad sobre tu interlocutor, hay un sencillo truco psicológico que puedes utilizar. Simplemente mira uno de sus ojos, luego enfócate en un punto en el centro de su frente, y luego en el otro ojo. Este proceso en total debe llevar unos cinco segundos. Y al culminar, repítelo. Debes ser muy cuidadoso al utilizar esta técnica. No conviene usarla cuando la persona con la que estas conversando tiene una jerarquía mayor, porque puede sentir cuestionada su autoridad y reaccionar de manera hostil. Por sobre todo no es una buena técnica para practicar con los suegros.

Si quieres seducir, el enfoque de la mirada cambia. En lugar de pasar del ojo a la frente, pasa del ojo a los labios y luego al otro ojo. Es muy importante, sobre todo cuando esta técnica es utilizada por hombres, no superar la línea de los labios, porque podrían causar incomodidad, delatar intenciones inapropiadas y generar rechazo. Por supuesto estas tácticas no reemplazan a la sinceridad, la buena comunicación y la atención.

En las interacciones personales la mirada debe ser directa, aunque en algunos casos ladear ligeramente la cabeza da la impresión de que prestamos más atención, nos hace ver más receptivos, cargando con un tono informal a la comunicación, haciéndonos parecer inocentes, simpáticos y juguetones. El nivel de credibilidad de la información es superior en aquellos ponentes que miran a la audiencia. Es recomendable que la primera mirada sea amable y abierta para intentar confraternizar con todo nuestro público. Cuando bajamos el mentón y miramos a través de las cejas lucimos agresivos e intimidantes. Cuando lo subimos, alzando la nariz, parecemos arrogantes y creamos una distancia simbólica con el otro, que puede sentirse despreciado. Nuestros ojos deben estar a la altura de los ojos de mi público tanto como sea posible. El establecer contacto visual permite al orador captar la impresión que está dejando su mensaje e ir adecuando su discurso en caso de detectar expresiones faciales o corporales que evidencien desconcierto, apatía, cansancio, etc. Cualquier ayuda memoria que pudiéramos tener, debe tener sólo la información clave. Pocas palabras o imágenes de carácter orientativo. Demasiada información puede ser contraproducente. Nos distrae, nos hace sentir inseguros, tenemos miedo de olvidarnos de algo y le prestamos demasiada atención, perdiendo la vinculación con el público.

Estas consideraciones funcionan muy bien cuando se trata de conversaciones cara a cara, pero ¿qué ocurre cuando estoy delante grandes audiencias? Ante menos de cincuenta personas aún puedo establecer contactos visuales individuales significativos, sin generar sensaciones de exclusión. Para públicos mayores, hay tres técnicas que me permitirán conectarme con la audiencia a través de la mirada: Los puntos estratégicos, el barrido zigzagueante y la mirada al horizonte.

La mirada sobre puntos estratégicos es una buena forma de enfrentar grupos numerosos y reducir el estrés y los nervios en una presentación oral. Entre los asistentes elegimos a unas cuantas personas, una cantidad equivalente más o menos al 10% del total, ubicadas en distintos sectores. Cuanto más repartidos, mejor. Podemos seleccionar a quienes parezcan más interesados y receptivos, quienes tengan rostros más agradables, que nos hagan sentir cómodos o incluso a alguien que ya conozcamos y con quien tengamos buena relación. Durante nuestra presentación vamos recorriendo con los ojos alternativamente los rostros elegidos, deteniéndonos unos segundos en cada uno. Esto hará que nuestra vista no permanezca fija y estática y creará la ilusión de que estamos mirando a la mayor parte de nuestra audiencia.

El barrido zigzagueante requiere que no nos sintamos avergonzados de mirar a todo el auditorio. Si se hace bien es la técnica que más conecta, porque miramos a todos los asistentes al menos una vez. Incluso puede ayudarnos a llamar la atención de los más rezagados e invitarlos a participar. Las personas sentadas en primera fila aprenden y repiten más que el resto, en parte porque su interés por el tema las lleva a elegir ese lugar, en parte porque no quieren verse expuestos ni ser sorprendidos en una falta. Aquellos que prefieren el centro son las que siguen en niveles de atención y participación, y formulan más preguntas. La zona intermedia se considera un espacio seguro, rodeado de todos los demás. Quienes se ubican a los costados y al fondo son los que menos responden y los que menos atentos están (Pease, 2006: 243 - 244). La misma distribución del espacio los lleva a eso. El contacto visual es menor, la distancia con el orador se agranda, y al estar en los bordes se sienten vulnerables. Es una posición en la que el sujeto está más descubierto, porque no tiene posibilidad de resguardarse entre los otros, y menos expuesto, dada la distancia con el punto focal de atención.

Cuando utilizo el barrido zigzagueante, mi mirada se pasea de un extremo a otro de la sala y de adelante hacia atrás, llegando a todos los asistentes y dedicándoles a cada uno un momento de mi atención. Al usarla hay que tener mucho cuidado de tomarme mi tiempo. El movimiento tiene que ser natural y pausado, deteniéndome cada vez en distintos individuos, como si les hablara individualmente. Hay que evitar que se vea mecánico, por lo que lo mejor no es hacerlo siempre igual, sino alternando los lados y la profundidad.

La mirada al horizonte es la menos recomendable de los tres, pero la más útil para las personas que experimentan nervios a la hora de hablar en público y tienen problemas para establecer contacto visual. Se elije una línea de horizonte justo detrás de la última fila de participantes y se la recorre con los ojos cada cierto tiempo. En esta técnica no se mira a los asistentes, sino a través de ellos, pero bien hecha da la sensación de estar realmente observándolos y nos libera de la presión del contacto visual directo.

El rostro

La cara es la marca y símbolo del ser personal, nuestra principal señal para distinguir a un individuo de otro. Los rostros son íconos a los que se les rinde homenaje y la sede primordial del despliegue de emociones. Incluso hay un sector del cerebro especializados en reconocerlos.

Cada año, a principios de octubre, se entregan en la universidad de Harvard los premios *Ig Nobel*, a aquellas investigaciones científicas que "primero hacen reír y luego hacen pensar". Los mismos son una parodia de los premios Nobel, e incluso su nombre, *Ig Nobel* (Innoble en español) hace referencia a su carácter satírico. Son galardones que pretenden celebrar lo inusual, honrar lo imaginativo y estimular el interés por la ciencia, la medicina, y la tecnología. En el año 2014 el *Ig Nobel* en neurociencias fue para un equipo chino-canadiense que buscaba entender qué pasa en el cerebro de la gente que ve el rostro de Jesús en una tostada. En realidad, lo que estos estudiosos estaban tratando de determinar eran las reacciones neurológicas que despertaba en el cerebro el fenómeno de la pareidolia facial, que consiste nada más y nada menos que en ver caras donde no las hay. Sucede cuando creemos reconocer un rostro en un grifo, o verlo dibujado en las luces del semáforo, o los mismos emoticones, que originalmente no eran más que dos puntos y una línea. A los participantes se les mostraron imágenes difusas haciéndoles creer que el 50% de ellas contenían caras o letras. Alrededor del 34% creyó efectivamente reconocer un rostro, mientras que un promedio del 38% vio letras que no existían. La pareidolia facial es un fenómeno tremendamente común, que experimentamos casi todos los días, cuyo origen está en la predisposición biológica del cerebro de buscar identificarse con el entorno y reconocer con rapidez las expresiones faciales de quienes nos rodean.

El rostro y la voz están vinculados con conjuntos neuronales involucrados directamente a los sentimientos. Por eso es muy difícil ocultar los cambios emocionales en la voz (Ekman, 2009: 86) y esconder las micro expresiones, gestos producidos en una milésima de segundo que delatan los verdaderos sentimientos aun cuando se intenta esconderlos. La gesticulación influye de modo directo en el SNA (Sistema Nervioso Autónomo) de tal manera que, con sólo hacer una mueca de temor o enfado, el corazón se acelera y la temperatura corporal cambia.

Al estar delante de una audiencia debemos mostrarnos relajados, agradables y sinceros. La mejor forma de hacerlo es simplemente sonriendo. No hay casi ningún contexto de exposición oral donde una sonrisa sea inapropiada. De hecho, según Paul Ekman, la sonrisa goza de popularidad como gesto para enmascarar cualquier otra emoción, porque constituye la expresión facial que con mayor facilidad puede producirse a voluntad. Una de las razones por las que nos sentimos atraídos hacia las caras que ríen y sonríen es porque afectan nuestro SNA. Cuando vemos una cara sonriente, sonreímos, y esto libera endorfinas en nuestro organismo. Por el contrario, si se está rodeado de gente triste e infeliz, se tenderá a reflejar sus expresiones y a sentirse más triste o deprimido (Pease, 2006: 64). La necesidad de reflejar como un espejo a los demás está programada en nuestro cerebro porque la cooperación genera más comida, mejor salud y el crecimiento económico de las comunidades.

La sonrisa es una de las más tempranas manifestaciones tendientes a complacer a los demás. Mucho antes de cumplir un año, el niño ya es capaz de hacerla en forma deliberada. Una sonrisa sincera es simétrica y lo suficientemente amplia como para producir arrugas en el costado de los ojos. Una sonrisa pequeña o torcida puede ser malinterpretada por la audiencia como un gesto de burla y dejar una muy mala impresión. La sonrisa torcida es una peculiaridad del mundo occidental y sólo puede llevarse a cabo deliberadamente, por lo que al utilizarla podríamos dar una sensación de falsedad a nuestro auditorio. Si la sonrisa no nos sale naturalmente, es mejor tener un semblante sereno que arriesgarnos a que nuestra audiencia pierda la confianza en nuestro discurso al percibir la incoherencia entre lo que sentimos, lo que expresamos y lo que decimos.

Las manos

Cuando les preguntamos a las personas qué es lo primero a lo que prestan atención al conocer a alguien, las respuestas suelen ser los ojos, el rostro, la boca. Algunos también dicen la ropa, los zapatos. Lo que muy pocos saben es que inconscientemente lo primero que observamos de cualquier individuo que se nos presenta son las manos. Esta notación es tan rápida que ni siquiera tenemos consciencia de haberla hecho. Como demuestra Vanessa Van Edwards esto es una reminiscencia de nuestros tiempos de cavernícolas, donde debíamos prestar mucha atención a estas y lo que estuvieran sosteniendo. ¿Tenían un arma, un alimento, una herramienta?

"No sé qué hacer con las manos". Si me dieran un dólar cada vez que escucho esta queja, podría retirarme antes de los treinta y cinco. La mayoría de los oradores tienen problemas con sus manos porque consideran que deberían tenerlas quietas, sujetas junto al cuerpo, y sienten que sus movimientos son torpes u excesivos. Este pensamiento viene de larga data. En la Edad Media una gesticulación exagerada indicaba falta de autocontrol. Durante el siglo XX se seguía sosteniendo que el orador eficiente hacía poco uso de las manos, demostrando su dominio de sí mismo. Sin embargo, la naturaleza más visual de nuestra sociedad evoluciona hacia una comunicación mucho más gestual. Las personas que manejan sus manos de forma correcta atraen más nuestro interés en una conversación. Lo mismo sucede a la hora de realizar una presentación. Los gestos son una actitud natural para expresarnos y ser entendidos. Aportan una dimensión visual adicional que ayuda a incrementar la cantidad de información retenida por la audiencia. "A los pensadores rigurosos les cuesta dejar de gesticular, incluso cuando intentan mantener las manos entrelazadas. De hecho, hacerlo libera sus capacidades mentales, y los pensadores complejos hacen gestos complejos" (Gallo, 2017: 111).

Al utilizar las manos hay básicamente tres posibles posiciones: la palma hacia arriba, hacia abajo y la palma de la mano cerrada, que se puede completar con el dedo apuntando. La primera demuestra que no somos una amenaza para nuestro auditorio. Es una postura receptiva que abre la comunicación. Refleja honestidad, humildad, cercanía. Si la palma de la mano mira hacia abajo, esto proyecta autoridad. Como cuando un jefe apoya las manos sobre la mesa mientras le indica a su equipo su plan de acción. Es un gesto que proviene de la antigua Roma, donde se imponía la mano sobre un objeto o una persona para reclamar su pertenencia. Los puños cerrados representan hostilidad y la posición de la palma de la mano cerrada con un dedo apuntando es un gesto que tenemos que evitar en todas nuestras presentaciones, porque implica que la persona que habla golpea, figurativamente, a sus oyentes. Subconscientemente evoca sentimientos negativos. En algunos países, como Malasia y Filipinas, señalar con el dedo a una persona es un insulto y un gesto que se utiliza sólo con animales (Pease, 2006: 36-37).

Hay algunas posturas desaconsejadas para los oradores, porque muestran inexperiencia o causan impresiones negativas en la audiencia:

- Tiranosaurio Rex: Los codos pegados al cuerpo, limitando el movimiento a los antebrazos y las manos. Demuestra inseguridad.

- Manos en las caderas: esta es la postura más común de las madres latinas cuando su hijo ha incurrido en una falta. Demuestra una actitud desafiante, retadora o demasiado paternalista

- Brazos cruzados: indica un bloqueo entre los interlocutores. Cuando me cruzo de brazos interpongo una barrera simbólica ante mi público y yo, dificultando la conversación. En muchas ocasiones este gesto tiene su causa en un estado de ansiedad o el miedo a ser objeto de un ataque verbal. También aparece cuando estamos molestos o cerrados a las ideas de otros. Muchos comunicadores no consiguen transmitir su mensaje porque no se han fijado en que las personas que los escuchan están cruzadas de brazos. Los oradores con experiencia saben que este gesto significa que es necesario romper el hielo para que el público pase a una postura más receptiva y cambie su actitud negativa a positiva (Pease, 2006: 72). El orador debe evitar cualquier tipo de barreras entre la audiencia y él. Eso incluye no sólo los brazos cruzados, sino las mesas y atriles o sostener con ambas manos una lapicera, hojas u otro elemento, como si se tratara de un escudo.

- Manos cruzadas al frente debajo de la línea del ombligo: da una impresión de timidez, falta de experiencia o vulnerabilidad. Todo movimiento que caiga por debajo del vientre ofrece una intensa sensación de debilidad. Se recomienda evitar las manos cruzadas, los movimientos nerviosos como frotarlas o jugar con anillos, pulseras o acariciar los dedos. La mejor forma de prevenirlo es reforzar nuestra confianza y dirigir las palmas abiertas hacia la audiencia, utilizar las manos para indicar o mostrar algo, sostener una lapicera o fibra a modo de batuta, etc.

- Manos en los bolsillos, pueden transmitir tanto pasividad como exceso de confianza. Cuando una persona mete las manos en los bolsillos mientras habla, da la sensación de estar ocultando algo.

Las manos y los brazos deben moverse con la mayor libertad posible, sin llegar a ser excesivos. Nuestras manos quieren ser libres, y no hay nada malo en eso. La mejor manera de mantener a nuestra audiencia atenta a lo que estamos exponiendo es acompañar cada disertación con movimientos. Gesticula con moderación, marcando los momentos claves, utilizando los dedos y las manos para ilustrar cifras, direcciones, tamaños, dibujando en el aire las ideas abstractas para hacerlas más cercanas al público. Haz formas geométricas, marca unidades de medida, alterna el micrófono, tranquiliza tus manos con un bolígrafo, representa objetos, apoya los conceptos con tus manos. Ten cuidado de mantenerlas dentro de la esfera de poder, es decir, por encima de la línea del ombligo y por debajo de la boca. Los movimientos realizados en esta zona son más llamativos, impactantes y eficientes.

Para utilizar con efectividad las manos lo mejor es dejarlas hacer su trabajo. Tal como dijimos, llevamos toda la vida aprendiendo el lenguaje no verbal y nuestro cuerpo sabe muy bien lo que tiene que hacer. Sólo es cuestión de confiar y ser nosotros mismos. Nada podría agradar más a la audiencia que eso.

- 10 -

Abandona tu zona de confort

Imagina el más cómodo de los sillones, con amplios apoyabrazos, una espalda mullida, espacio para que todo tu cuerpo se relaje. El material del que está hecho es suave bajo los dedos. Podría ser incluso uno de esos sillones masajeadores. Y justo al lado, al alcance de la mano, todas las cosas necesarias para maximizar tu comodidad: comida, bebida, el celular y el control remoto. Esto es lo que muchos visualizan cuando escuchan "zona de confort". La verdad sea dicha, esta imagen está lejos de representar lo que esta expresión realmente significa.

Confort es una palabra que se usa como sinónimo de comodidad. El hispanohablante la ha tomado del inglés para representar las condiciones materiales que proporcionan bienestar. Proviene de *comfort*, que a su vez tienen su origen en el francés *conforter* (fortalecer, consolidar). En su idioma original el término pasó del sentido moral a designar un estado físico y material y, por metonimia, las condiciones que permiten disfrutar de ese estado. Visto de esa manera, ¿quién quisiera salir de la zona de confort? Si en ella tenemos todo lo que queremos y necesitamos para estar bien, cómodos, tranquilos. Cuando se habla de la zona de comodidad, no es extraño que la mayoría de las personas no entienden por qué es necesario abandonarla, aun sabiendo que para poder ser exitosos es necesario in-comodarse. Se imaginan la zona de confort como ese cómodo sofá donde se hunden y del que nadie desea levantarse. O una nube esponjosa en la que nos recostamos a descansar. Flotar entre las nubes parece una imagen del paraíso. ¿Por qué abandonarla?

La zona de confort es el espacio metafórico de nuestra vida cotidiana. Representa el lugar emocional y psíquico en el que estas cuando te mueves en un entorno que dominas. En su interior las cosas resultan conocidas y cómodas. De hecho, la zona de comodidad es todo aquello que conocemos, que sabemos que funciona, a lo que nos hemos acostumbrado, lo que no queremos o pensamos que se pueda cambiar. Cosas como los hábitos, rutinas, habilidades, conocimientos incorporados a lo largo de la vida son parte de la zona de confort. Pero esta no es necesariamente cómoda ni agradable. Es aquel espacio simbólico donde conocemos las reglas y hemos aprendido a sobrevivir. En lugar del cómodo sofá, la imaginemos más bien como círculo iluminado, alrededor del cual las cosas se van diluyendo entre sombras.

Aunque salta a la vista, muy pocas personas se dan cuenta de la enfermedad con la que he tenido que lidiar toda mi vida. Principalmente porque a muchos les cuesta entender que es una enfermedad. Incluso a mí misma la idea se me hace rara, porque la obesidad es algo ha estado ahí más tiempo del que puedo recordar. Algo a lo que ya me he acostumbrado, hasta encontrarlo *cómodo*. Millones de personas en el mundo sufren el mismo mal, sin tomar consciencia de lo que significa, de lo que les hace a sus cuerpos, a su autoestima, a su vida personal y familiar y a sus afectos. Lo que vuelve tan complejo este mal, es el componente psicológico que está en su origen. La obesidad es una forma de adicción. Por distintas razones la persona necesita suplantar con comida la seguridad, el placer y los sentimientos de autorrealización que no se concretan en otros espacios de su existencia. El obeso no elige serlo y no sabe cómo detenerse. Al agravarse la enfermedad, la persona sufre mucho. Y, sin embargo, la mayoría se termina acomodando. Se acostumbran a los problemas de salud, las pastillas, a bañarse sentados, a tomar el colectivo o utilizar el auto aún para distancias muy cortas, a usar tallas grandes, al cansancio, al mal humor, los problemas para dormir, las sillas reforzadas, a evitar las balanzas y a no mirarse al espejo. La imagen que este les devuelve también se ha acomodado. Se ven como su cerebro cree que son. La obesidad se convierte en su zona de confort. Por mucho que duela, saben cómo sobrevivir en ese estado. Es el mundo conocido. Así el individuo queda atrapado, porque cualquier tipo de salida es aterradora y parece requerir esfuerzos sobrehumanos. La persona que sufre obesidad no puede superarla sin ayuda. Incluso cuando lleva adelante un plan alimentario, cuando comienza a bajar de peso, las cosas no se facilitan. Aunque el número en la balanza desciende, el espejo le devuelve un cuerpo más gordo, menos armónico. Se siente más incómodo que antes. Siente que la ropa le queda mal, que su cuerpo se ha vuelto más torpe, no se reconoce a sí mismo, está desconcertado sobre su imagen y su salud. Ha salido de la zona de confort y eso cambia radicalmente su auto imagen. Necesita tiempo para generar una nueva zona de comodidad, más sana y positiva. El proceso puede llegar a ser sobrecogedor. Muchos lo abandonan y vuelve a subir de peso.

Quienes no lo han padecido tienen dificultades para entenderlo. Vivir con obesidad puede llegar a ser más doloroso de lo que muchos se imaginan. Un compañero de camino me contaba el dolor físico que experimentaba ocultando su panza. Se había acostumbrado a contraerla, tratando de tener una imagen más estilizada. Incluso cuando bajó de peso, seguía haciéndolo, pese a las dificultades para respirar que le causaba. Todo esto puede parecer desesperanzador. La verdad es que hay zonas de confort que son más fáciles de superar que otras. Pero siempre es posible transformarse.

Alrededor de la zona de confort está la zona de aprendizaje, aquel espacio en el que entramos para ampliar nuestra visión del mundo. Es un espacio de enriquecimiento que no necesariamente nos resulta incómodo o peligroso. De hecho, muchas personas sienten pasión por adentrarse en las posibilidades que les ofrece. Es la zona donde observar, experimentar, aprender. No lo imaginamos como algo intimidante. Sin embargo, hay individuos para quienes abandonar la zona de confort es un hecho tan traumático como dar un salto de fe. No sabemos qué encontraremos al avanzar. Sentimos que entre las sombras hay peligros in nóminos, bestias espantosas espiándonos, LO DESCONOCIDO acechándonos entre las sombras. Es mejor quedarnos muy quietos dentro de la luz.

A veces la zona de confort puede convertirse en una jaula. Sucede, por ejemplo, en los casos de violencia de género. Aunque cada situación es extremadamente delicada y compleja, responden a un esquema común que tiene mucho que ver con lo que quien sufre el maltrato ha experimentado a lo largo de su vida. Aquellos que constantemente caen en relaciones violentas, generalmente fueron maltratadas durante su infancia, o han crecido en hogares demasiado estrictos, en espacios donde su autoestima fue menoscabada. Están acostumbrados a que cualquier sentimiento de validación o afirmación venga de los otros. Son complacientes, conciliadores y están hambrientos de afecto. Cuando buscan una pareja, tienden a repetir los patrones asimilados. Es lo que conocen, es el mundo en el que saben cómo moverse. Si acaso logran salir de esa relación, caen en otra igual o peor. Y si logran comprometerse en una relación saludable, con alguien que los trate bien, no saben qué hacer, cómo reaccionar, provocando constantemente peleas, con la intención de reproducir los esquemas conocidos. En el mejor de los casos la persona logra salir adelante, construyendo una autoestima sana. En el peor, el resultado llega a ser fatal. Así de peligrosa puede ser la zona de confort.

Más allá de la zona de aprendizaje está la zona de pánico, o zona de no experiencia. Es aquel espacio totalmente desconocido y oscuro sobre el que tenemos que avanzar para alcanzar nuestras metas. Cuando miramos cara a cara a la zona de pánico siempre suena una voz en el fondo de nuestra cabeza, cuestionándonos, preguntando qué haremos si las cosas salen mal (a veces esa voz susurra "cuando salgan mal"). Pero... ¿y si salen bien? Al transitar el camino del miedo a la motivación, la zona de pánico se convierte en la Zona Mágica, un espacio inexplorado en el que pueden ocurrir cosas verdaderamente maravillosas. Es la zona de los grandes retos, las aventuras, los logros y los sueños.

Una de las cosas que más ansiedad causa al de salir de la zona de confort es creer que después no podremos regresar. Que esta desaparecerá y quedaremos suspendidos en medio de un todo amorfo y tenebroso, sin posibilidad de volver a encontrarnos con nosotros mismos. En realidad, cuando avanzamos sobre la zona mágica, las zonas de confort y de aprendizaje se expanden. Crecer no significa perder, sino añadir. El cambio es en realidad desarrollo. Este proceso nos enfrenta a fuerzas contradictorias, que nos tiran hacia posibilidades diferentes: la tensión emocional y la tensión creativa. La primera se manifiesta como miedo, y tiende a la zona de confort, lo conocido. La segunda nos cuestiona sobre las posibilidades más allá de lo preconcebido. Para continuar avanzando en medio de estas tensiones necesitamos enfocarnos en nuestra motivación, asegurarnos de que sea más fuerte y persistente que los temores que nos detienen. Esto solo se logra creyendo en uno mismo y posicionándose como protagonista activo de la propia vida. No podemos ser personajes secundarios en nuestra historia personal, porque así no seremos dueños de las decisiones que nos hacen avanzar. Al gestionar los miedos crece la autoestima, abriendo un mundo de posibilidades.

Desprendiendo el caparazón

Las langostas poseen un caparazón rígido y duro rodeando su cuerpo blando. Cuando van creciendo, el caparazón no se expande con ellas y comienzan a sentirse bastante incómodos. Frente a esta situación de presión, se esconde tras las rocas para poder protegerse de los depredadores y se desprende de ese caparazón que se volvió limitante para dar lugar al nuevo que va creciendo abajo.

Cada vez que el animal crece, debe pasar por el mismo proceso de desprendimiento de lo antiguo para que lo nuevo pueda emerger. Sin aquel período de incomodidad, ningún cambio hubiera podido generarse. Y, de quedarse en aquella zona de confort, muy probablemente no hubiera podido hacerle frente a su crecimiento. Tuvo que soltar para empoderarse, sin temor a lo nuevo (Hernandez Avilés, 2017: 14 - 15).

El mundo en que vivimos es incierto, impreciso y nadie ha previsto las transformaciones que ocurren cada día. Constantemente nos enfrentamos a momentos críticos, que cuestionan las seguridades que hemos sostenido. Los japoneses tienen una manera particular de mentar este tipo de situaciones. La palabra crisis en japonés (危機=kiki) está compuesta por dos caracteres: 危 (peligro) y 機 (oportunidad). Las situaciones que nos obligan a salir de nuestra zona de confort pueden ser momentos de debilidad, pero también oportunidades para lograr lo que parecía imposible. ¿De qué va a depender esto? De los recursos que pongamos en juego para enfrentar la crisis y la capacidad de despertar nuestra inteligencia en todos los niveles.

En primer lugar, la inteligencia es diversa. Esto quiere decir que pensamos el mundo en todas las formas en que lo experimentamos. Pensamos visualmente, pensamos auditivamente, pensamos de manera kinestésica. Pensamos en términos abstractos, pensamos en movimiento, pensamos a través de nuestras emociones.

En segundo lugar, la inteligencia es dinámica. Si nos fijamos en las interacciones del cerebro humano, la estructura de las neuronas, la manera en la que se conectan entre sí por diferentes caminos, no es difícil comprender que la inteligencia es maravillosamente interactiva. El cerebro no está dividido en compartimentos. De hecho, la creatividad se logra por medio de la interacción de diferentes formas de ver las cosas.

Y en tercer lugar la inteligencia es distintiva. Es decir que nuestro tipo de inteligencia tiene incidencia directa en quién somos, en lo que nos diferencia de todos los demás (Robinson, 2006: s.d.).

¿Eres un águila o una gallina?

Un viejo granjero recibió en cierta ocasión la visita de su primo, un biólogo interesado en la vida de los animales de campo. Orgulloso, el hombre le mostraba sus animales, en especial las gallinas, que eran sus favoritas. De pronto, su invitado se quedó pasmado por lo que encontró dentro del corral.

- ¡¿Qué es esto?!

- Una gallina – respondió el granjero, sorprendido y divertido ante la ignorancia de su acompañante.

- Esto no es una gallina – afirmó el biólogo -. Es un águila.

- No, es una gallina – aseguró su primo, sonriendo – la tengo hace años junto a las otras gallinas.

Pero el biólogo insistía en que estaba confundido y juraba y perjuraba que se trataba de un águila. El granjero comenzó a irritarse.

- Come como gallina, camina como gallina. Es una gallina.

- Estoy seguro que es un águila. Tan seguro que te apuesto 100 pesos a que vuela.

El viejo aceptó la apuesta y su primo, con la presunta gallina bajo el brazo, se subió a un árbol.

- Tu eres un águila, no una gallina. Tu lugar es el cielo. Por eso, abre tus alas y vuela.

Pero el animal cayó pesadamente al suelo y salió disparado hacia el gallinero, a seguir comience maíz.

- ¿Ves que era una gallina?

- Doble o nada – insistió. Y esta vez se subió al techo de la casa para lanzar desde allí a la gallina/águila.

- Tu eres un águila, no una gallina. Tu lugar está en el cielo, no en la tierra. Por eso, abre tus alas y ¡vuela!

Por segunda vez cayó el animal y huyó hacia el corral, donde se escondió con las otras gallinas. Aunque sorprendido, el hombre no se rindió. Allí cerca había unos riscos y decidió lanzar al plumífero desde el más alto. El granjero se resistió. No quería perder a una de sus gallinas, ni verla estrellada en el suelo. Pero su primo lo convenció prometiéndole que, si eso sucedía, él le daría dos animales más, además del triple de lo que habían apostado. Se encaminaron hacia el lugar convenido, y entonces el biólogo tomó al animal por última vez.

- ¡Tu eres un águila, no una gallina! Tu lugar está en el cielo, no en la tierra. Por eso, abre tus alas... ¡Y VUELA!

El ave se precipitó hacia el fondo. El granjero ya se lamentaba por el pobre bichito, molesto con su primo y consigo mismo por haberse dejado convencer, cuando la magnífica águila se alzó sobre sus cabezas, exhibiendo toda la extensión de sus alas, y los sobrevoló un par de veces antes de alejarse hacia el horizonte.

- ¿Cómo es posible? - se extrañó el viejo, sobrecogido.

- No te sorprendas, primo - lo tranquilizó su compañero mientras volvían a la casa -. Si uno vive entre gallinas, se comporta como gallina, come como gallina, camina como gallina, acaba creyendo que es una gallina. Pero, con el suficiente impulso, puede abrir sus alas y remontarse a alturas imaginadas. Sólo debe recordar que nació para volar.

"No me acuerdo la dirección, pero sé cómo llegar"

Confieso que muchas veces he desesperado a mi familia y amigos por la poca atención que pongo a ciertos detalles. Sobre todo, a las direcciones. La verdad es que no estoy tan atenta a las indicaciones como al recorrido. Yo sé cómo llegar a todas partes, pero no me pregunten dónde estoy parada.

Cuando encontramos nuestro camino en el mundo utilizamos dos estrategias Una es la espacial, en la cual construimos mapas mentales utilizando relaciones entre puntos de referencia para ayudarnos a determinar dónde estamos y planificar donde queremos ir. Si necesito desplazarme del punto A al B pienso en el recorrido, en los obstáculos, en el camino más corto, más cómodo o más agradable. Incluso puedo ponerme a calcular cuánto me tomará completar cada cuadra, cómo evitar los semáforos o cuál recorrido me ofrece la posibilidad de cumplir con más tareas en el menor lapso.

La otra estrategia es una de estímulo-respuesta, la cual es un tipo del modo autopiloto (Rosler, s.d.). Decido ir a la casa de mi mejor amiga, me pongo en marcha, pensando probablemente en algún tema del que necesito hablar con ella. De pronto levanto la cabeza y descubro que estoy a dos puertas de su hogar, sin saber muy bien cómo llegué hasta ahí.

Estas dos maneras de adentrarnos en el mundo tienen sus ventajas y desventajas. El piloto automático libera mi mente para concentrarse en procesos mentales más urgentes o subjetivamente más importantes, me permite resolver problemas mientras me muevo y estimular áreas que, si enfocara toda mi atención en el recorrido, quedarían momentáneamente en segundo plano. Por otro lado, una investigación mostró que aquellos que utilizan estrategias espaciales tienen un Hipocampo más grande. El Hipocampo, una rara parte de nuestro Sistema Nervioso localizada en la cara interna de ambos lóbulos temporales, es muy importante para la formación de nuevas memorias acerca de eventos y experiencias. Si se daña, nos ocurre lo que a Drew Barrymore en "Como si fuera la primera vez" (*50 First Dates*): no podemos formar nuevos recuerdos.

El piloto automático está en el centro mismo de nuestra zona de confort. Y no siempre lo usamos sólo para la navegación. En ocasiones nuestra vida entera está tan inmersa en este modo, que la transitamos sin darnos cuenta de las cosas que pasan a nuestro alrededor. Lo que debería ser una herramienta para llevarnos a donde necesitamos, termina siendo un obstáculo para desarrollar lo que queremos. Activar siempre los mismos circuitos neuronales genera una disminución de la estimulación cerebral y hasta la muerte de las conexiones que no se usan. Es como seguir siempre la misma rutina en el gimnasio, con la misma intensidad, o repetir una y otra vez la misma melodía en la guitarra. Al final la interpretaremos con perfección, pero el público nos preguntará qué más sabemos tocar. Es fundamental llevar a nuestro cerebro por caminos poco habituales. "Siempre en épocas de crisis es cuando el cerebro ha tenido más importancia" afirma Carlos Tejero, vocal de la

Sociedad Española de Neurología. Por supuesto demasiado estrés interfiere con nuestras funciones mentales. Y ahí es cuando debe intervenir el modo automático. El cerebro también necesita descansar. Todos los excesos son malos. Y el exceso de comodidad, más que ninguno.

Salir de la zona de confort nos ayuda a ser más positivos. Muchos de los problemas asociados a la ansiedad, que cada vez más personas sufren, tienen que ver con la ilusión del control. Es necesario que todo esté cronometrado, siguiendo siempre la misma rutina, mientras los días transcurren uno igual que el otro hasta la desesperación. Buscamos mantener bajo control nuestro entorno, nuestras relaciones, nuestras actividades, porque tenemos pánico a lo que sucedería si no lo hiciéramos. Creemos, erradamente, que somos dueños de lo que está más allá de nuestro propio cuerpo y necesitamos regular cada situación en la que nos encontramos, porque en el fondo no tenemos control sobre nosotros mismos. Elegir otro camino a casa, variar la rutina de ejercicios, aprender una habilidad totalmente desconocida, hablar en público representan estímulos nuevos, tenebrosos y a la vez excitantes, que despiertan las zonas más creativas de nuestra mente. Al librarme de la necesidad de gestionarlo todo saliendo de la rutina, preparamos al cerebro para lo inesperado, disminuyendo los niveles de estrés y optimizando nuestra calidad de vida.

Intentar cosas nuevas cada semana ayuda a la mente a agilizar las conexiones neuronales. Un bebé recién nacido tiene una cantidad impresionante de estas a su disposición. De hecho, tiene demasiadas. Mientras su cuerpo crece, naturalmente se van eliminando aquellas que no revisten ninguna utilidad o que no han sido estimuladas por el entorno. Mantenerlas a todas consumiría demasiada energía y no sería sano.

Cada conexión o serie de conexiones sustenta una destreza o sirve para retener un tipo de información. Aquellas conexiones que son estimuladas desde pequeños persistirán hasta la adultez. Las que no, tal vez se pierdan en el camino. En un experimento se cubrió el ojo de un cachorro recién nacido durante las primeras semanas de vida. Cuando lo descubrieron, encontraron que el órgano, aunque perfectamente sano, había quedado inutilizado. Las huellas neuronales que debían sustentar la visión de ese ojo habían sido descartadas. ¿Significa esto que lo que no haya aprendido de niño no lo aprenderé nunca? Por el contrario, el cerebro humano es maravillosamente plástico. No existe ningún momento de su vida en el cual no pueda generar nuevas conexiones y, gracias a ellas, nuevas habilidades y conocimientos. En la etapa adulta el proceso puede ser más lento, pero la experimentación y la práctica dan origen a nuevos caminos neuronales de aprendizaje.

Cuando era estudiante, todos los días caminaba las mismas cinco cuadras hasta la parada del colectivo. De ida y de vuelta. En distintos horarios, sin importar el clima, yo caminaba. Una de estas cuadras no tenía vereda, sino una hermosa extensión de pasto con algunos árboles que en verano regalaban una fresca sombra. Aún lo hacen. Interrumpiendo todo ese verde, un sendero sin vegetación, de unos veinte o treinta centímetros. Peatones y ciclistas lo recorrían constantemente, ensanchándolo de a poco con sus pasos. Un invierno particularmente lluvioso el césped alrededor del sendero creció más alto de lo común. Las personas no lo usaban, porque la tierra apisonada se había vuelto barro y era muy resbaloso. Yo pasaba a su lado sin verlo. Parecía haber desaparecido. Con la primavera y el sol volvió a aparecer, intacto entre las hojas. Aunque a veces no se lo pudiera apreciar o pareciera borrarse por el clima, la falta de uso o el césped, permanecía allí, esperando.

Exactamente eso es lo que sucede con nuestras neuronas cuando aprendemos una nueva habilidad. Al comienzo, no hay caminos, ni sendas, ni conexiones, sólo un vacío prometedor. A medida que comenzamos a practicar, las células del cerebro crean una incipiente conexión, que se refuerza con cada minuto que le dedicamos. Y comienza a aparecer el sendero. Si seguimos avanzando en el desarrollo de esa capacidad, pronto tendremos una vereda, una calle e incluso una autopista. Habremos dominado completamente ese conocimiento y podremos ejercitarlo en piloto automático. Incluso si por alguna razón lo dejamos de lado, el camino, la conexión neuronal, generalmente no desaparece, aunque se debilita. Por eso jamás olvidamos cómo andar en bicicleta. Por eso cualquier habilidad nueva, practicada el tiempo suficiente, termina resultándonos sencilla. El error sería quedarme en este punto, sin seguir avanzando.

La historia de la Vaca

Una tarde de primavera, un maestro y su discípulo recorrían el bosque en dirección a una ciudad próxima. El trayecto era largo y, mientras buscaban un lugar para descansar, divisaron una pequeña y ruinosa cabaña en la lejanía. Mientras se acercaban distinguieron, en contraste con la riqueza del bosque, la miseria de la casita, las ventanas rotas, el techo lleno de agujeros, la tristeza general que exhalaba. Al llegar, salieron a recibirlos todos los miembros de la humilde familia dueña del lugar. El maestro acarició la cabeza de los niños y bendijo a los padres, antes de pedir alojamiento para esa noche. Ellos los recibieron cálidamente y compartieron alrededor del fuego lo que tenían para comer y cedieron sus camas y abrigos a los huéspedes. Antes de dormir, el padre, avergonzado por tener tan poco que dar a sus invitados, les contó que la única riqueza con la que contaban era una vaca, gracias a la cual subsistían, vendiendo su leche en el pueblo. El maestro, pensativo, tardó en dormirse esa noche.

A la mañana siguiente él y su discípulo agradecieron el gentil trato recibido, regalaron algunos caramelos a los niños, y se marcharon meditando en silencio. No llevaban ni una hora de camino cuando el maestro detuvo al discípulo y le ordenó volver a toda prisa a la casa y traer la vaca de la familia. Su alumno protestó. Era una manera muy cruel de pagar la amabilidad con la que los habían atendido. Sin embargo, el maestro no cedió en su orden y, apesadumbrado, el joven se dispuso a cumplirla. Evitando ser visto, sacó al animal del corral y volvió con él. Siguieron avanzado, con cierta urgencia, hasta llegar al pueblo. Allí vendieron la vaca a un arriero de una ciudad lejana y repartieron el dinero a los pobres. Pero esta acción no logró limpiar la conciencia del discípulo.

Los años pasaron hasta que finalmente volvió al bosque. Avanzaba cabizbajo, preguntándose qué habría sido de la pobre familia, si todavía quedaría alguien para escuchar sus disculpas. Pronto sus pensamientos se vieron interrumpidos por las flores que crecían a los lados del sendero, marcando el camino hacia una hermosa casa en el lugar donde antes estuviera la cabaña. Extrañado, llamó a la puerta, preguntándose quién viviría allí ahora. No pudo contener su sorpresa cuando la familia en pleno salió a darle la bienvenida. Casi parecían otras personas. El padre lucía más jovial, como si hubiera rejuvenecido. La madre se secaba las manos en un blanco delantal, con una sonrisa inmensa. Los niños estaban más altos, sanos y arreglados, con ropas nuevas. Aunque sólo habían compartido una noche, todavía se acordaban de él y lo invitaron a entrar como si se tratara de un viejo amigo. Mientras la mujer amasaba pan y preparaba café y los pequeños jugaban en el jardín lleno de árboles frutales, el padre explicó la maravillosa transformación. El mismo día en que se él y su maestro se marcharon, su pobre vaca había desaparecido. Aunque la buscaron por todos lados, no pudieron hallarla, y se terminaron resignando a que algún animal salvaje se la había comido. Los días siguientes fueron angustiosos. No sabían qué hacer, cada vez quedaba menos comida. Entonces su hijo mayor salió a intentar conseguir algo de alimento y volvió cargado de las más deliciosas frutas. Ni siquiera sabían que el bosque producía ese tipo de árboles. Entonces a su esposa se le ocurrió hacer mermeladas y compotas. Al día siguiente fueron entre todos al lugar donde habían encontrado las frutas y recolectaron suficientes para vender las conservas en el pueblo. Con el dinero compraron huevos, trigo y verduras. Poco después comprendieron que la tierra alrededor de su casa, como la de todo el bosque, era extremadamente fértil y comenzaron a cosechar sus propias frutas y hortalizas y ofrecerlas en el mercado, hasta que lograron poner su propio puesto, luego una verdulería, e incluso compraron algunas gallinas, patos y otros animales de granja, una carreta y un caballo para no llevar los productos a pie, reconstruyeron su casa y mejoraron la cocina para poder hacer más dulces, que la gente de los alrededores adoraba. El discípulo pasó la noche en la acogedora morada, en el cuarto de invitados, y pudo probar las delicias preparadas por la madre. A la mañana siguiente acarició la cabeza de los niños, bendijo a los padres, y se marchó con el alma en paz, sin contarles nada sobre la vaca.

Un paso hacia la zona mágica

La curiosidad es una de las más permanentes y seguras características de una vigorosa inteligencia.

Samuel Johnson

Las redes sociales son el mejor ejemplo de cómo funcionan las conexiones. Uno encuentra una noticia que le llama la atención y con sólo un clic tiene acceso a información nueva e inesperada, que lo lleva a sentir más curiosidad. O a veces encuentra un meme verdaderamente gracioso, de él pasa a otro y a otro y de pronto se descubre creando sus propias imágenes, compartiéndolas con sus amigos e iniciando conversaciones alrededor de ellas.

Navegando de esta manera me encontré con el siguiente anuncio: "Se busca empleado para importante empresa. Requisitos: Edad entre 25 a 30 años. Al menos 20 años de experiencia". Ante este tipo de imágenes, uno primero ríe, luego piensa. El mundo contemporáneo avanza y cambia a tal velocidad, que los requisitos que antes nos garantizaban trabajo y estabilidad han perdido su valor. Cada vez más empleadores buscan trabajadores jóvenes, enérgicos, innovadores, creativos y al mismo tiempo experimentados, conservadores y seguros. Quieren el cuadrado redondo por un salario mínimo. Al encontrar estos anuncios, inmediatamente me pregunto qué tipo de empresa podría necesitar este tipo de empleados, qué clase de puesto requeriría tal despliegue de competencias. En ocasiones la respuesta verdaderamente me sorprende: un quiosco, una pizzería, un telecentro. Y eso me lleva a hacerme más preguntas. Lo maravilloso es que esta misma capacidad de cuestionar, la capacidad de sentir curiosidad, es lo que permite a los hombres conseguir cosas imposibles. Como el cuadrado redondo. O tomar fotos de un agujero negro.

Cuando hacemos preguntas, cuando innovamos, cuando somos, o al menos intentamos ser, originales, entramos en contacto con una historia de millones de años de adaptación. Especialistas en la propagación de los seres humanos alrededor de la tierra afirman que la curiosidad fue la principal fuerza motora que llevó a nuestros ancestros a poblar el mundo en que vivimos, emigrando de África a Asia, Europa y más allá (Rosler, s.d.). De hecho, si el hombre primitivo no hubiese sido curioso, nos habríamos extinguido como el 99,99% de todas las especies que han existido (Gallo, 2017: 137). Pero nuestro cerebro se adaptó a ambientes hostiles, permitiéndonos sobrevivir. No dejamos de preguntarnos qué hay más allá y de aventurarnos a lo desconocido para descubrirlo, ya sea recorrer un nuevo continente o llegar a las estrellas.

Uno de los padres fundadores de la investigación de la curiosidad fue Daniel Berlyne, quien postuló la idea de que conocer cosas genera incertidumbre y es incómodo, por lo tanto, desarrollamos la curiosidad como una forma de encontrar la información y reducir esta sensación de displacer. La curiosidad es un fenómeno multifacético y tiene menos que ver con definir hechos y más con el proceso de exploración, obligándonos a salir constantemente de nuestra zona de confort y transformando el universo del que somos parte. Para el investigador Jordan Litman esta necesidad humana de conocer es un apetito tan natural como la comida o el sexo. Al igual que cuando satisfacemos estos, encontrar respuestas causa que el cerebro aumente la producción de dopamina y libere endorfina, haciéndonos sentir cómodos, felices, complacidos. Investigadores de la Sociedad Max Planck para la Promoción de la Ciencia, una red de institutos de investigación científica de Alemania, identificó un gen que podría tener una conexión fundamental con la curiosidad, denominado DRD4. Su función es sintetizar receptores en el sistema nervioso para la Dopamina. Este descubrimiento permitió identificar una raíz potencialmente biológica de la curiosidad, confirmando que es una característica adaptativa. De lo contrario, no formaría parte de nuestra biología (Rosler, s.d.).

Que nacemos curiosos es algo que sabe cualquier madre o padre. Le basta observar a su pequeño gateando directamente hacia la mesa ratona, llevándose los dedos del pie a la boca y manipulando la papilla con las manos, salpicando a todos a su alrededor, para comprender que la necesidad de exploración es natural en el ser humano, aunque reniegue de ella mientras trata de limpiar los restos de puré de manzana de la pared. El desarrollo cognitivo y la consolidación de las redes neuronales dependen de manera fundamental del impulso que permite al niño conocer y comprender su entorno. Los bebés recién nacidos vienen al mundo con la capacidad de ver, escuchar, tocar y saborear todo lo que caiga en sus pequeñas manos. Pareciera que la necesidad de aprender está instalada en su programación básica, como los reflejos, la habilidad de reconocer rostros y voces y la capacidad de llorar para alertar a los adultos de que algo anda mal. Cuando más conocimiento va ganando la criatura a partir de la experimentación, mejor es su adaptación y mayores sus posibilidades de desarrollar habilidades complejas y múltiples tipos de inteligencia.

A través de la historia, los niños han aprendido las conductas necesarias para sobrevivir, incluso sin la supervisión adulta. Al menos eso pensaba el educador e investigador hindú Sugata Mitra cuando decidió instalar fuera de su oficina, en uno de los barrios más carenciados de su ciudad, una computadora para que los pequeños pudieran experimentar con la tecnología.

Todos los días, camino al trabajo, Mitra veía a jóvenes desarreglados y descuidados fuera de las escuelas, que no tenían la financiación ni los recursos suficientes para cobijarlos. No estaba seguro de que esos muchachos hubieran experimentado antes con una computadora, pero de seguro no habían sido educados para saber cómo usarla competentemente. Aun así, confió en ellos y decidió darles una oportunidad. Hizo un agujero en la pared exterior de su oficina e instaló un aparato nuevo, con acceso a internet. Ese mismo día los niños del vecindario comenzaron a jugar con ella. En menos de seis horas ya habían descubierto como navegar por Internet, descargar películas y hacer diseños rudimentarios. Cuando Mitra se acercó a preguntarles qué les parecía el aparato, se mostraron conformes. Sólo lamentaron que no fuera más rápido.

No sólo a los niños les encanta la tecnología y los videojuegos. A mi pareja y a mí también. Él, en particular, realmente disfruta jugando al KOF (King of Fighters), una saga de juegos de lucha lanzada por la compañía japonesa SNK en el año 1994. Hay un poco de nostalgia en su gusto por estos. Cuando era niño se juntaba con sus primos y amigos y pasaban horas jugándolos en el arcade de su barrio. Yo, por el contrario, prefería el Tetris y nunca desarrollé las competencias necesarias para los juegos de pelea. Así que cuando él conecta la consola al televisor y se prepara a revivir las épicas batallas que SNK ha preparado para estimular su imaginación, yo me siento a su lado, agarro el celular y comienzo a buscar las históricas de los personajes que me resultan más llamativos e intrigantes. Siento una fascinación especial por esas narraciones, engarzadas unas con otras, por esos personajes que no sólo aparecen en la pantalla, sino que poseen pasados, motivaciones, sueños, que tienen algo que contar. Y mientras él va avanzando nivel a nivel y logrando combos increíbles, la curiosidad nos une y nos permite disfrutar juntos de ese momento, cada uno a su manera.

Los videojuegos no son solo un pasatiempo. Quienes los disfrutan reciben una gran carga de estimulación cognitiva, aprenden a tomar mejores y más eficientes decisiones y desarrollan habilidades visuales, manuales e intelectuales. Además de eso, los videojuegos pueden salvar vidas.

No elegimos dónde nacer, quiénes serán nuestros padres, ni los obstáculos que tendremos que enfrentar. Pero podemos elegir qué hacer con nuestras circunstancias. Daniel Simons nació en la Villa 1-11-14 donde vio a la mayoría de sus amigos caer en la droga y la delincuencia desde muy jóvenes. Perdió a su madre a los quince años, tuvo que cuidar de sus hermanos menores y también apoyar a su padre, que no era más que un adolescente cuando él nació. Una sola cosa lo alegraba: los videojuegos. A los 12 años su padre le regaló una revista sobre videojuegos, que incluía un CD que permitía programar prototipos rudimentarios. Cuando vio a sus hermanos divirtiéndose con ellos, supo que había encontrado algo. Su curiosidad lo inspiró a querer saber más, comenzar a estudiar programación, mejorar la calidad de sus modelos y, unos años después, ganar un concurso nacional y ser invitado a la Casa Rosada y recibido por las máximas autoridades de la nación. En esa misma época, su madre le puso fin a su vida.

"Con mis hermanos nos sentimos muy culpables de lo que había pasado. Yo entendía que el entorno estaba conspirando (contra nosotros), para que se repitiera lo mismo que pasó con mis amigos de la infancia; no me lo podía permitir. En ese momento complicado es cuando nació la idea de 'Bildo', un juego de autobiografía donde podría hacer catarsis y contar todo lo que tenía en mi cabeza"

Mientras terminaba el secundario y apoyaba a su padre, Daniel iba dando lentamente forma a Bildo y su historia. Cuando, a los 18, lo despidieron de la panadería donde trabajaba, decidió que era el momento de comprometerse con lo que había sido su apoyo durante tantos años y, junto con su novia, decidieron apostar todo lo que les quedaba por su sueño. Vendieron sus muebles, pidieron dinero, recurrieron a amigos y familiares "Buscamos la manera de financiarlo.

Hicimos un proyecto de financiación colectiva, también lo publicamos en Taringa!, con un título llamativo, y al día siguiente encontramos que se volvió viral. Logramos juntar $ 55.000, y se sumó gente al equipo: éramos cinco personas para desarrollar el juego". Finalmente salió al mundo *Bildo, los colores de la vida*, una experiencia interactiva que rompía con las normas de los juegos actuales, basados en la violencia y el sexismo, transmitiendo un mensaje inspirador mientras el protagonista recorre su mundo intentando recuperar los colores que lo iluminaban. El lanzamiento de Bildo no fue el final del arduo camino de Daniel. Siguió trabajando, incorporando más personas al equipo, abrió su propia compañía de multimedios, Dalesi, recibió varios premios nacionales e internacionales y logró posicionar su videojuego en la plataforma *Steam*. Simons no sólo salió de su zona de confort, transformó su vida y la de todos los que lo rodeaban.

"En el momento que peor me encontraba, en el que pensé que iba a tomar la misma decisión de mi mamá, reflexioné sobre mí. Me di cuenta que por encima sólo tenía excusas. Entonces anoté en un papel las cosas que quería hacer. Tomé mucho de inspiración a mi madre, porque de una situación uno puede ver lo positivo y lo negativo (...) Si tenemos un sueño, nos pertenece y tenemos derecho a poder cumplirlo; en transformarlo en una meta, sin pensar en lo que digan los demás. Intentarlo, es el primer paso. Tarde o temprano todo se empieza a resolver"

Cuando la curiosidad y la pasión conspiran, suceden cosas extraordinarias.

Donald Hebb, considerado el iniciador de la biopsicología, considera que la curiosidad es un medio para alcanzar un estado de placer y equilibrio mental. Según su teoría de la excitación óptima, la falta de conocimiento es una herida psíquica que nos produce incomodidad. La sensación de carencia ante lo desconocido provoca reacciones neuronales equivalentes al estrés que, mantenidas dentro de niveles moderados, funcionan como motivadores y mejoran el desempeño de la persona. Esta idea está basada en la ley de Yerkes-Dobson, desarrollada por los psicólogos Robert M. Yerkes y John Dillingham Dodson en 1908, que enuncia que el rendimiento psicológico aumenta con la excitación mental, pero únicamente hasta cierto punto. Cuando los niveles de excitación se vuelven demasiado altos, el rendimiento disminuye y nos sentimos mal, ansiosos y demasiado tensos. Por eso, la mejor manera de potenciar la motivación y el rendimiento es trabajar con cierto nivel de exigencia, apuntando a objetivos nuevos e interesantes, que nos permitan mantenernos entusiasmados.

No hay edad límite para beneficiarnos de una mente curiosa. Un grupo de especialistas descubrió que los adultos mayores genéticamente predispuestos a sufrir de Alzheimer que mantenían la curiosidad como una característica de su vida diaria retrasaban la enfermedad por más de una década[11]. Los beneficios eran todavía mayores cuando las personas buscaban ampliar sus horizontes educativos, trabajar en temas complejos, tocar instrumentos musicales, leer y mantenerse intelectualmente involucrados y estimulados por el entorno.

Comencé a interesarme por la lectura alrededor de los once años, gracias a los libros de *Harry Potter*. Desde entonces, me habré enfrentado a más de quinientos textos distintos. Pocos me fascinaron tanto como el que me regaló mi profesor de guitarra cuando tenía doce. Se llamaba "El Secreto de las Momias". Nunca me había encontrado con una historia igual. Yo era la protagonista. Podía decidir qué hacer, a dónde ir, cómo reaccionar. Y encontrar decenas de finales distintos, que estimulaban mi imaginación. Todavía puedo verme a mí misma acostada en el asiento de atrás del auto de mis padres, con la nariz pegada a las páginas, olvidada del mundo exterior. El regalo de mi profesor era uno de los tomos de la serie "Elije tu propia aventura", lanzada en 1979. Un conjunto de historias que permitió a niños y jóvenes lo impensado antes: convertirse en los personajes principales de cada relato. Se les dio el control del texto, se los puso a cargo, permitiéndoles experimentar cientos de vidas y aventuras diferentes, estimulando la lectura. La curiosidad te mantenía explorando una y otra vez, porque siempre existía la oportunidad de que el final cambiara variando la más pequeña elección.

Ser curioso significa ser abierto y adaptable a estímulos nuevos o ambiguos, nuevos lugares, personas e ideas. Algo que enseñaban estos libros era, justamente, que hay miles de resultados potenciales, y que cada decisión nos permite

---

[11] Vemuri, P., Lesnick, T.G., et al. Asociación del enriquecimiento intelectual de por vida con el deterioro cognitivo en la población de mayor edad. *Revista de la Asociación Médica Americana: Neurología*. 82 (4), 663 - 674.

experimentar toda una nueva ruta de posibilidades. Dejar fluir la curiosidad, permitirle que nos lleve más allá de nuestra zona de confort, es trascender los propios límites, romper la comodidad y seguridad que representa el lugar y las personas con las que interactuamos cotidianamente. La mejor forma de aprender sobre nosotros mismos y sobre lo que nos rodea es internarnos en escenarios nuevos, conociendo gente con diferentes formas de ver la vida y comenzar de nuevo todas las veces que sea necesario. Aunque por momentos sea difícil, debemos aprender a mostrarnos, vincularnos y posicionarnos, sembrando relaciones para cosechar redes (Hernandez Avilés, 2017: 81). Pocas cosas son más necesarias en este mundo que poder conectarnos sin prejuicios, comprendiendo al otro, tendiendo puentes de comunicación y entendimiento.

Para el doctor Roberto Rosler, "la curiosidad puede ser precisamente el elemento que nos movilice hacia un mundo más justo. La alternativa (un mundo sin curiosidad) puede ser una en la cual reinen el prejuicio y la miseria" (s.d.). El 7 de enero de 2015 una célula terrorista disparó contra las oficinas en Paris de la revista Charlie Hebdo. Doce personas fueron asesinadas y varias resultaron heridas. Por todo el mundo hubo manifestaciones con la frase "Yo soy Charlie". El ataque no era ni sería la última muestra de intolerancia que conmovería al planeta. Esa misma semana un atentado de Bojo Haram, organización fundamentalista del norte de África, cobró la vida de 2000 personas en Nigeria. "Durante una semana el mundo fue forzado a mirar fijamente hacia la garganta de la intolerancia, el miedo, la violencia y el terror" (Rosler, s.d.). La curiosidad por el otro despierta la empatía, la comprensión, la solidaridad, la capacidad de reconocimiento. Para ser realmente empáticos, no basta con preguntarnos cómo se siente la persona a mi lado, sino que debemos convertirnos en ella, mirar el mundo a través de sus ojos, abrirnos a otra experiencia de vida totalmente diferente a la propia. Tendremos que ser curiosos sobre ella, ejercitar nuestra curiosidad interpersonal. El aumento de la empatía contribuye a mejorar nuestras relaciones, promueve el crecimiento individual y comunitario y disminuye la agresión. Según la neuropsicología, las personas violentas pueden hacer uso de la agresión como un medio de ganar el control, conducta propia de mentalidades cerradas. Ser curioso acerca de los otros, sus costumbres, experiencias y pensamientos, reduce el miedo y la frustración que llevan a la agresión. (Rosler, s.d.) Aquellos individuos con altos niveles de curiosidad interpersonal generan un sentimiento de proximidad con quienes los rodeaban. La curiosidad no es solo una parte de nuestra mentalidad individual, es vital en construir relaciones sustanciales. Al final, ser curiosos nos conecta con los demás, con el mundo, nos permite avanzar sobre la zona mágica y permitir que los milagros ocurran.

- 11 -

Apasiónate / Comprométete

No hay nada más lindo que usar la vida para lo que uno ama y lo mantiene vivo.

Daniel Simons

Mi abuela era maestra. De pequeña, cuando iba a su casa, me leía y regalaba los textos que solía usar con sus alumnos. Yo adoraba las historias de princesas y mi abuelo se sumaba a la diversión contándome el relato del *Príncipe Valiente*. Recién en mi adolescencia descubrí que era un libro real. Siempre creí que era una historia que él había inventado para enseñarme a ser fuerte y valerosa, porque yo era una niña muy asustadiza. No me gustaba mucho leer, pero me gustaban los cuentos. Así que mis padres me compraban muchos libros con historias. Uno de mis favoritos era *El Libro de las Virtudes para Niños*, que tenía preciosas ilustraciones acompañando los relatos. Entre las leyendas que incluía, estaba la de San Jorge y el Dragón. Mientras comenzaba este capítulo me ha venido a la memoria, porque hoy es el día de San Jorge y también el día Internacional del Libro. No creo en las casualidades y pienso que esta historia tiene mucho que enseñarnos sobre la pasión y el compromiso.

Jorge de Capadocia fue el nombre de un soldado romano, mártir y más tarde declarado santo. Se cree que nació en 275 o 280 y murió el 23 de abril de 303. Se le atribuyen múltiples hazañas y milagros. Pocos tan conocidos como su enfrentamiento con el dragón. Según la leyenda, existía una aldea en la zona de Capadocia (actual Turquía) acosada por un terrible lagarto escupe fuego de proporciones descomunales. La bestia atacaba a los aldeanos, arrasaba los cultivos, mataba al ganado y consumía cuanto caía en sus garras. Para calmarlo, los pobladores enviaban constantemente un tributo de dos corderos. Pronto comenzaron a escasear los animales hasta que no tuvieron otra opción más que entregar junto a un único cordero la vida de un miembro del pueblo. Cada vez que se acercaba la fecha establecida, se realizaba un sorteo entre todas las personas del reino y la señalada se convertía en el festín de la bestia. Finalmente, fue elegida la princesa que, cubierta de lágrimas, se dirigió al sacrificio. San Jorge, que recorría aquellas tierras como un caballero andante buscando nuevas aventuras y socorriendo a los afligidos, la encontró en su camino al hogar del dragón y, conmovido, prometió salvarla acabando con él. Vencido el monstruo, el rey regaló al caballero toda clase de riquezas, que el santo donó a los más pobres y necesitados.

En la simbología occidental el dragón representa las pasiones de las que los hombres somos víctimas. Su fuerza arrolladora quema como un fuego interno al que pocos logran resistirse. Desatadas, las pasiones pueden destruir o crear, elevarse hacia el cielo o hundirse en el centro de la tierra. La historia de San Jorge enseñaba a los hombres a vencerse a sí mismos, a no ceder ante los apetitos físicos, y a socorrer a las damiselas en peligro. Dicho todo esto, pareciera que va totalmente en contra del objetivo de este capítulo. Pero la pasión ha sido el mayor motor del progreso humano, la razón de vivir de miles de millones de personas a lo largo de la historia, la fuente inagotable de la curiosidad, la creatividad y el crecimiento de nuestra especie. Las grandes figuras de la humanidad fueron apasionados incurables. Incluso San Jorge.

En Cataluña el día de este santo se festeja con una tradición muy bella. Los hombres regalan a las mujeres rosas rojas y estas, a su vez, les regalan libros. La costumbre de la rosa se remonta al siglo XV y algunas versiones la hacen coincidir con la Feria de las rosas que tenía lugar en Barcelona en aquella época. El 23 de abril las mujeres que asistían a la misa en la capilla de Sant Jordi del Palacio de la Generalidad de Cataluña eran obsequiadas con esta flor, que simboliza la pasión. La costumbre del libro es más reciente. Proviene del Real Decreto aprobado por Alfonso XIII en 1926 que declaraba el 7 de octubre la Fiesta del Libro Español. Dicha iniciativa fue impulsada por el escritor valenciano Vicente Clavel Andrés. En 1929, durante la Exposición Internacional de Barcelona, las librerías colocaron puestos en las calles, con tal éxito que se decidió cambiar la fecha del Día del Libro al 23 de abril, coincidiendo con el fallecimiento de Cervantes, Shakespeare y el Inca Garcilaso de la

Vega. A partir de allí, esta fiesta se popularizó en el mundo y en 1995, la UNESCO proclamó el 23 de abril el "Día Mundial del Libro y del Derecho de Autor".

Los libros y las historias de caballeros andantes siguen siendo una de mis mayores pasiones. Así como recorrer el mundo haciendo buenas obras era la pasión de San Jorge. Había algo que él y el dragón compartían. Era este fuego quemante que llevaban dentro, que podía consumirlos hasta volverlos cenizas si no lo liberaban. La gran diferencia era la manera en que eligieron hacerlo.

Pasión es un término extremadamente complejo y puede tener múltiples significados según quien lo enuncie. Para el filósofo francés Denis Diderot solo las pasiones, las grandes pasiones, pueden elevar el alma a las grandes cosas. A lo largo de la historia de la humanidad, los verdaderos líderes la han entendido como la pieza clave para movilizar a las personas y trascender individual y colectivamente. "Las pasiones son los únicos oradores que convencen siempre" sostenía La Rochefuucault. Incluso la ciencia apoya esta postura. Los neurocientíficos han descubierto que la pasión es la clave para inspirar a los otros, transmitiéndoles energía e influyendo sobre ellos (Gallo, 2017: 41).

Durante años la profesora Melissa Cardón, de la Universidad de Pace, se ha dedicado a estudiar las características neurológicas de la pasión. Como dice Carmine Gallo, "ha hecho de la pasión su pasión". En su estudio *The Nature and Experience of Entrepreneurial Passion* (*La naturaleza y la experiencia de la pasión por emprender*), Cardón, junto con otros cuatro investigadores, concluyó que la pasión tiene un rol fundamental en el éxito, porque moviliza la energía de la persona y aumenta su grado de compromiso con un objetivo (Gallo, 2017: 41). La pasión va mucho más allá, involucrando la mente, el cerebro y el cuerpo de la persona (¿Se acuerdan de nuestra querida UCCM?). Cardón llega a afirmar, y con total razón, que es esencial para la identidad de la persona. De alguna manera lo habíamos adelantado. La pasión nos define.

Hay algo más. Hace apenas unos renglones apareció la segunda palabra clave de este capítulo: Compromiso. El compromiso es aquello que nos sostiene cuando lo emocional falla. Es la firme e irrevocable decisión de alcanzar nuestra meta. Es nuestro mástil en las tormentas y nuestro timón durante la calma.

La motivación para cumplir nuestras metas no llega por arte de magia. Está ligada a los hábitos, a la constancia y al esfuerzo. Si queremos permanecer motivados es fundamental que nos preguntemos ¿para qué? Esa es nuestra pasión. Ese objetivo que nos mantiene permanentemente enamorados. Cuando comprendemos para qué hacemos lo que hacemos, se abre un camino ante nosotros. Y nuestros hábitos nos ayudarán a recorrerlo hasta el final. Es fundamental estimular la curiosidad y salir de la rutina, pero igualmente ser disciplinados y comprometidos en los momentos clave. No siempre se trata de dar pasos grandes, sino de pequeños pasos constantes.

Si lo que estás haciendo no te lleva a tus sueños ¿por qué lo haces? Si sabes que tus sueños te están esperando ¿por qué te detienes? Pasión y compromiso son dos caras, opuestas y complementarias, de la hoja donde escribimos nuestro destino. Son necesarias e inseparables.

Para Carmine Gallo la pasión es "la sensación intensa y positiva que un individuo experimenta hacia algo que es profundamente significativo para él" (2017: 42). Sin duda Cristian Paolinelli estaría de acuerdo. Me topé con la historia de este herrero oriundo de Paraná, Entre Ríos, casi sin querer. En ese momento estaba estudiando la resiliencia (la capacidad para superar circunstancias traumáticas y transformar positivamente los momentos difíciles) y la manera en que las distintas personas la incorporaban en su vida. Sin duda Cristian la ejemplificaba maravillosamente. Pero en su historia había más. Había un deseo que superaba cualquier obstáculo, cualquier dificultad. Un compromiso más allá de sí mismo.

Su hijo Luca nació un 25 de junio del 2008, gracias a una cesárea de urgencia. Aunque su vida inició de una manera muy accidentada, parecía un bebé completamente normal hasta los siete meses, cuando comenzaron a notar que su movilidad no era la esperable. Tras varios estudios, le descubrieron una lesión en el lado izquierdo del cerebro. Luca tenía parálisis cerebral. Los médicos aseguraron que era probable que nunca llegara a caminar, hablar, que durante lo que le quedaba de vida tuviera que lidiar con problemas auditivos y visuales. El certificado de discapacidad parecía ser una sentencia para el pequeño. Paolinelli y su esposa no se rindieron. El herrero consiguió un segundo empleo, trabajando entre 10 y 12 horas seguidas, mientras llevaba diariamente a su hijo a rehabilitación, sin ver resultados.

En esos momentos, el amor por su hijo, el compromiso por ayudarlo, lo sostuvo. Sabía que debía dedicarse a Luca y, después de dos años, comprendió que para lograrlo necesitaba cambiar de enfoque. Entonces dejó todo. Y comenzó a estudiar. Buscó manuales en internet, estudio kinesiología y fisiatría. De a poco complementó la rehabilitación de su hijo con un cuidado constante y esperanzado en su propio hogar. Toda la familia se comprometió en el proceso. De la kinesiología, Cristian pasó a la neurología. De a poco fue comprendiendo mejor la condición de Luca. Esto le llevó años, y dio como resultado una máquina de estimulación con la que su pequeño logró apropiarse de su cuerpo, mover los brazos, las piernas, gatear y hasta caminar de rodillas. Para los médicos fue casi un milagro. Luca siguió progresando. Aprendió a caminar y hasta a andar en triciclo. Logró hablar y comunicarse. Y su padre entregó el modelo de la máquina que había construido a dos estudiantes de ingeniería, con la esperanza de que pudieran mejorarla y llevarla a todos los centros de salud donde hiciera falta.

Luca hizo más por su familia de lo que su familia hizo por él. Con todas sus limitaciones, sus deseos de vivir, de jugar, de crecer, enseñan a todos los que lo conocen a enamorarse de la vida, a comprometerse con el futuro. Porque todo es posible.

Sin ambos lados del papel, sin las dos caras de la moneda, sin la pasión y el compromiso juntos, las grandes metas, e incluso las pequeñas, son inalcanzables. Como en una relación de pareja. Todos conocemos a un hombre o una mujer que salta de un amor a otro, apasionado siempre, enamorado siempre, aunque el encandilamiento le dura poco. Se cansa, se aburre, se decepciona. Y sigue en permanente búsqueda sin que nada lo colme. Se trata de una persona cuya vida se mueve solamente por la pasión. Cuando esta se debilita, la ilusión se esfuma y termina por desaparecer. También existen esas parejas, que son más pareja que individuos, que llevan toda una vida juntos, tan acostumbrados el uno al otro, que simplemente transcurren por inercia. Parecen hermanos. El amor es para ellos una rutina. Su compromiso con el otro es total. Pero ¿y el romance? ¿Merece la pena compartir una vida sin romance? La pura pasión no nos permite echar raíces. Sin raíces no podemos crecer. El puro compromiso nos corta las alas. Sin alas, no podemos alcanzar el cielo. *Pedes in terra ad sidera visus* (Los pies en la tierra y la mirada en el cielo) es el lema de la Universidad Nacional de Tucumán. Alas y raíces. Una gran manera de representar lo que debe ser la motivación en nuestra existencia. Los seres humanos somos formados por nuestras experiencias, el entorno es parte de nuestra identidad y no podemos negarlo ni borrar nuestros orígenes. Si nos limitamos a volar entre las nubes perdemos nuestra vinculación con el mundo, con las demás personas y con nosotros mismos. Tal como afirma Ortega y Gasset "Yo soy yo y mis circunstancias, si no las salvo a ellas, no me salvo yo".

No es sólo algo con lo que las parejas tengan que lidiar. En todo contexto se da esta necesidad de equilibrio entre pasión y compromiso.

En la universidad tenía un compañero con el que nuestro principal pasatiempo era discutir. Por puro placer. Nos retábamos en duelos intelectuales, mientras las horas pasaban, hasta olvidarnos de ir a clases. Solía ganarme. Tenía una imaginación prolífica y un enorme talento. He conocido a pocas personas con su inteligencia. Desgraciadamente he conocido a más que compartían su inconstancia. Cada año iniciaba una carrera distinta. Pese a sus capacidades, nunca pasaba de los primeros exámenes, porque era incapaz de afianzarse en un solo lugar. Finalmente acabé perdiéndolo de vista.

Así también conocí a un hombre que llevaba más de quince años en un empleo que no disfrutaba, aunque pagaba las cuentas. Era también una persona talentosa. Con otro tipo de talento: gran habilidad manual, inventiva y buena comunicación. Tenía sueños grandiosos y las capacidades para cumplirlos. Pero los sueños no iban a poner comida en los platos de sus hijos. Al menos eso creía. Quince años, veinte años, treinta años en un mismo puesto, en una misma empresa, sin cambiar nunca, sin avanzar nunca. ¿Qué verá el día en que finalmente se jubile? ¿Qué legado dejó tras de sí? ¿qué hizo con su preciosa, fugaz y desenfrenada vida?

Existen casos en que la pasión y la profesión no coinciden. Hay pasiones que no parecen relacionarse con ningún espacio laboral. Si una persona siente pasión por el dinero, cualquier trabajo que le permita ganarlo será estimulante. Si la pasión de un individuo es su familia, su vida se enriquecerá más allá de las ocho horas dentro de la oficina. El conflicto surge cuando lo que nos impide abrazar plenamente nuestra pasión, lo que nos dificulta comprometernos con ella, no es una elección personal, sino factores externos. El principal, el miedo.

Muchos de nosotros crecemos sin saber lo que es no tener oportunidad. El apoyo de nuestra familia, la posibilidad de estudiar, y nuestra propia voluntad abren ante notros el mundo con todas sus posibilidades. Podemos ser lo que queramos. Llegar a donde queramos. Para muchas personas la vida es una sucesión de oportunidades abriéndose, de miles de destinos posibles esperando detrás de puertas sin llave. El mundo tendría que ser así para todos. Sin embargo, cuidar de alguien enfermo, vivir en un lugar donde no se puede acceder a una buena educación, ser madre soltera, tener que proveer a una familia, sufrir una discapacidad, nacer en un ambiente carenciado van cerrando las puertas. No debería ser de esa forma. A pesar de todo, algunas personas transcurren sin saber siquiera que tienen la oportunidad. Por eso mi pasión es enseñar. Creo que, a través de la educación, se puede cambiar, se puede volver a abrir esas posibilidades, se puede enseñar a las personas a golpear la puerta hasta que ceda. Y, si es necesario, tirarla abajo.

En ocasiones nuestras pasiones nos empujaran a volar demasiado cerca del sol y parece que, como Ícaro[12], acabaremos desplomándonos. En realidad, cuanto más altas sean las metas que persigamos, más lejos podremos llegar.

El truco para lograrlo es avanzar como en una escalera. Es verdaderamente sencillo: cuando subimos una escalera ¿vemos el escalón o miramos hacia arriba? Aunque sabemos qué nos espera al final, nuestra atención se fija en un peldaño a la vez. No podemos llegar hasta lo más alto de un salto. Debemos hacerlo paso a paso. Si la escalera es muy larga y nos concentramos sólo en el destino, sentiremos que no llegamos nunca, se vuelve un recorrido extenuante y difícil. Si vemos tan sólo el escalón, olvidaremos por qué quisimos subir y perderemos los motivos para continuar. Cuando estamos bien enfocados, miramos el final de la escalera, el objetivo que nos mantiene motivados, volvemos nuestra atención sobre nuestros pies y subimos un nivel más. A veces necesitaremos ver hacia atrás, para comprobar

---

[12] La leyenda de Dédalo y su hijo Ícaro está relacionada íntimamente al mito del Minotauro. El rey Minos había encargado a Dédalo construir un intrincado laberinto para mantener cautiva a la bestia. Con la intención de que nunca nadie revelara la manera de salir, encerró al inventor y a su hijo dentro del mismo. Entonces el padre creó unas alas con plumas, madera y cera, que les permitieran elevarse por los aires y alcanzar la libertad. Pero, pese a las advertencias, Ícaro voló muy cerca del sol, la cera se derritió y desplomó en el mar.

todo lo que hemos recorrido. A veces habrá un escalón flojo que requiera toda nuestra atención e incluso necesitemos pedir ayuda para superarlo. A veces tropezaremos y hasta caeremos. Pero si somos conscientes del progreso, si sabemos que son sólo escalones, podremos dar un paso más, incorporarnos y volver a trepar.

El tamaño de nuestras metas nos dará la medida de nuestra motivación. Cuanto más deseemos algo, más ganas tendremos de conseguirlo. Cuantas más pequeñas victorias alimenten ese deseo, mayor y más duradero será el impulso para seguir avanzando.

Motivando al motivador

Hay una fuerza motriz más poderosa que el vapor, la electricidad y la energía atómica: la voluntad

Albert Einstein

Más allá de nuestras habilidades, de nuestra técnica, si nos sentimos entusiasmados con el tema del que disertamos, si nos apasiona hasta lo más profundo de nosotros, si estamos comprometidos, utilizamos elementos visuales, jugamos con la voz, interactuamos con nuestros interlocutores y nos ponemos a su nivel, seremos exitosos ante cualquier audiencia.

Es prácticamente imposible conmover a nuestro público, fascinarlo y conquistarlo si no experimentamos una conexión intensa y profunda con nuestro tema, si no estamos motivados por lo que queremos comunicar. Nuestro compromiso se evidencia en la preparación previa que demostramos frente a ellos. La pasión, por su parte, está en el cuerpo y en el movimiento.

«Los mejores oradores son las personas que sienten auténtica pasión por los temas que tratan. Inspiran a su público de manera que quienes no experimenta esa pasión y carecen de la energía que la acompaña son incapaces de hacer (...). Cuando una persona siente pasión por algo, no puede evitar pensar en ello, actuar en consecuencia y hablar de la cuestión con los demás» (Gallo, 2017: 43).

Todas las mañanas un joven salía a correr por una agradable colina, llena de árboles altos y hermosos, cerca de su casa. Una mañana particularmente brillante, se desvió del sendero usual y encontró con una pequeña cabaña. Sediento, se acercó a un hombre mayor que descansaba al sol frente a la entrada y le pidió un poco de agua. "En el patio trasero encontrará una bomba con la que podrá extraer agua fresca y cristalina de mi pozo" le indicó. El muchacho agradeció y se dirigió al surgente. Junto a la bomba había un perro que no dejaba de gemir. No parecía haber ninguna razón para que llorara de esa forma, pero el animal no dejaba de hacerlo. Con su sed satisfecha, el joven volvió junto al hombre para despedirse. Antes de marcharse, no puedo evitar preguntar por el perro. "El pobre animal llora porque está sentado sobre un clavo" contestó el anciano. "¿Y por qué no se mueve?". El viejo suspiró. "Porque no le duele lo suficiente"

La motivación es aquello que anima e impulsa a los hombres. Implica estados internos que dirigen las acciones humanas hacia fines determinados. Se alimenta de los deseos, las metas y pasiones de la persona y la empuja en el camino a concretarlas. La clave de la motivación es el movimiento. De hecho, esta expresión deriva del latín *motio* ("movimiento") y *motus* ("movido"). Obra como principal impulsor de la voluntad y se origina en una carencia. Esa necesidad insatisfecha empuja a la persona a buscar soluciones. Tal como en la pirámide de Maslow, cuando se concreta un nivel despiertan nuevas motivaciones. Así se emparenta con la curiosidad, y puede crecer a partir de esta.

La motivación es tanto una actitud como un estado mental que implica pasión, propósito, toma de decisiones y compromiso. Es una energía variable que debe ser reforzada tanto emocional como conductualmente. Para ponerla en acción, hay que tener claro el propósito que nos impulsa, la misión para la cual ponemos en juego el movimiento. "No es lo mismo hacer cosas, que hacer cosas importantes" (Víctor Kupers).

Mientras más elevada sea la meta, mayor será el impulso de nuestra motivación y más lejos llegaremos. Si nuestra escalera tiene diez escalones y llegamos a la mitad, habremos recorrido cinco. Si tiene veinte, diez.

En ocasiones aparecen personas decepcionadas de la vida que intentan compartir su perspectiva con los demás. Están seguros de que es mejor no soñar en grande, porque cuanto más alto llegues, más fuerte será la caída. Existe, dicen, un límite para lo que cada uno puede conseguir. E intentar superarlo es ser necio y exponerse al dolor. Este tipo de pensamientos cierra sobre nosotros nuestra zona de confort, y la vuelven una cárcel para nuestros deseos más hermosos. No deja de haber una cuota de resignación y mediocridad en estas actitudes. Implican creer que todas las personas son iguales, que aquello que uno no puede lograr es inaccesible para el resto, que no hay mejoramiento posible, que estamos atrapados por nuestras circunstancias. Sin embargo, cada individuo es único, irrepetible, con talentos inimaginables. Aquello que para unos es imposible, para otros es necesario. La motivación es algo profundamente personal e intrínseco y nadie debería tener el derecho de vulnerar los propósitos de los demás. Aun si lo hacen con buena intención, tratando de evitarle dolores o malos momentos, no hay esfuerzo más dulce que el que nos lleva a nuestros sueños.

La pasión y el compromiso requieren de libertad para desarrollarse. Nadie nos puede obligar a estar motivados. La motivación es energía. Y la energía no se pierde, no se destruye, se transforma constantemente. Es muy importante que un orador sepa no sólo motivar a su audiencia, sino despertar nuevos deseos y no apagar los existentes.

Visualizar es una gran manera de mantener la motivación rodando. Mirar hacia nuestro interior y proyectar el futuro que queremos, el destino al que hemos apuntado. La imaginación es tremendamente poderosa. Si podemos verlo en nuestro interior, podemos concretarlo en nuestro exterior. La ejercitación constante de la visualización positiva puede llevarnos a asumir un estado de pronoia, esto es, la creencia de que quienes nos rodean y hasta el entorno en que nos movemos conspiran a nuestro favor. Opuesto a la paranoia, la pronoia no significa ingenuidad, sino la seguridad de que a mi alrededor tengo toda la colaboración necesaria para alcanzar mis metas. La persona motivada está comprometida y dispuesta a correr riesgos, pues sabe que en sus manos está la posibilidad de transformarse, transformar su vida y cambiar las situaciones a las que se ve sometido.

Además de visualizar, no hay que olvidar hacer una programación de los pasos necesarios para alcanzar el objetivo. Ponerse metas a corto, mediano y largo plazo, y reforzar la autoestima tras lograr cada una. Debemos aprender que cada escalón es importante y valorar nuestro progreso para mantener la energía necesaria para seguir avanzando.

Hay un ejercicio muy sencillo que puede ayudarte a clarificar tu motivación y mantenerla en alto: en una hoja escribe una lista de las cosas que te inspiran. Pueden ser motivaciones de cualquier tipo, siempre y cuando tengas una conexión genuina con ellas. Al lado de cada una, coloca una pequeña lista de acciones que puedas hacer diariamente, con poco esfuerzo, para alimentar tus metas. Si te motiva tu salud, puedes hacer unos minutos de ejercicio diario, si tu motivación es escribir un libro, intenta redactar al menos una página al día, si te motiva terminar tu carrera, dedica una hora al día al estudio. No es necesario hacer grandes sacrificios, difíciles de mantener en el tiempo, sino acciones constantes y progresivas que te causen satisfacción. La raíz de la motivación es emocional. No es suficiente la razón para mantenernos en ese estado. Es necesario comprometer los sentimientos. Y aunque la motivación es algo personal, interno, también es extremadamente contagioso. El cuerpo reacciona a la emoción de manera inconsciente. Lo importante es mantener la energía circulando.

Los griegos tenían una palabra especial para designar a la motivación: "Epipoteo" que significa pasión, intenso deseo que no se apaga, deseo que nadie borra, deseo que no se va con nada (Stamateas, 2007: 24). La experiencia demuestra que, cuanto más grande, cuanto más profundo es ese deseo, menos excusas tenemos para alcanzarlo y más posibilidades de éxito. A diferencia de lo que se suele creer, el éxito es un estado al alcance de todos los seres humanos. Implica lograr un objetivo en el que realmente hemos comprometido nuestro corazón y nuestra identidad. El éxito es conseguir metas significativas, en relación íntima con nuestras necesidades físicas, emocionales y espirituales, que al ser concretadas brindan una sensación de bienestar y realización al individuo. ¿Será esta definición suficiente? No todavía. Queda un matiz más que nos ayudará a comprender cuál es su verdadero significado.

EL ÉXITO ES EL CAMINO. Así como no cualquier meta nos hace sentir exitosos, no cualquier recorrido nos brinda satisfacción. No es sólo una cuestión moral. Alcanzar los sueños por medio del esfuerzo personal libera una serie de estímulos neuronales que no se producen de ninguna otra manera. Si nuestra vida fuera un partido de fútbol, no nos sentiríamos satisfechos si ganáramos porque el oponente se retiró. Lo que alimenta nuestra motivación es jugar. Pisar fuerte la cancha y hacer goles. No podemos ser suplentes en nuestra propia casa.

Hay un solo camino seguro al éxito: tomar buenas decisiones. Y, como el jugador que avanza hacia el área y tiene que predecir a qué lado se tirará el portero, sólo podemos hacerlo gracias a la experiencia previa. A partir de esta sabremos a donde apuntar. ¿Cómo se alcanza esa experiencia? Fracasando.

El fracaso es una frontera a partir de la cual se abren caminos de acción (Sáenz de Urturi, 2013). Un estado emocional que nos enseña cuál camino no seguir, a donde no queremos volver. Nos hace valorar la fuerza de nuestra motivación y del deseo que la origina. A partir de la respuesta emocional que suscita en nosotros la vivencia del fracaso, maduramos y aprendemos. El fracaso es un espejo donde nos vemos a nosotros mismos. Nos ayuda a decidir lo que realmente queremos. Nos obliga a cuestionarnos sobre nuestro motivo. Este debe estar tan impregnado en tu interior que haga que te levantes de cada caída. Así se convierte en el combustible del éxito. Por eso, debemos separarlo de cualquier tipo de carga peyorativa y traumática. Fracasar es sólo obtener un resultado diferente al que estábamos esperando.

Debemos prepáranos para fallar, convirtiendo esta vivencia en una oportunidad de crecimiento y aprendizaje. Solo con los tropiezos aprendes a levantarte, y ayudar a los otros a hacer lo mismo. Aceptar el fracaso lleva a la persona a desarrollar humildad y vulnerabilidad, factores que nos conectan profundamente los unos con los otros. Vivimos en la era de la vulnerabilidad. Los científicos han demostrado que las personas más vulnerables son más felices. Las nuevas generaciones aceptan y hasta buscan la vulnerabilidad como un valor que les permite conectarse de mejor manera con el otro. Buscamos oradores más humanos, apasionados y comprometidos, que se muestren con transparencia. El fracaso enseña a ser agradecido, resiliente y a alcanzar tranquilidad de espíritu, librándose de la culpa y del estigma de la incompetencia. Esto no significa que debamos buscarlo o auto sabotearnos. Sino que debemos despersonalizarlo, asumir que es parte de la vida, y aprender a valorar y disfrutar el éxito y estar abiertos a las posibilidades.

Las obras de los grandes escritores son fascinantes. A veces, sus vidas lo son aún más. Por muchas razones J.K. Rowling es una de mis escritoras favoritas. Las dificultades que tuvo que enfrentar no son la menor de ellas. En febrero de 2004, la revista *Forbes* indicó que su fortuna ascendía a 576 millones de libras esterlinas, convirtiéndose en la primera persona en hacerse millonaria escribiendo libros y en la mujer más rica del Reino Unido, más incluso que la reina Isabel II. Sin duda, podríamos considerarla un modelo de éxito bajo cualquier definición.

Su camino no fue fácil. Su madre, a quien era extremadamente cercana, murió en 1990, el mismo año en que comenzó a escribir la novela que le dio fama. Nunca pudo hablarle de Harry, ni compartir con ella el mundo de los magos. Poco después se mudó a Portugal para trabajar como maestra de inglés y conoció a Jorge Arantes, quien sería su primer esposo. Los maltratos, el alcoholismo y las infidelidades de Jorge causaron que lo abandonara y escapara a Edimburgo con su hija. En 1994, comenzó el proceso judicial para pedir el equivalente a una orden de alejamiento, que sería revocada ocho meses después. En esta época, Rowling sufrió de depresión clínica y llegó a plantearse el suicidio, pero su hija Jessica le dio las fuerzas para seguir. Sin empleo y viviendo de los subsidios que le otorgaba el Estado, frecuentaba los cafés de la ciudad en sus momentos libres y allí apuntaba los detalles que le dictaba su fantasía, mientras su pequeña dormía en el cochecito a su lado.

En 1995 finalizó el manuscrito de *Harry Potter y la Piedra Filosofal* en una vieja máquina de escribir. *Christopher Little Literary Agents* aceptó representarla y el libro fue enviado a doce editoriales. Todas lo rechazaron. Recién un año más tarde, *Bloomsbury*, una pequeña editorial de Londres, aceptó arriesgarse con el proyecto. En junio de 1997, publicó mil copias de la primera novela de Rowling, la mitad de las cuales ni siquiera fueron puestas a la venta, sino que se distribuyeron en bibliotecas. Luego de su éxito mundial, aquellos ejemplares pasaron a valer entre 16000 y 25000 libras.

J.K. Rowling no es una escritora famosa por alguna especie de milagro. Su éxito se debió a años de esfuerzo. Atravesó múltiples fracasos, tuvo que superar obstáculos enormes. Ella misma no se considera una escritora porque haya tenido éxito, sino porque para ella escribir es inevitable. Nunca dejó de hacerlo y nunca lo hará. La fuerza de su motivación, su pasión y compromiso dieron origen a un mundo que cambió la vida de millones de personas en el planeta. Incluyendo a la responsable de estas páginas.

Palabras apasionadas

Hay muchas frases célebres sobre la pasión. Muchas expresiones famosas, ingeniosas, llamativas, trascendentes. Todos tenemos algo que decir de la pasión, porque es una experiencia profundamente humana. Por eso quise reunir algunas palabras más cercanas, más humanas, para arrimarnos a lo que la pasión y el compromiso nos hacen sentir:

"La pasión es el reflejo del alma. Es la vocación interior que representa el deseo de ser."

Fabiana Estela Salomón - Profesora de Literatura

"La pasión se lleva mi tiempo, ocupa mis pensamientos y se alimenta con el recuerdo que no se acaba."

Lilia Alicia Núñez de Arce

"Le dicen trabajo a esta desesperación cotidiana por ser quien soy en el mundo, y a la lucha por mi derecho a habitarlo con mis gentes."

Leyla Yamila Mafud - Cantante

"La Pasión es un sentimiento que florece cuando hacemos algo que nos hace feliz"

Lucas Fabricio Esteban

"Lo que hace latir mi corazón es mi pasado y mis raíces, eso que siento al despertar día a día para no repetir algunas cosas y ser mejor, teniendo presente de dónde vengo"

"Cuando tenía 17 y buscaba aquello que me "apasionara", aquello que quería estudiar en la universidad, me salieron muchas dudas existenciales sobre quien era y que quería. (...) Buscaba aquello que completara mi ser, con lo que me sintiera cómoda, como si siempre fuera mi lugar y al fin me reencontrara. Me frustraba demasiado no saber qué era lo que me hacía emocionarme, sentía que estaba algo vacía, algo incompleta y sin sentido. Pero cuando me conocí lo suficiente, averigüé sobre otras cosas y me esforcé por responder mis dudas, experimenté un gran alivio y mucha felicidad. Lo que me apasiona es poder compartir con otros en un espacio de trabajo, sintiendo que mis tareas cambian el entorno en donde me encuentro y conecto con otros, poder ayudar a otros y aprender de estos. Me apasiona igual el arte, los idiomas, las distintas culturas y el aprender un poco de todo, me apasiona emprender mis sueños o ideas. Todas esas cosas me hacen sentir cómoda, feliz, me surgen otras ideas y disfruto del proceso, siento que puedo desarrollarme tanto como quiera y no me cansa, ni me siento obligada o forzada a hacerlo, lo hago porque es lo que siento, es lo que soy, y si tuviera que elegir elegiría de nuevo lo mismo."

Ariadna Lía Fátima Lobo Figueroa Suarez - Estudiante universitaria de Administración de la UNT

"¿Qué es la pasión? Es ese latido fuerte que te hace vibrar intensamente, es lo que despierta el brillo en tus ojos, es ese sentimiento que inunda tu ser. Pasión es lo que te empujó a correr tras de lo que amas, es entregarse cuerpo y alma."

Mirta Irene Romano – Docente/ Narradora

"Pasión es amar lo que haces. No se puede explicar con palabras. Cuando estás haciendo eso que tanto te gusta y de repente te olvidas de todo lo demás. Los obstáculos desaparecen de tu mente, estas tan enfocada, que no quieres dejarlo. Y deseas compartirlo o enseñarlo a los demás."

Ramona Liliana Paz - Profesora de Geografía

"La pasión es para mí como un estado de enamoramiento de las cosas que haces en tu vida. Puedes ponerle pasión hasta a hacer un mandado. (...) Recuerdo cuando era niña y mi mamá nos dijo a mi hermana y a mi "tu papá nos dio plata para que se compren una sandalia". Creo que no dormí más. Y con cuánta pasión busqué, no una sandalia. Era mi sandalia, la que me iba acompañar por un buen tiempo. Tal vez es tonto el ejemplo. Pero creo que cuando uno pone pasión, "garras" las cosas salen mejor y las sentís muy dentro tuyo. Es un entusiasmo que embriaga. Cuando falta la pasión, las cosas ya son rutinarias. Sin esa pizca de pasión la vida no sería tan agradable."

Graciela Noemí Zacarías - Docente de primaria

"Pasión es encontrar tu Propósito."
Fátima Alejandra Chávez - Coach ontológico profesional

"Para mí la pasión es esa sonrisa en el rostro y ese brillo en la mirada, cuando estás haciendo lo que amas."
Gabriela Corvalán - Estudiante de medicina

¿Y para vos, qué es la pasión?

Pasión por aprender

Un niño, un profesor, un libro y un lápiz pueden cambiar el mundo

Malala Yousafzai

Serendipia. Es una palabra graciosa. Parece el nombre de una especie de insecto. La descubrí viendo una conferencia de un mago que hablaba sobre cómo había descubierto su vocación. Encontrarla fue, en sí misma, una verdadera serendipia.

Una serendipia es un descubrimiento afortunado, valioso e inesperado que se produce de manera accidental, a veces mientras se busca una cosa distinta. En la historia de la ciencia no es un fenómeno poco frecuente, e incluso se da en la literatura, cuando un autor escribe sobre algo que ha imaginado, que no existe en su época, y posteriormente aparece un fenómeno o artefacto que responde a su descripción, como en las novelas de Julio Verne. El descubrimiento de la penicilina, el hallazgo de los restos del Titánica, el principio de Arquímedes y hasta las papas fritas fueron fabulosas serendipias. La palabra deriva del inglés serendipity, un neologismo acuñado por Horace Walpole en 1754 e inspirado en el cuento persa "Los tres príncipes de Serendip", en el que los protagonistas usan descuidadamente su inteligencia y terminan metiéndose en problemas:

Existió una vez tres príncipes en la isla persa de Serendip, inteligentes, bien educados e hijos de un gran gobernante. Pese a que habían tenido los mejores maestros, su padre consideraba que no estarían bien preparados si no conocían el mundo, por lo que los envió a un largo viaje. En el camino se toparon con unas huellas.

El primer príncipe, tras observarlas, dijo:

– Son las huellas de un camello tuerto del ojo derecho. Esto lo digo porque he visto que la hierba de la parte derecha del camino que da al arroyo estaba intacta, mientras que la de la parte izquierda que da a la colina estaba más seca y consumida.

El segundo príncipe, más sabio que el primero, añadió:

– A este camello le falta un diente: lo sé porque la hierba que ha arrancado tiene por encima pequeñas cantidades masticadas.

El tercer príncipe, todavía más astuto que sus hermanos mayores, observó:

– El camello está cojo la pata trasera izquierda. Sus huellas son más débiles en este lado.

Entonces el hermano mayor volvió a la carga:

– Estoy seguro de que el camello llevaba una carga de miel y mantequilla. Lo puedo decir porque al borde del camino las hormigas comían en un lado, mientras que en el otro se concentraban abejas, avispas y moscas.

Sus hermanos menores se sintieron molestos porque esa apreciación superaba a las suyas. Así que el segundo príncipe bajó de su camello e inspeccionó más de cerca las huellas y afirmó que en él iba montada una mujer, al percatarse de pequeñas pisadas sobre el barro en la ribera del río.

El tercer hermano, herido en su orgullo, aseguró que la mujer estaba embarazada, ya que al orinar se había apoyado con las dos manos en una saliente del terreno, debido al peso de su cuerpo.

Celosos de la sabiduría de cada uno, los tres jóvenes prosiguieron su camino hasta la siguiente ciudad, donde se toparon con un mercader que estaba muy nervioso porque uno de sus camellos había desaparecido. Los príncipes, al escucharlo, se pararon y lo interrogaron:

– ¿El animal era tuerto del ojo derecho? – preguntó el hermano mayor.

– Sí – le contestó el mercader.

– ¿Le faltaba algún diente? – preguntó el segundo.

– Seguramente, porque era viejo y se había peleado con un camello joven – respondió el hombre.

–¿Estaba cojo de la pata izquierda trasera? – le espetó el tercer hermano.

–Sí, ya que se había clavado la punta de una estaca. Además, llevaba una carga de mantequilla y miel y a mi esposa, que está embarazada ¿Los habéis visto? – quiso saber el angustiado mercader.

Los príncipes no pudieron evitar reír.

–No los hemos visto jamás.

El hombre pensó que se reían de él. Con tantos detalles era imposible que no conocieran el paradero de su esposa. Así que los denunció a las autoridades y los tres príncipes fueron arrestados y encarcelados y condenados a la pena de muerte, acusados de robar un camello y de raptar a una mujer. En el pueblo hubo muchos testigos de la conversación mantenida entre ellos y el hombre, por lo que nadie dudaba de la sentencia.

Justo antes de la ejecución, apareció la mujer con el camello gritando que se había perdido y que estaba a punto de dar a luz. Una vez aclarado todo, y asombrado por el ingenio de los tres príncipes, el Emir los nombró ministros. La sabiduría tiene su premio y la casualidad los salvó. Aprendieron a ser mucho más prudentes y menos presumidos a la hora de manifestar su inteligencia ante los demás.

Hay un tipo de pasión muy particular, la misma que me llevó a investigar el origen del término serendipia, a buscar ejemplos de la misma y finalmente a encontrar el cuento de los tres príncipes. Un impulso que ha sido el responsable de la evolución de la humanidad a lo largo de los siglos y que, sin darte cuenta, te ha traído ante las páginas de este libro: la pasión por aprender.

Si no fuera por la capacidad de aprender, la especie humana se hubiera extinguido hace muchos siglos. El deseo de conocer, explorar, la curiosidad intrínseca del género humano, nos ha salvado en múltiples oportunidades, transformando el mundo, propiciando los adelantos en tecnología, cultura y medicina que hacen que la vida no sólo sea más longeva, sino más rica. El aprendizaje no puede ser aislado de la motivación y la motivación desea comenzar a entender su propia vida (Rosler, s.d.).

La amígdala influye en el aprendizaje emocional, permitiendo la elección de las estrategias con las que respondemos a los diferentes estímulos. Funciona a partir del vínculo entre emoción y cognición, que ayuda a mantener activa la motivación, vinculando los objetivos personales a los sentimientos. Además del aprendizaje, la amígdala afecta la estructuración de los recuerdos. Cuando una pieza de memoria se vincula a una emoción, se fija en nosotros de manera permanente. Incluso si no tenemos acceso a un recuerdo específico, las funciones de la amígdala nos permiten rememorar emociones asociadas a una vivencia, trayéndolas al presente cuando enfrentamos estímulos similares. Esto se ve con claridad en el caso de las fobias. Si de pequeños nos atacó un perro, puede que no recordemos el ataque, pero delante de un animal de esta especie volveremos a experimentar miedo, aprensión y rechazo. También funciona con las emociones positivas. Al mirar una vieja fotografía podemos no recordar el momento en el que fue tomada, pero revivimos el trasfondo emocional del pasado que quedó plasmado en la imagen.

"Una gran parte de la respuesta a la pregunta de por qué algunos de nuestros estudiantes recuerdan la información que les enseñamos y otros no tiene que ver con un pequeño compuesto químico en el cerebro que debe estar presente para que el niño (o el adulto) retenga información. Este compuesto se llama dopamina" (Gallo, 2017: 138). Según John Medina, la amígdala está llena de este neurotransmisor, y lo usa como un estudiante utilizaría un post it. Cuando el cerebro detecta un suceso con carga emocional, la amígdala libera dopamina en el sistema. Como esta sustancia mejora la memoria y el procesamiento de información, podríamos decir que en la nota adhesiva está escrito "¡Recuérdalo!". "Si el cerebro le coloca una nota química a un determinado fragmento de información, eso significa que este se procesará con mayor intensidad" (Gallo, 2017: 164). Aprender, cuando se dan las condiciones apropiadas, puede convertirse en un suceso placentero e incluso adictivo. Cuando alimentamos nuestro conocimiento sobre un tema que nos apasiona, o al menos nos interesa, recibimos una descarga química equivalente a la que se produce cuando comemos chocolate o tenemos un encuentro cercano con la persona que nos atrae. Aprender algo nuevo activa las mismas zonas de recompensa del cerebro que las drogas y las apuestas.

Esta respuesta emocional no es puramente interior, sino que sus manifestaciones externas funcionan como fuente de uno de los procesos comunicativos más poderosos de los que puede valerse el orador: el contagio emocional. Cuando una persona siente pasión y placer al hablar de un tema, inevitablemente su lenguaje corporal, sus palabras y todo su ser entra en un estado de entusiasmo que se transmite a la audiencia. La pasión es tan contagiosa que no necesitamos aprender a demostrarla, sino sólo sentirla, para vincularnos más eficientemente con nuestro público y vincular a este con el tema de nuestra exposición.

El mecanismo de esta transmisión no ha sido completamente descifrado. La respuesta más verosímil es que inconscientemente imitamos las emociones que vemos en otra persona, a través de una mímica motriz de su expresión facial, gestos, tono de voz y otras marcas no verbales de emoción. En la década de los noventa, Giacomo Rizzolatti descubrió que existen áreas neuronales específicas que se activan cuando realizamos ciertas acciones y cuando observamos a otros llevarlas a cabo. A esta red neuronal que funciona a partir del reflejo de los patrones motores externos se la llamó neuronas espejo y se considera que son la base biológica de la simpatía, la empatía y el contagio emocional. Mediante la imitación, las personas recrean en sí mismas el humor del otro, como si utilizaran el método de Stanislavsky, en el que los actores reproducen gestos y movimientos asociados a una emoción que han experimentado intensamente en el pasado con el fin de evocarla nuevamente (Goleman, 2018: 144).

La imitación cotidiana de los sentimientos es comúnmente bastante sutil y para muchos imperceptible. Nos adecuamos a los estados de ánimo de aquellas personas que más resuenan con nosotros, incluso sin mediar palabra. De alguna manera sentimos al otro en nuestro propio cuerpo. Esto refuerza los vínculos de la comunidad y nos ayuda a aprender a comunicarnos de manera más eficiente.

Cuando dos personas interactúan, la dirección en que se trasmite el estado de ánimo es del que expresa más emocionalidad al más pasivo. Pero algunas personas son especialmente susceptibles al contagio emocional. Su sensibilidad innata hace que su sistema nervioso autónomo se dispare fácilmente. Estas personas son excepcionales oradores porque pueden conectar fácilmente con sus emociones y con las de los demás y pueden aprender a usar su vulnerabilidad como una ventaja comunicativa.

¿Cómo podría contar la historia de Malala Yousafzai, la premio Novel de la Paz más joven de la historia? Si hay alguien que entiende el valor de la educación, seguramente es ella. Y, sin embargo, es una muchacha común y corriente, con los intereses y problemas de toda mujer joven. Sus circunstancias y su extraordinario valor para enfrentarlas la convirtieron en quién es. Eso, y el apoyo de miles de millones de personas que comparten su lucha.

Malala nació el doce de julio de 1997 en Swat, al noroeste de Pakistán. Su padre, Ziauddin, le puso el nombre de una luchadora afgana que inspiró a las tropas de su tierra en la guerra contra los británicos en el siglo XIX y murió en el campo de batalla. Desde chica, soñaba con ser médica y admiraba a su padre, que era director de un colegio. Cuando aún era muy pequeña, su familia recibía en casa amigos del área de la educación y la política. Ella escuchaba sus conversaciones y se alimentaba de sus debates sobre derechos humanos e igualdad. La imposición del régimen talibán en su país la llevó, con tan solo trece años, a convertirse en una activista por el derecho a la educación de niños y mujeres. Al principio Malala se limitó a llevar un diario personal de las cosas que ocurrían en Swat, de la violencia y destrucción del terrorismo y los atentados del nuevo régimen. Cada noche le dictaba lo que había escrito a un periodista de la BBC, que lo publicaba en un blog con el nombre de Gul

Makai. Pronto comprendió que ese espacio no era suficiente para atraer la atención internacional hacia lo que estaba pasando en su nación. Y se dio cuenta de que debía darle un rostro y una voz a sus reclamos, para que fueran escuchados. Entonces comenzó a aparecer en los medios y se convirtió en una figura pública.

La mañana del 12 de octubre del 2012, Malala se dirigía en un camión a la escuela, en compañía de sus amigas, pese a las prohibiciones de los talibanes. Un hombre armado detuvo el vehículo, se subió y le disparó tres veces. Una de las balas dio en el lado izquierdo de la frente de Malala, atravesó la piel a través de la longitud de la cara, y luego entró en el hombro. En los días posteriores al ataque, la joven de 15 años permaneció inconsciente y en estado crítico. Su recuperación fue larga y dolorosa. Durante un tiempo no pudo hablar y parte de sus nervios faciales sufrieron un daño irreparable. Contra todo pronóstico, sobrevivió, pero tuvo que abandonar su país y refugiarse en Inglaterra. Allí, junto a su padre, creó la Fundación Malala por el derecho a la educación.

En 2013 dio un emotivo discurso frente a los representantes de las Naciones Unidas y decenas de jóvenes que habían asistido a la sesión con la finalidad de escucharla. En 2014, con sólo 17 años, recibió el premio Novel de la Paz. Muchas veces el han preguntado qué hubiera sido de ella si fuera una chica normal. Malala contesta que lo es, ella es una muchacha como cualquier otra, con padres diferentes a los de muchas otras, con circunstancias diferentes a los de muchas otras.

En el 2015 la cadena National Geografic Chanel estrenó el documental basado en su vida "El me nombró Malala". De todo lo que cuenta sobre su pasado y su presente sobresale la relación que sostiene con su padre y la que ambos tienen con la palabra. Malala y Ziauddin saben que un buen orador puede encender el fuego con su palabra, hacer arder los corazones, contagiar su pasión y su convicción y cambiar el mundo. Sea grande o pequeño, cada persona tiene el poder de hacerlo, donde sea que se encuentre, cuales sean sus circunstancias. Tenemos que seguir propagando el fuego.

- 12 -

Habla

Hace un par de noches estaba trabajando en el paso 11 mientras hablaba por celular con mi pareja. Él ya se ha acostumbrado a escucharme teclear frenéticamente mientras conversamos y yo le contaba sobre los oradores que estaba estudiando, sobre la resiliencia, la pasión y el compromiso. A veces me costaba hilvanar una idea y tardaba en responderle, hasta que lograba plasmarla en la hoja y continuábamos charlando con normalidad. En un momento fue él quien se quedó en silencio. Creí que estaba haciendo alguna cosa hasta que, desde el otro lado de la línea, la voz de Lucas me dijo "**A lo que entiendo, la oratoria te enseña como pararte frente a la vida**". Mis manos cayeron del teclado, tardé algunos segundos en reaccionar. Algo en mi pecho explotó. Y comprendí que tenía que compartir esas palabras. Hasta ese momento yo sólo había pensado en la Oratoria como una habilidad para pararse y hablar delante de un público. Una herramienta poderosa, sí, pero tan sólo una herramienta. No fue hasta que comencé a escribir este libro y a compartir mis ideas con las personas a mi alrededor, que entendí que podía ser algo más. Las palabras de Lucas transformaron todo mi proceso de escritura. Y me hicieron tomar conciencia de una realidad que estaba frente a mis ojos, pero yo no veía.

Hablarle a una audiencia es una experiencia inmensamente compleja que involucra todo lo que somos, todas nuestras posibilidades, que involucra al otro y le pide que comprometa una de las cosas más importantes con la que cuenta: su tiempo. Y es nuestra obligación hacer que este ofrecimiento de ese interlocutor valga la pena. Porque esos minutos que invierte en mí, no los recuperará jamás. La principal misión del orador es y será siempre crear conexiones significativas no sólo entre sus ideas, sus palabras y la información que comparte, sino entre él mismo y quien lo escucha. En un mundo donde la tecnología borra todas las barreras y crea realidades totalmente nuevas, el arte de la oratoria sigue vigente porque nos seguimos necesitando unos a los otros.

Parece mucha presión en los hombros de un solo individuo. Pero el orador nunca está solo. Lo sostienen cientos de personas que estuvieron antes que él, lo impulsan las que vendrán, lo alimentan sus experiencias, conocimientos y vivencias y lo respalda su motivo. Ese propósito íntimo y profundo que nos mueve más allá de los límites que creemos tener. Con semejante andamiaje detrás, el éxito es inevitable. Somos una casa que se alza sobre cimientos sólidos, lista para ser habitada. Llegó el momento de que los inquilinos, los discursos, tomen su lugar.

Cada uno de los pasos anteriores fue como un rompecabezas. Cada parte fue encajando de a poco, encontrando su lugar en un ensamblaje complejo y delicioso. Llevó tiempo. Fue un proceso de descubrimiento en el que no siempre estaba segura de qué pieza debía colocar en cada lugar. "Habla" es diferente. Estaba claro desde el principio. Todo comienza y termina aquí. Este es el fin y el principio de todo orador. El punto donde las cosas toman forma, el ejercicio permanente. JK Rowling cuenta que vivió una experiencia similar al escribir los libros de *Harry Potter*. Desde el momento en que comenzó a redactar, sabía cómo iba a ser el final. Escribió el último capítulo antes que ninguno, y toda la historia fue un pergamino que se desenvolvía y avanzaba hacia él. Hablar no es sólo una habilidad útil, sino necesaria. Es compartir y dar vida a cosas que antes no existían. Cuando nombramos algo, le otorgamos entidad. Decir algo es hacerlo real.

Mientras escribo tengo la certeza, como la he tenido con los cientos de alumnos a los que he conocido en mis talleres, de que la persona que está del otro lado tiene algo importante que decir. Nadie inicia el proceso de convertirse en un orador exitoso si no posee un mensaje que desee compartir. Y nadie, ni siquiera nosotros mismos, tiene el derecho de negar a las palabras su existencia. Debemos comunicarnos por cualquier medio que esté a nuestro alcance, porque es la mejor forma de conectarnos y la única de garantizar que nuestra especie siga existiendo.

Todo lo que tengamos para decir tiene valor. Pero también somos responsables de las palabras dichas. Los intercambios comunicativos se definen como esfuerzos de cooperación. Hablamos para crear puentes, no abismos. El buen orador, el orador eficiente y memorable, sabe que las palabras pueden ser alas o espinas, sabe que no se trata solamente de decir todo lo que tiene en la cabeza, sino de saber llegar al otro, de tener argumentos que respalden las opiniones, de respeto y de comunidad.

Un sultán soñó que había perdido todos los dientes; después de despertar mandó llamar a un sabio para que interpretase su sueño.

- ¡Qué desgracia, mi señor! - exclamó el sabio -. Cada diente caído representa la pérdida de un pariente de vuestra majestad.

- ¡Qué insolencia! - gritó el sultán enfurecido -. ¿Cómo te atreves a decirme semejante cosa? Fuera de aquí.

Entonces, llamó a su guardia y ordenó que le dieran cien latigazos.

Su sueño lo mantenía intranquilo y las respuestas del hombre no habían logrado aplacarlo, así que pidió que trajesen a otro sabio para que lo interpretara. Después de escuchar al sultán con atención, este le dijo:

- Excelente señor, gran felicidad os ha sido reservada, el sueño significa que sobrevivirás a todos vuestros parientes.

El sultán se sintió complacido, su rostro se iluminó con una gran sonrisa y ordenó que le dieran cien monedas de oro.

Cuando el hombre se dirigió a la salida del palacio, uno de los cortesanos lo detuvo, admirado por lo que había sucedido.

- No es posible, - le dijo -, la interpretación que habéis hecho del sueño es la misma que el primer sabio. No entiendo por qué a él le pagó con cien latigazos y a vos con cien monedas de oro.

- Recuerda bien amigo mío, - le contestó tras mirarlo profundamente -, que todo depende de la forma en el decir.

El resultado de la comunicación es la respuesta que obtengo.

El arte de estar preparado

La palabra es un gran soberano que con un cuerpo pequeñísimo y totalmente invisible realiza acciones divinas. Puede, en efecto, hacer cesar el miedo, eliminar el dolor, provocar alegría, inspirar la compasión.

Antes de pararnos delante del público, es imprescindible que comprendamos la manera en que este recibe y procesa la información. Según la teoría de Cody Blair aprendemos solo

- el 5% de lo que escuchamos,

- el 10% de lo que leemos,

- el 20% de lo que vemos,

- el 50% de lo que debatimos,

- el 75% de lo que practicamos y

- el 90% de lo que enseñamos.

Eso quiere decir que cuantos más sistemas de representación estimulemos en nuestra audiencia, mayor será su retención y cuantas más veces practiquemos, cuantas más veces nos expongamos, mayor será nuestro propio aprendizaje.

La Oratoria, tal como la conocemos, nació en Sicilia y se extendió a lo largo de toda Grecia de la mano de los sofistas y filósofos principalmente en los siglos IV y V a.C., cobrando auge con la instauración de la democracia radical y arraigando en Atenas en la época de Efialtes y Pericles (462-1 a.C.). Más o menos en el mismo período, en la antigua China, vivía el general y filósofo Sun Tzu, autor de "El arte de la guerra", uno de los más reconocidos tratados de estrategia militar de la historia. Este texto alcanzó tal trascendencia que comenzó a ser utilizado en la economía y en la política. Muchas de las técnicas que él detalla pueden ser empleadas también en la oratoria, para enfrentar nuestros miedos, superar los obstáculos y prepararnos para la victoria.

Dice Sun Tzu: "Si te conoces a ti mismo y conoces a tu enemigo ni en cien batallas correrás peligro". ¿Quién es mi enemigo cuando me dispongo a hablar en público? Aunque tengamos la tentación de pensarlo, no es la persona que tenemos delante. Mi enemigo soy yo mismo y las circunstancias adversas que puedan perjudicarme. Debo tomar conciencia de lo mejor y lo peor de mí, de mis fortalezas, mis inseguridades, mis virtudes y defectos y saber que llevaré todo eso, todo lo que soy, a la situación de exposición oral. El autoconocimiento es, como ya dijimos, la clave para estar preparados y lograr una óptima conexión con mi interlocutor.

Según este filosofo de la Antigua China existen cinco factores que nos permitirán alcanzar el éxito en cualquier circunstancia: la influencia moral, las condiciones climáticas, el terreno, el mando y la doctrina. (Tzu Sun, 2009: 23)

¿Cómo se aplican a un orador?

- La influencia moral es la coherencia y el compromiso que el orador demuestra con el objeto de su exposición. Cuando estos factores no están presentes, el lenguaje no verbal delata la inconsistencia entre el mensaje y los auténticos sentimientos de la persona y esto puede anular la confianza que el receptor tiene en quien le está hablando. Intentar comunicar algo en lo que no creemos o un tema con el que no hemos podido establecer algún tipo de vínculo nunca dará buenos frutos. Nada es más eficiente, a la hora de iniciar una presentación, que hacerlo con un deseo vivo y tenaz, La pasión, ya dijimos, es contagiosa. A no ser que se haya meditado sobre el discurso, que se lo haya planeado, y que se sepa qué se va a decir, no puede el orador sentirse tranquilo cuando afronta su auditorio. Si iniciamos con entusiasmo, mostrando un buen conocimiento del tema, causaremos un enorme impacto positivo en nuestro auditorio. Tener claro el objetivo de un discurso ayuda a que la atención de la audiencia y la nuestra no se desvíen. Sin preparación, por el contrario, es muy difícil que podamos enfrentar con tranquilidad esta situación.

- Las condiciones climáticas y el terreno refieren al control que quien habla puede tener de su entorno. Que el ambiente sea agradable, la luz adecuada, que todos nuestros interlocutores estén cómodos no siempre depende de nosotros. Pero cuantas más precauciones tomemos al respecto, mejor será la predisposición de la audiencia y mayor nuestra propia seguridad. Siempre es más fácil que la opinión de nuestros interlocutores nos sea favorables cuando se sienten relajados y sus barreras están bajas. Es recomendable conocer de antemano el terreno donde libraremos la batalla, asegurarnos, cuanto sea posible, que esté convenientemente preparado, comprobar que los recursos con los que se cuenta (soporte tecnológico, imágenes, sonido, pizarrón, etc.) están listos y son óptimos para que la comunicación sea lo más eficiente posible. No hay herramientas mejores que otras, el triunfo depende de la pericia de quien las usa.

- La doctrina y el mando tienen que ver con la autoridad que la persona demuestra al estar delante de su audiencia. No confundir autoridad con autoritarismo. Una persona con autoridad no es aquella que detenta poder sobre los demás, sino la que se muestra preparada, realmente sabe de lo que está hablando, puede abrir un diálogo con otros y llegar juntos a un acuerdo a través del respeto y la comprensión. Incluso cuando el acuerdo no se logra, es capaz de escuchar y responder creando lazos entre sus interlocutores. Muchas veces es preferible no reconocer en voz alta que estamos nerviosos. De hacerlo, las señales de lenguaje corporal que delatan ese estado se harán más evidentes para nuestro público y sentiremos una mayor presión. Es tiempo de asumir que los nervios son algo normal, que todos experimentamos, y que la mejor manera de eliminarlos es practicar, lanzarse a la aventura y hablar utilizando gestos de confianza. Evitemos señalar hacia el público, cruzarnos de brazos, refregarnos las manos, tocarnos en exceso la cara y cuidemos nuestra postura. Es imprescindible recordar que los primeros receptores de nuestro lenguaje corporal somos nosotros mismos. Dale Carnegie, uno de los mayores expertos en Oratoria del siglo XX, recomendaba a sus estudiantes toda una serie de manipulaciones que contribuían a aliviar la tensión y el estrés, como mostrar un elemento, escribir una palabra en el pizarrón, señalar algo en un mapa, mover una mesa, abrir una ventana, simplemente hacer algo delante del auditorio que rompa la tensión, cualquier movimiento físico, en última instancia, puede contribuir a afianzar nuestra comodidad.

Tendiendo las redes

Llega el momento, ya hemos hecho todo lo que debíamos para prepáranos. Nos sentimos orgullosos de la presentación que vamos a dar, realmente amamos el tema que hemos elegido, la pasión electriza nuestro cuerpo, avanzamos resueltamente sobre el escenario, vemos como todos los miembros del auditorio tienen la cara pegada a la pantalla de su celular y nuestro ánimo cae al piso. La era de la hiper conectividad es un desafío que ninguno de los oradores del pasado pudo adelantar. En Grecia lo máximo que podía ocurrir durante un juicio es que pasara un pájaro volando y los ciudadanos lo consideraran un augurio divino. Por otro lado, en Roma podías ser apuñalado en medio de un discurso. Considerando las opciones, no estamos tan mal, pero aún tenemos que estructurar una alocución que sea llamativa, que atraiga a nuestra audiencia y se ajuste a las limitaciones espacio temporales que nos impone la situación. La dificultad de captar la atención en el entorno actual, con todos los estímulos permanentes que bombardean a los individuos, hace imprescindible utilizar nuevas estrategias para atrapar a los espectadores en las redes de nuestra argumentación. Una de las más útiles es utilizar algún tipo de soporte para apoyar las palabras. Imágenes, afiches, PowerPoint, maquetas, animaciones o textos en el pizarrón. Debemos captar la mirada del público. Cuando lo hacemos, su curiosidad se fija en nosotros, su lenguaje corporal se vuelve más receptivo y podemos transmitirles nuestro mensaje.

El tiempo promedio de observación de un video en internet es de 3 minutos y el período promedio de atención de un alumno de 8 segundos. Tardamos sólo 10 segundos en formar una primera impresión. En menos de 30 segundos decidimos si vale la pena escuchar o no a un ponente. Por eso, debemos comenzar a atraer a nuestra audiencia desde el segundo cero a través de una imagen corporal que represente verdaderamente nuestra identidad, una voz empoderada y rica en matices y una presentación bien estructurada, que se adecue a nuestro público y se conecte directamente con él.

Uno de los métodos que podemos poner en práctica para lograrlo es la *Capturología*, o el arte de captar la atención del Dr. Roberto Rosler. Según este, para interesar a nuestros espectadores, debemos comenzar por prestarles atención. Nuestra audiencia constantemente nos está retroalimentando sobre sus deseos, necesidades y expectativas. Tratar de adelantarte a los requerimientos del público, prestándole auténtica atención a sus cualidades particulares y a su lenguaje corporal, te ayudarán a convertirte en un orador inolvidable. Tus palabras no serán sólo un discurso genérico, serán una prenda hecha a medida. Busca un comienzo diferente, no simplemente exponiendo una teoría o un punto de vista, sino un problema que los involucre o los intrigue. Esto estimula a la audiencia. Muestrales el fuego, para que deseen el extintor (Rosler, 2015). A partir de allí la presentación puede desenvolverse de distintas maneras, pero lo central seguirá siendo el otro.

Al quitar el foco de encima tuyo, las tensiones y la presión disminuyen, la audiencia se siente más implicada, aumentan los niveles de interés y logras atrapar todos esos maravillosos restos de atención que parecían a punto de escapar de las redes. La comunicación se transforma, deja de ser un unipersonal y se convierte en un deporte de equipo. Como en todo deporte, los jugadores deben ponerse en movimiento y las reglas cumplirse. El partido comienza y, por mucho alargue que decrete el árbitro, en algún momento tiene que acabar. Tenemos que tratar de hacer la mayor cantidad de goles antes de que ese momento llegue.

La agonía de la hoja en blanco

El conocimiento sin amor no se queda pegado, pero si el amor viene primero, es seguro que el conocimiento seguirá

John Burroughs

En el año 2016, después de trabajar durante dos años en mi tesis de grado, me convertí en Licenciada en Letras. Por regla general, las tesis de licenciatura tienen entre sesenta y cien páginas. La mía contaba con unas doscientas quince. Un exceso desde todo punto de vista. Finalmente llegó el día en que tenía que defender mi investigación delante de un tribunal. Dos años de trabajo, más de 108000 palabras. Y sólo cuarenta minutos. Cuarenta minutos que representaban la culminación de casi diez años de estudio. ¿Cómo resumirlo todo en ese tiempo?

Manejar periodos reducidos es en realidad beneficioso para el orador y el oyente. Rosler lo dice de una manera bastante elocuente: "sea breve o generará dolor". El especialista Paul King realizó una investigación en la universidad cristiana de Texas acerca de la ansiedad del oyente y descubrió que pensar, hablar, escuchar es una actividad físicamente exigente. Ser parte de la audiencia es más agotador de lo que solemos reconocer. ¿Acaso no estaremos imponiendo sobre nuestro público una carga insoportable cuando le pedimos que escuche con atención nuestras palabras y al mismo tiempo lea una extensa transparencia de Power Point? Como ya vimos los límites son, en realidad, excelentes puntos de apoyo para construir realidades mucho más creativas, interesantes e innovadoras. Una presentación constreñida es a menudo más evocadora, ingeniosa y estimulante que las más largas y cargadas de digresiones, que son aburridas, confusas y enrevesadas (Gallo, 2017: 220).

Sentarnos delante de una hoja o de un documento en blanco con la intención de redactar un discurso es una experiencia angustiante. Ese gran vacío blanco está tan lleno de posibilidades que ni siquiera sabemos por dónde comenzar. Las primeras líneas son las más difíciles. Provocan una sensación similar a la de paramos por primera vez delante de una audiencia. ¿Cómo inicio? Necesitamos buscar en nuestro interior hasta identificar la conexión única y profunda con el tema de nuestra presentación. La pasión es la vía hacia la maestría.

Las primeras líneas son vitales, pero nuestra inquietud las trasciende. Nos cuestionamos la estructura misma del texto y es razonable que lo hagamos, porque el formato en que se plantean los argumentos influye en cómo serán recibidos y cómo reaccionarán a nuestras palabras. La manera en que abordemos el discurso, el estilo, el orden son importantísimos. También los recursos que utilicemos. Si nuestras ideas se expresan en fotos, por ejemplo, nuestra audiencia tenderá a responder con expresiones mucho más empáticas que utilitarias (Golombek, 2017: 19).

Voy a ponerme un poco técnica. Existen cinco tramas textuales, las cuales combinadas dan origen a todos los tipos posibles de texto. Generalmente, en cada discurso una predomina sobre las otras imponiendo su estructura a toda la secuencia textual. Los textos pueden ser narrativos, cuando relatan una sucesión de acontecimientos; descriptivos, cuando dan cuenta de las características de algo; dialogales, cuando nos presentan la interacción entre dos o más voces; explicativos, cuando informan sobre un objeto; o argumentativos, cuando sostienen una opinión y tratan de que la audiencia la adopte. Los tipos más utilizados por los oradores son los explicativos y argumentativos. Pero un gran comunicador debe manejarlos todos y hacer uso de ellos en los momentos adecuados.

Aunque cada uno de estos textos tienen sus características y reglas, comparten una estructura básica, que puede resumirse de la siguiente manera:

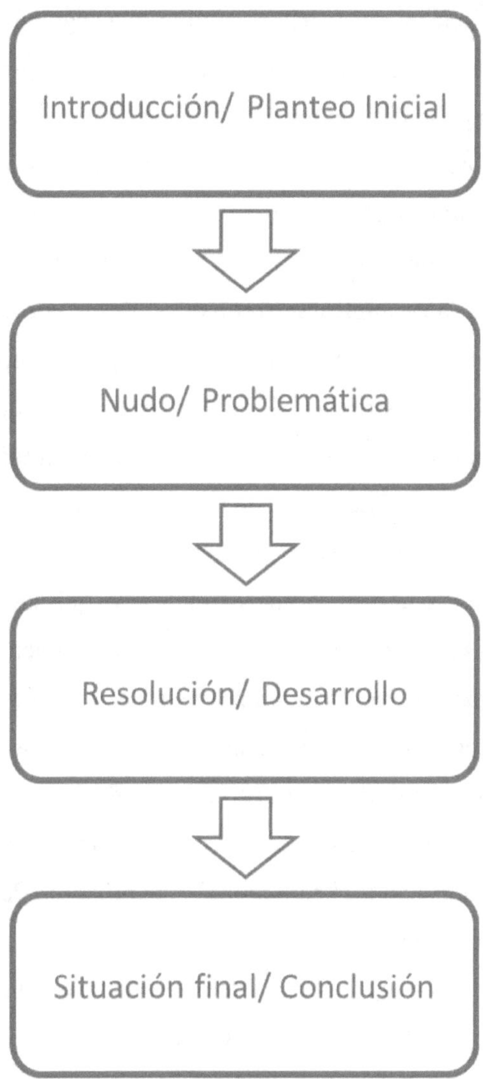

Esta estructuración es simple y se adapta a cualquier tipo de discurso. Iniciamos enunciando el tema de nuestra disertación y explicando su importancia, qué es lo que nos conecta de él, cuáles son sus características. Planteamos interrogantes y vamos desarrollando la información y, al finalizar, hacemos un pequeño resumen de todo, para dejar a la audiencia con una idea clara y precisa y cerrar el discurso. Este esquema textual es eficiente y nos permite, con suficiente práctica, jugar y descubrir maneras nuevas e ingeniosas de presentarnos. En la propuesta del doctor Rosler, por ejemplo, ponemos los problemas al principio, despertando el interés por nuestro tema. Podemos iniciar diciendo a nuestra audiencia las conclusiones y mostrarle el camino que seguimos para llegar a ellas. Es todo cuestión de experimentar y encontrar la técnica que se adapte mejor a nuestras necesidades y a los contextos donde las usaremos.

Carmine Gallo es un experto en comunicación empresarial, un orador muy popular y autor de algunos de los libros sobre negocios más vendidos, incluyendo *Hable como en TED*, donde analiza los más exitosos conferenciantes y define las técnicas para aprender a comunicarse como ellos. Dentro de este libro, expone un tipo distinto y muy eficiente de estructuración textual: el Mapa de Mensajes, una representación visual de nuestra idea, de nuestro discurso completo, en una página. Esta técnica permite preparar presentaciones de diez minutos o de una hora con igual eficiencia. La efectividad del mapa de mensajes se basa en el principio de que la memoria funciona por asociación. Incluso al retener algún dato en nuestra memoria a corto plazo, como un número telefónico que necesitamos anotar, lo hacemos juntando las cifras de a dos, tres o cuatro. Comúnmente somos capaces de retener hasta tres piezas de información por vez y es a esto a lo que tenemos que apuntar. Intentar meter más contenido en la mente de nuestros espectadores podría llevarlos a sentirse saturados, sobre informados y fatigados mental y emocionalmente. A la larga, sus cerebros rechazarían lo que han aprendido, asociándolo a una sensación abrumadora y agobiante. Por eso, lo ideal es manejarnos siempre con la regla de tres.

En concordancia con esta norma, Gallo propone tres simples pasos:

1. Redactar un titular pensado para Twitter

El título es el mensaje global con el que queremos que nuestros oyentes se queden al finalizar la presentación. Representa la idea central, o idea fuerza, el núcleo de nuestra disertación. Si nos cuesta definirlo, ayuda preguntarnos ¿Qué es lo más importante que quiero que mi interlocutor conozca sobre mí, mi producto, servicio, marca o idea? Tiene que ser conciso y representativo, como un twit.

2. Reforzar el titular con tres mensajes claves

Cuando estamos diseñando el esquema de una presentación, incluyamos tres puntos clave que permitan apoyar y reforzar el tema principal. Este será el principio del contenido de nuestra ponencia. Lo ideal es variar lo menos posible esta cantidad, aunque somos libres de hacerlo, mientras mantengamos coherente, cohesiva y bien organizada nuestra exposición. Al sintetizarlo en nuestra hoja, elijamos tres palabras o frases que nos ayuden a mostrar todo nuestro mensaje. Como el discurso de Steve Jobs ante los alumnos de Stanford, cuando decidió hablarles de *Conectar los puntos*, del *Amor y la Perdida* y de *la Muerte* como motor para valorar la vida. Tres ideas poderosas que reafirmaban su idea central: Encontrar lo que uno ama y seguirlo cada día de nuestra vida.

Al graficar este esquema terminaremos con una estructura similar a esta:

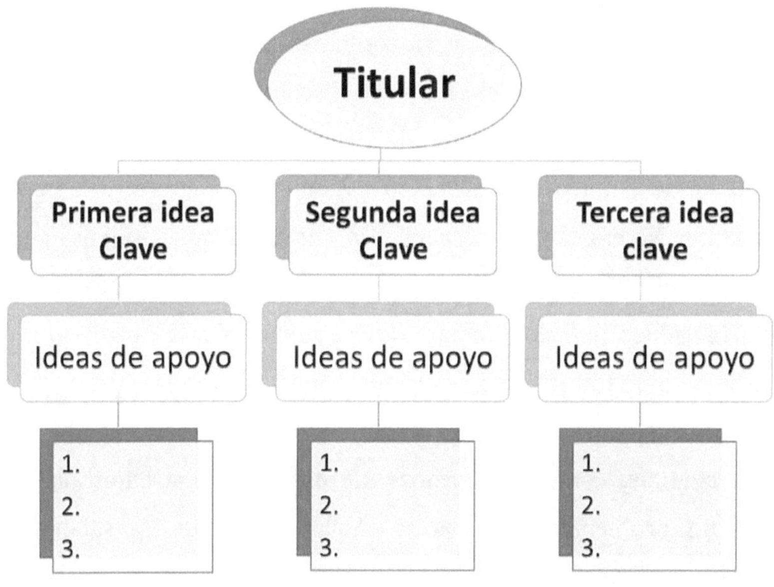

3. Reforzar los tres mensajes con anécdotas, estadísticas y ejemplos.

Los escáneres cerebrales muestran que las historias estimulan y activan el cerebro humano, lo cual ayuda a que el orador conecte con el público y hacen que sea mucho más probable que este asuma el punto de vista de aquel. A su vez, cuando mezclamos imágenes y texto, o imágenes y voz, contribuimos a activar simultáneamente áreas distintas de nuestra corteza cerebral, por lo que la información se almacena en espacios diferentes, lo cual garantiza una mayor retención. A todo esto, hay que unir nuestro lenguaje corporal y nuestra inteligencia emocional. Recordamos mejor lo que nos conmueve.

De principio a fin

El comienzo y la conclusión son puntos críticos en cualquier discurso. Determinan la impresión inicial y la última imagen que quedará plasmada en la mente de nuestra audiencia. Por eso, algunos consejos elementales para preparar la entrada triunfal y el gran final son muy útiles incluso para los oradores expertos.

Como ya dijimos, no debemos iniciar con una disculpa. Al evitarla no buscamos ignorar nuestros sentimientos o fingir una imagen de perfección e invulnerabilidad, sino reforzar nuestra confianza y la de nuestro público. Estar delante de un orador que todo el tiempo se disculpa y parece agobiado por cada error o contratiempo es estresante. He llegado a presenciar exámenes en la universidad donde lo único que quería era levantarme y confortar a la persona que estaba hablando. No era capaz de escuchar lo que decía, su actitud acaparaba toda mi atención. En el 80% de los casos los signos de nerviosismo que sentimos son totalmente invisibles para los demás. No les digamos a los otros que estamos nerviosos, pero sobre todo no nos lo digamos a notros mismos.

Si realmente queremos atraer a nuestro público, despertemos su curiosidad. Hagamos preguntas, contemos hechos interesantes, mostremos algún objeto, planteemos un problema. Hagamos al público partícipe. Ya sabemos que la curiosidad es una herramienta extraordinaria y hay miles de maneras de estimularla, como comenzar con una narración o un ejemplo. Voy a insistir mucho con esto: las historias son poderosas e iniciar un discurso con una es una maravillosa manera de meternos en la cabeza de nuestra audiencia desde el primer instante, aunque no son apropiadas para todas las situaciones. Si no encontramos las palabras adecuadas, ¿por qué no comenzar con una cita de algún orador famoso? Usado con moderación, el recurso a los grandes oradores puede ser muy inspirador e impactante. Por algo se han conservado sus nombres más allá del tiempo. Sea cual sea la manera en que elijamos comenzar, no debemos olvidarnos de vincular nuestro tema con aquello por lo que nuestros oyentes sienten mayor interés. Estamos allí para ellos, para transmitirles, enseñarles, compartirles algo.

Una vez que comenzamos a hablar, el rio de nuestra voz se precipita y podemos olvidamos de nosotros mismos. Entramos en la zona de flujo, donde se suspende el tiempo. Volvemos a sentirnos tensos recién cuando llega el momento de terminar.

Como un rio que desemboca en el mar de la memoria de nuestros oyentes, ningún escollo debe interponerse hacia el final de nuestro camino. "La terminación es realmente el punto más estratégico de un discurso. Lo que uno dice al último, las últimas palabras que quedan sonando en los oídos del auditorio, son las que probablemente serán recordadas por largo tiempo" (Carnegie, 1986: 249). Es fundamental que el final que construyamos de una sensación de cierre.

Hay muchas técnicas para acabar una presentación. He aquí una selección de algunas de las más eficientes:

- Resumir los puntos más importantes. Esta es una manera de dejar claro el contenido y las ideas centrales que queremos que se recuerde.

- Exhortar a la acción. Dependiendo del tipo de presentación, podemos pedir a nuestra audiencia que se comprometa con una acción concreta o que se una a nosotros en una meta. Incluso podemos concluir con una dinámica que ponga en movimiento al auditorio y lo lleve a practicar algunos de los conocimientos que hemos compartido con ellos.

- Un elogio sincero. El tiempo no vuelve. Los segundos, minutos u horas que alguien haya dedicado a escucharnos son un regalo precioso. Agradecerlo sinceramente es una manera sencilla y grandiosa de terminar el discurso.

- Terminar con un toque humorístico. Si nos despedimos haciendo sonreír a nuestra audiencia, de seguro quedaremos grabados en su memoria emotiva. Pero hay que ser muy cuidadosos y no intentar forzar la risa. La espontaneidad y una simpatía natural son suficientes para dejar un gusto dulce detrás.

- Terminar con una cita. Las palabras de otros autores pueden ser un gran recurso, pero también pueden ser peligrosas. Debemos recordar que las personas delante nuestro quieren escucharnos, están ahí para eso. Nuestra palabra tiene valor, peso y fuerza. Si podemos decir algo con palabras ajenas o con nuestras propias palabras, elijamos las propias, las que vienen del corazón.

Otra historia de vacas

Imagina que un día vas manejando por la ruta, disfrutando el aire fresco y observando el paisaje. Atraviesas una zona rural y a los lados de la carretera ves vacas pastando y grandes rollos de forraje. Salvo que seas un niño o que sea tu primera vez en el campo, las vacas no te resultarán particularmente interesantes. Las ves pasar como manchas borrosas. Tu atención está enfocada en el camino. De repente algo te llama la atención y tienes que mirar de nuevo para estar seguro de que tus ojos no te engañan. Una vaca PURPURA. No es un producto de tu imaginación, no es un espejismo, ni una ilusión óptica. Realmente hay un animal con ese color. Puede que hasta decidas detener el auto para cerciorarte. Tal vez te acerques. Incluso si sigues tu camino, no hay duda de que se lo comentarás a todos tus amigos cuando tengas la oportunidad. Una vaca púrpura no se ve todos los días.

Para Seth Godin las vacas son aburridas. No hacen trucos, no saben tocar el piano, y todas son más o menos parecidas. Después de un tiempo de verlas, no nos llaman la atención, se convierten en parte del paisaje. ¿Por qué tanto escándalo por nuestra amiga violeta entonces? Porque es diferente. Es algo que no habíamos visto antes. Interrumpe la rutina e irrumpe en nuestra mente al punto de que no podemos dejar de notarla. Los mejores oradores son, cada uno a su modo, vacas púrpuras. Llaman la atención, trascienden el momento presente, y se vuelven memorables.

Podemos manejar el interés y las expectativas de nuestra audiencia ofreciéndoles a sus cerebros la información del modo más estimulante. Neurológicamente reaccionamos a:

- *Lo nuevo.* Si queremos que algo se plasme en nuestra memoria para siempre, debemos asegurarnos de que al momento de experimentarlo se produzca un impacto emocional, seguido de una descarga de dopamina. ¿Cómo incrementamos la dopamina? Haciendo que la información sea nueva y emocionante (Gallo, 2017: 139). Cuando algo es diferente, novedoso y fuera de lo común, el cerebro fija su atención y lo asocia a una emoción, a la que quedará vinculado en el futuro. Si nuestra primera vez delante de una audiencia, por ejemplo, fue una experiencia agradable, cada vez que repitamos esta conducta seguiremos accediendo al mismo tipo de sensaciones. Un cerebro sano es curioso y adicto a aprender.

- El movimiento. El movimiento nos atrae. Ya vimos que nuestro lenguaje corporal juega un papel fundamental a la hora de determinar el significado de los mensajes que emitimos. Estamos constantemente enviando y decodificando señales de lenguaje no verbal y lo hacemos emocional y químicamente. El movimiento es atractivo porque estimula al mismo tiempo todos los sistemas de procesamiento del mundo, porque imprime dinamismo en nuestras palabras y en la imaginación del espectador, que puede experimentar en su propio cuerpo, aún si no se levanta de la silla, toda la pasión que expresamos con el nuestro. La motivación es movimiento, la pasión es movimiento. Y cuando aprendemos algo haciéndolo, la información se retiene en nuestra memoria en un porcentaje cercano al 100%. Como afirmaba Montaigne: *Mis pensamientos se duerme si los hago sentarse*. Mi mente no se mueve a menos que mis piernas la muevan.

- Los cambios en el entorno (imagen, sonido, kinesis). De nuevo, cuando estimulamos los sentidos, estimulamos la UCCM como integridad. Y nuestro cerebro disfruta de ese tipo de motivación que no es invasiva, no le provoca estrés, lo mantiene interesado y amplifica sus períodos de atención. Vivimos en modo piloto automático, por lo que un quiebre en la rutina, o un hecho inesperado resultan refrescantes, llamativos, interesantes. Nadie va a comentarle a sus amigos cada una de las horas de su vida. Sólo son dignas de mención las cosas extraordinarias, los cambios, los sucesos que parecen fuera de lugar, las serendipias, las vacas púrpuras y las personas dispuestas a cambiar el mundo.

- Lo conocido (presentado de forma novedosa) Nuestras neuronas disfrutan de los momentos de asombro, que generan sucesos con carga emocional, un estado de intensa emoción que incrementa la probabilidad de que el público recuerde el mensaje que queremos transmitirle y actúe en consecuencia (Gallo, 2017: 161). Cuando logramos estructurar de una forma llamativa información que nuestra audiencia ya conoce, atraemos la atención sobre ella y logramos que se enfoque y movilice.

En noviembre del año 2017 me encontraba dando charlas de orientación vocacional en un evento donde asistían miles de jóvenes y docentes. La mayoría de ellos sabían que las cifras de deserción universitaria eran elevadas, alrededor del 66%. No era información de última hora para nadie. Sin embargo, yo necesitaba hacerles tomar conciencia de lo que eso significaba para cada uno de ellos y cómo podían evitar convertirse en otra estadística. "Miren a su compañero de la derecha" les dije. "Ahora miren al de la izquierda. De ustedes tres, dos abandonarán la universidad y al menos uno de esos dos no volverá nunca. ¿Quieren evitar que eso les pase? Elijan su carrera por las razones correctas. Sigan su vocación".

- *Las conexiones y las historias*. Habrás notado que este libro está lleno de historias, unas más interesantes que otras. Hay una razón para ello. Y es que se trata de uno de los mejores métodos para hacer que una información se vuelva memorable. ¿Te has detenido alguna vez a ver ese grupo de vecinas que se encuentran por la tarde en una esquina a comentarse las últimas novedades del barrio? Lamento informarte que biológicamente tú eres tan chismoso como ellas. El hechizo de las buenas historias es inevitable. A todos nos gusta conocer los sufrimientos del héroe, su lucha y su posterior victoria. "Hagamos que el lector se aficione con los protagonistas. Hagamos que el protagonista desee fervientemente algo. Hagamos que este algo parezca imposible de obtener. Mostremos como lucha por él y lo logra" (Carnegie, 1986: 327). El común de los discursos sería más atrayente y eficaz si tuviera abundancia de cuentos humanos y reales. De hecho, una buena manera de armar un discurso es tomando los puntos generales y luego ejemplificándolos con casos concretos.

Las historias han servido, durante siglos, para educar y entretener a los pueblos. Gracias a ellas las naciones mantienen viva su identidad y las personas se conectan con su pasado. "Las ideas son la moneda de cambio del siglo XXI y las historias facilitan su circulación. Las historias ilustran, iluminan y motivan" (Gallo, 2017: 92). Los cuentos están en el origen mismo de la cultura humana. Todos tenemos algún relato fundamental que marcó nuestra vida.

- *La risa*. Está científicamente comprobado que las personas con buen humor son más atractivas y exitosas, gozan de mejor salud y una mayor calidad de vida durante la vejez. Cuando un ponente utiliza el humor para comunicarse, no sólo entretiene a la audiencia, sino que aumenta considerablemente las posibilidades de que el público recuerde su mensaje.

El buen humor, mientras dura, favorece la capacidad de pensar con flexibilidad y con mayor complejidad, haciendo que resulte más fácil encontrar soluciones a los problemas, ya sean intelectuales o interpersonales. Esto sugiere que una forma de ayudar a alguien a analizar un problema es contarle un chiste. La risa, en tanto euforia, parece ayudar a las personas a pensar con mayor amplitud y a asociar más libremente, notando las relaciones que de otro modo podrían habérseles escapado: una habilidad mental importante no sólo para la creatividad, sino para reconocer relaciones complejas y para prever las consecuencias de una decisión determinada (Goldman, 2018: 111).

Particularmente, no puedo resistir una buena broma y me rio con facilidad. Algunos de mis oradores favoritos son humoristas. Admiro a aquellos que saben hacer reír a los demás, que cuentan chistes, son ingeniosos y hacen buen uso de este recurso. Pero soy absolutamente inútil a la hora de hacer un chiste. Y lo sé. Las pocas veces en las que logro provocar carcajadas, es accidental. Sin embargo, he desarrollado una estrategia que me permite romper el hielo y hacer que las personas a mi alrededor esbocen una sonrisa. Cuento chistes muy malos. Muy malos, con un toque de inocencia. Un chiste malo, mal contado, suele ser bastante cómico.

¿Por qué el mar es azul?...
Porque los peces hacen blue, blue, blue.

Igual que con la sonrisa, cuando la risa entra a formar parte permanente de una persona, sirve para atraer amigos, mejorar la salud y alargar la vida. Cuando reímos, todos los órganos del cuerpo son afectados de manera positiva. La respiración se acelera, lo que sirve para ejercitar el diafragma, el cuello, el estómago, la cara y los hombros. La risa aumenta la cantidad de oxígeno en sangre, mejorando la circulación y expandiendo los vasos sanguíneos próximos a la superficie cutánea. Es por eso que la gente se pone roja al reír. La risa disminuye el pulso cardíaco, dilata las arterias, estimula el apetito y quema calorías (Pease, 2006: 62).

En un estudio publicado en la Harvard Business Review («Laughing All the Way to the Bank»), Fabio Sala hizo balance de más de cuatro décadas de investigaciones sobre el humor y llegó a la conclusión de que «el humor, si se emplea con destreza, engrasa los engranajes de la gestión empresarial: reduce la hostilidad, permite desviar las críticas, relaja las tensiones, mejora la moral y ayuda a comunicar mensajes difíciles» (Gallo, 2017: 133).

La gente que ríe o sonríe, aun cuando no se encuentre en ese estado emocional, estimula la zona del hemisferio izquierdo asociada a la felicidad, despertando sensaciones de bienestar, aumentando las defensas y ayudando a la superación de traumas psicológicos y emocionales. Producir risas y sonrisas de forma intencionada mueve la actividad cerebral hacia la felicidad espontánea.

Paola Santucho es Risoterapeuta y Coach practiconer en PNL. Para ella reír no sólo es placentero. Es necesario. Por eso la risoterapia se ha convertido en su pasión. Esta técnica psicoterapéutica busca, a través de estímulos externos, estimular la producción de la risa, que al comienzo puede ser falsa y con la práctica se va volviendo genuina. Las personas la buscan porque perciben la necesidad de liberar sus emociones.

Cuando somos pequeños nos reímos alrededor de 300 a 400 veces diarias. Una persona adulta se ríe en un promedio 15 a 20 veces por día. La brecha es extrema. ¿Qué pasó en ese trascurso que, de reírnos 300 veces por día, terminamos riéndonos 15? Y empiezan todas estas teorías de que los adultos somos serios. Si recuerdas momentos en que te reías muy fuerte o a carcajadas siempre hubo un "no te rías así", "baja la voz", "no queda bien" ¿No queda bien expresarnos?

Cuando comenzamos, hace tres años, no estaba tan en boga el tema de redes sociales y, desconozco cómo, llegó un grupo de mujeres de Salta al taller. No las teníamos anotadas. Eran cinco amigas. Dijeron todas: vinimos porque nos gusta reírnos. Es la frase que todos te dan cuando ingresan al taller. Había una que lloraba, literalmente de risa (...) Cuando terminó el taller, les preguntamos ¿qué se llevan? Ella fue la primera persona que nos miró y nos dijo que hacía por lo menos un año que no se reía[13].

Los bebés tienen el reflejo de la risa desde el momento en que nacen. Cuando reímos a carcajadas se activan alrededor de 400 músculos. Es como un masaje interno. La risa es también una herramienta para estimular la cohesión social y una

---

autoestima sana. Poder pasar de reírnos del otro a reírnos con el otro e incluso de nosotros mismos genera una mirada más positiva del entorno y nos conecta con nuestra propia emotividad. Darse permiso de reír también es una manera de reconocer y empoderar la propia voz.

Una serie de acontecimientos a fines del año 2015 y principios del año 2016 me llevaron a una fuerte depresión. Trataba de seguir con mi vida normal, ir a la facultad, salir los fines de semana. Pero en cuanto me quedaba sola me sentía invadida por las ideas más amargas. Me faltaba energía y me costaba dormir. De hecho, me daba miedo dormir, porque temía quedarme a solas con mis pensamientos mientras el sueño no venía. Trataba de llegar a la noche lo más cansada posible para evitar que esto sucediera. Me sentía sola, incapaz de compartir con nadie lo que estaba ocurriendo. Tardé meses en pedir ayuda. Algo, sin embargo, me mantuvo en movimiento, me mantuvo conectada conmigo misma: la risa. Y hubo un grupo de personas que, sin conocernos jamás, fueron responsables de alimentar mi ánimo.

En septiembre de 1965 tuvo lugar el VI Festival de Coros Universitarios en la provincia de Tucumán. Un grupo de jóvenes estudiantes presentó un espectáculo de música y humor que habían estado preparando largamente donde, además del montaje, aparecía un conjunto orquestal de instrumentos completamente novedosos, inventados y construidos por ellos mismos con materiales poco convencionales. Con ellos representaron la parodia de un concierto. Así nació *Les Luthier*. Este grupo de comediantes argentinos de renombre mundial unen canto con humor gracias a sus instrumentos informales, a la incorporación de distintos estilos musicales a sus representaciones y a las historias que crean como trasfondo de sus piezas. Su personaje más célebre es Johann Sebastián Matropiero (parodia de Johann Sebastián Bach) autor de piezas infames, operetas ridículas, tangos poco católicos y hasta de un himno exorcista a pedido de la orden de Nostrasladamus. En los espectáculos del grupo se supo decir de él que "Toda vez que, por necesidades económicas, Mastropiero se vio obligado a componer música a pedido o por encargo, produjo obras mediocres e inexpresivas. Por el contrario, cuando sólo obedeció a su inspiración, jamás escribió una nota". En cuanto a su biografía ficticia, se sospecha que nació un 7 de febrero, sin saberse el año, ni el siglo ni aun el lugar. Que diversos países se disputan su nacionalidad, sin que hasta el momento ninguno de ellos se haya resignado a admitirla. Su nombre, Johann Sebastián, es materia de debate, ya que también fue conocido como Peter Illich, Wolfgang Amadeus, Etcétera (por ejemplo, firmó su tercera sinfonía como "Etcétera Mastropiero"). Se sabe que nació de madre italiana y que tuvo un hermano gemelo mafioso, llamado Harold Mastropiero residente en los Estados Unidos y que, al conocerse, quedaron mutuamente indignados de sus respectivas obras.

El estilo de humor del grupo no es para todo el mundo. Sin embargo, llevan más de cincuenta años ininterrumpidos de éxitos. Y, si te preguntas como lograron mantenerse vigentes a través del tiempo, la razón es simple: nuestro cerebro no puede ignorar la novedad y le encanta el humor. El humor baja las defensas, lo cual hace que el público sea más receptivo a nuestro mensaje. Además, también consigue que resultemos más simpáticos.

Henri Bergson dice que lo ridículo se expresa a causa de la extrema rigidez en que caen los hombres cuando pierden su vulnerabilidad. La mejor manera de sumar humor a un discurso es no intentar ser gracioso. Tratar de forzar la risa nos expone a ese estado absurdo, causando rechazo y desagrado en nuestros interlocutores. No debemos ir, además, en contra de nuestra naturaleza ni convertir la comunicación en un acto de stand up. Lo mejor es ser nosotros mismos, relajarnos, permitirnos un poco de confianza con nuestro público, y dejar que las cosas fluyan. "Si nos sentimos bien, daremos una buena presentación, y esto es algo por lo que merece la pena sonreír" (Gallo, 2017: 208 - 209).

Si aun así te cuesta, puedes probar las siguientes estrategias:

1. Contar anécdotas, observaciones e historias personales (pero no demasiado personales): En casa vivimos cinco personas y tres perros. Mis hermanas comparten una habitación, mis padres otra y yo tengo el lujo del cuarto propio. Hace un tiempo tuvimos que cambiar los pisos. Y pasar por las incomodidades normales de una remodelación. En un momento terminamos todos durmiendo en el mismo espacio. "Como una lata de sardinas", comenté. "¿Por lo apretados o por lo apestosos?" me preguntaron. No pude contener la risa.

2. Usar analogías y metáforas: "A veces el orador sobre el escenario llega a sentirse tan sólo como Adán el día de la madre, hasta que comprende que en realidad toda su audiencia está a su lado, construyendo juntos el mensaje…"

3. Citas: Este recurso nos permite, además, expresar nociones complejas con sencillez, haciéndolas más fáciles de recordar.

"Por supuesto que debes casarte. Si consigues una buena esposa, te convertirás en alguien feliz. Si consigues una mala, te convertirás en filósofo" (Sócrates).

"La vida es dura, después de todo, te mata" (Katherine Hepburn).

"Esas personas que creen que lo saben todo son una verdadera molestia para aquellos que de verdad lo sabemos todo" (Isaac Asimov).

"Mantén la cabeza, los tacones y los principios altos." (Coco Chanel).

"Cuando estás cortejando una bella chica, una hora parece un segundo. Cuando te sientas sobre un tronco ardiendo, un segundo parece una hora. Eso es la relatividad" (Albert Einstein).

4. Videos

5. Fotos

El humor es extremadamente poderoso. Sumado a la creatividad, no hay ninguna frontera que pueda superarlo. Pocas cosas son más atractivas que la risa, pocas nos conectan más que la humanidad que hay detrás de este acto compartido de energía y vida. La risa sana, ayuda a las personas a tener una mejor calidad de vida, las salva de la oscuridad.

Un orador que se conoce y conoce a su audiencia, que cuida su imagen, postura, respiración y voz, que supera el miedo, asumiendo sus fortalezas, abandonando su zona de confort y acercándose a su público, y que, apasionado y comprometido, puede reírse de sí mismo, mantener su buen humor y sobrellevar las situaciones con gracia es siempre extraordinario y puede pararse ante su audiencia y su vida con seguridad, alcanzando el éxito según el deseo de su corazón.

Sobre la Autora

Guadalupe Nuno es Licenciada en Letras de la Universidad Nacional de Tucumán y miembro de diferentes equipos de investigación y formación, como el Instituto de Estudios Antropológicos y Filosofía de la Religión de la Facultad de Filosofía y Letras, Extended Cognition y el Centro de Capacitación Foghlam.

Desde el año 2015 dicta talleres de Oratoria, Escritura Creativa, Neurociencias, Técnicas de Estudio, Liderazgo y PNL y otras disciplinas Académicas y Profesionales. En el 2017 fundó **EXPRESAR** Capacitaciones, un emprendimiento educativo que busca ayudar a las personas a descubrir y explotar todo su potencial, convirtiéndose en la mejor versión de sí mismos.

Ha participado en diferentes antologías académicas y literarias y publicado sus investigaciones en revistas especializadas.

DOCE PASOS para convertirte en un Orador Exitoso es su primer libro, resultado de años de trabajo y estudio, con el cual espera acercar sus conocimientos sobre Oratoria a todos los que pudieran necesitarlo.

Referencias

Bergson, Henri (1985): *La Risa*. Colección Los Grandes Pensadores. SARPE: Madrid

Boyes Carolyn (2007): *El lenguaje del Cuerpo*. Buenos Aires: Albatros.

Branden, N. (1995). *Los seis pilares de la autoestima*. Paidós.

Branden, N., & Wolfson, L. (1989). *Cómo mejorar su autoestima*. Paidós.

Branden, N. (1993). *Poder de la Autoestima*. Paidos Iberica, Ediciones S. A.

Calvo, Ulises (2015): RESPIRACION AL CANTAR – 7 MITOS QUE DEBES ELIMINAR. *Técnica de voz* [on line] https://tecnicadevoz.com/respiracion-al-cantar/

Carnegie, Dale (1986): *Como hablar bien en público*. Buenos Aires: Editorial Sudamericana.

Colombo, Daniel (2017): *Oratoria sin miedo: Como cautivar a tu audiencia, transmitir tu mensaje y conquistar al público*. 1º ed. Ciudad Autónoma de Buenos Aires: Hojas del Sur.

Ekman, Paul (2009): Cómo Detectar Mentiras. Colección Psicología Hoy. Paidós: Barcelona

Fernández, Pablo (2015): *Lo imposible está en la mente de los cómodos*. TEDx Mar del Plata [on line] https://tedxmardelplata.org/pablo-fernandez/

Flores, M. D. C. R., Delgado, A. O., & Jiménez, A. P. (2010). Percepciones de autoevaluación: Autoestima, autoeficacia y satisfacción vital en la adolescencia. *Psychology, Society & Education*, 2(1), 55-69.

Gallo, Carmine (2017): *Hable como en TED*. 1ª ed. Conecta: Buenos Aires.

Gasca, Leticia (2016): *Fracaso ¿Celebrarlo o no celebrarlo?* TEDx Mexico City [on line] https://www.youtube.com/watch?v=fa4BtTAlqZk&list=WL&index=133

Goleman, Daniel (2018): *Inteligencia Emocional*. 1ª ed. Buenos Aires: B de Bolsillo.

Golombek, Diego y Nora Bal (2017): *Neurociencia para presidentes*. 1ª ed. Buenos Aires: Siglo XXI Editores

Gustems Carnicer, Josep: LA RESPIRACIÓN EN EL CANTO. Universitat de Barcelona

Hernandez Avilés, Fernando (2017): *Basta de Fracasos*. 1ª ed. Ciudad Autónoma de Buenos Aires: V&R.

Herrera de Alvaro, Sofia (2014): Como proyectar la voz. YouTube [on line]

Leis, Christian (2018): 33 técnicas de lenguaje corporal y no verbal que debes tener en cuenta, Aula CM. Blog [on line] https://aulacm.com/tecnicas-lenguaje-corporal-no-verbal/

Manes, Facundo (2014): *Usar el Cerebro*. Buenos Aires: Planeta.

Maruri, Ignacio Martín (2017): *El valor del fracaso*. Ciclo de conferencias: La educación que queremos. Fundación Botín - Fundación Atresmedia [on line] https://www.youtube.com/watch?v=kN46r8Wl6hM&list=WL&index=125

O´Connor, Josepth y John Seymour (2000). *Introducción a la PNL*. España: Ediciones Urano S.A.

Palafox, Jousin (2017): *Dime cómo hablas y te diré quién eres*. TEDx Tijuana [on line] https://www.youtube.com/watch?v=qvE-WZ2bVSI

Paúls Gallardo, Elena (20/02/2011) *La Oratoria Y La Retórica*

Pease, Allan y Bárbara (2006): *El lenguaje del cuerpo*. Barcelona: Amat Editorial.

Ramírez Fausto (s.d.): <u>5 alimentos malos para tus cuerdas vocales</u>. VIX [on line] https://www.vix.com/es/imj/salud/7143/5-alimentos-malos-para-tus-cuerdas-vocales

Rebel, Günter (2017): *El lenguaje corporal.* España Edaf.

Requejo, María Isabel (2009): Lingüística Social y Autorías de la palabra y el pensamiento: Temas de Debate en Psicología Social y Educación. 2ºed. 1º reimp. Buenos Aires: Cinco.

Robinson, Ken (2006): *Las Escuelas matan la Creatividad*. TEDTalk [on line] https://www.ted.com/talks/ken_robinson_says_schools_kill_creativity

Rosler, Roberto (s.d.) <u>Curso de Curiosidad, Motivación Intrínseca y Aprendizaje.</u> *Asociación Educar para el Desarrollo Humano (000815/03)*. Registros N.º 2783295-2783297-2286167

Rosler, Roberto (2015) <u>Capturología, el arte de captar la atención.</u> *Asociación Educar para el Desarrollo Humano* [on line] https://www.youtube.com/watch?v=iCemTZXU7NM

Sáenz de Urturi, Iñigo (2013): *El fracaso, el combustible de tu éxito*. TEDxLeon [on line] https://www.youtube.com/watch?v=0XUr9f4qO3c&list=WL&index=132&t=0s

Sinay, Sergio (2012): *La Palabra al Desnudo. El dialogo la lectura y la escritura nos cambian la vida*. Buenos Aires: Urano

Sinay, Sergio (27/05/2018): <u>Ver sin mirar, oír sin escuchar</u>. *La Nación* [on line] https://www.lanacion.com.ar/2137305-ver-sin-mirar-oir-sin-escuchar

Stamateas, Bernardo (2007): *Resultados extraordinarios*. Vergara.

Tzu Sun (2009) *El arte de la guerra*, 1ª ed. Buenos Aires: Libertador.

Índice